吴爱东 ◎ 著

中国现代物流产业发展与制度创新研究

ZHONGGUO XIANDAI WULIU CHANYE FAZHAN
YU ZHIDU CHUANGXIN YANJIU

中国财经出版传媒集团
经济科学出版社
Economic Science Press

图书在版编目（CIP）数据

中国现代物流产业发展与制度创新研究 / 吴爱东著.
—北京：经济科学出版社，2020.10
ISBN 978 - 7 - 5218 - 1859 - 8

Ⅰ. ①中…　Ⅱ. ①吴…　Ⅲ. ①物流 - 产业发展 - 研究 -
中国　Ⅳ. ①F259.22

中国版本图书馆 CIP 数据核字（2020）第 170598 号

责任编辑：侯晓霞
责任校对：刘　昕
责任印制：李　鹏　范　艳

中国现代物流产业发展与制度创新研究

吴爱东　著

经济科学出版社出版、发行　新华书店经销

社址：北京市海淀区阜成路甲 28 号　邮编：100142

教材分社电话：010 - 88191345　发行部电话：010 - 88191522

网址：www.esp.com.cn

电子邮件：houxiaoxia@ esp.com.cn

天猫网店：经济科学出版社旗舰店

网址：http://jjkxcbs.tmall.com

北京密兴印刷有限公司印装

710×1000　16 开　15.5 印张　250000 字

2020 年 12 月第 1 版　2020 年 12 月第 1 次印刷

ISBN 978 - 7 - 5218 - 1859 - 8　定价：62.00 元

（图书出现印装问题，本社负责调换。电话：010 - 88191510）

（版权所有　侵权必究　打击盗版　举报热线：010 - 88191661

QQ：2242791300　营销中心电话：010 - 88191537

电子邮箱：dbts@esp.com.cn）

前　言

　　现代物流产业是当今国际竞争的重要领域，大力发展现代物流产业已成为世界各国的共识。随着国际贸易形势日趋复杂、整个国民经济运行效率亟待提升，物流业发展将面临新格局。现代物流产业发展具有许多不同于传统产业的特征和规律。它是以现代科学技术为基础，是通过信息技术的功能整合、产权关系的资产重组、组织关系的产业再造而形成的新兴产业部门。一个产业若要快速发展，不但需要快速、稳定增长的市场需求来拉动和刺激，还要具备有效率的市场交易制度和高效益的市场交易活动构成的制度环境。社会主义市场经济条件下的现代物流产业，也同样面临类似问题。由于我国物流产业发展的制度环境并不完善，现代物流产业在面临前所未有的发展机会，但同时也受到制度安排不成熟所带来的制度困境。在我国经济体制转轨时期，制度不仅为现代物流产业发展提供宏观的制度环境，而且也是现代物流产业发展的一个内生变量。作为一种配置资源的手段，制度决定着人力资本的运用和发挥，也决定着技术的总体水平。可以说制度创新从根本上决定着现代物流产业发展的方向与路径。

　　本书主要在马克思主义制度理论的指导下，借鉴西方创新理论和制度经济学的科学成分，运用制度分析方法，揭示制度在现代物流产业发展中的特殊地位和作用，探索现代物流产业发展与制度创新的规律和特点。从具体的经济目标出发，研究制定具体的制度规则以保证行为主体进行创新活动；综合运用了马克思主义经济学、新制度经济学、产业经济学、管理学等学科的一些研究方法，从多学科角度研究现代物流产业发展与制度创新问题，力求以新的理论方法达到新的理论研究深度。

　　马克思主义关于技术创新和制度创新辩证关系的理论和新制度经济学关于技术创新和制度创新相互影响的理论告诉我们，技术创新和制度创新是两个不可分割的范畴，二者相互联系，互相促进。一个企业乃至一个国家要想获得持续发展，必须同时进行技术创新和制度创新，并使二者步入良性循环轨道。马克思主义关于生产力和生产关系的基本原理告诉我们，科学技术对生产力发展和社会经济发展具有第一位的变革作用。因而，技术创新较之制度创新对现代经济增长具有第一位的推动作用，有更深层次的重要意义。同时，制度和制度创新又具有相对独立性，对技术创新具有重要的能动作用。从长期来看，技术创新会推动制度创新，制度创新则会保障技术创新的功能得以发挥与实现。因此，在制度创新过程中，要注意掌握技术创新的规律和特点，积极利用技术创新的成果，共同促进现代物流产业的发展。

物流本质上是物质生产过程在流通领域的延续，物流产业是指把提供物流服务作为其主要产品的同类经济组织的有机总和。本书尝试从技术创新与制度创新的角度深刻分析了现代物流产业的内涵：从技术创新角度看，它是以现代科学技术为基础形成的新兴产业部门。首先，是劳动过程的技术（信息技术）基础的变化；其次是劳动方式（分工协作）的变化；再其次是劳动手段的变化；最后，使各种物流功能（运输、仓储、流通加工、包装、配送等）实现整合，从而形成以第三方物流为主体的现代物流产业。从制度创新角度看，它是产权关系的资产重组、组织关系的产业再造而形成的新兴产业部门。首先是新的企业组织形式；其次企业是产权关系的新的组合变革；再其次是企业治理关系的新变化；最后形成价值共享和分配关系的新格局。现代物流产业作为生产性服务业，不仅对社会经济的发展起到先导作用，而且能降低全社会的物流成本、提高经济效率，促进经济发展方式的转变。

本书深入阐析了现代物流产业发展所具有的服务需求的引致性，功能发挥的整合性，产业关联的高耦合性，知识、技术和资金的高密集性，市场环境的竞争性，产业政策的引导性和发展环境的特殊性等特征；根据现代物流产业在整个经济体系和流通中的地位变化，分析了其演化的功能定位，即服务经济、联络经济和调节经济三重经济功能；进一步指出其演化动力是社会分工与专业化的需要，节约交易成本的需要，提高企业核心竞争力的需要和提高物流市场有效竞争性的需要；总结出现代物流产业有技术主导、需求诱致和制度推动三条产业发展路径。

市场、技术和竞争条件共同构成了物流企业生存和发展的产业条件。对现代物流产业发展的产业条件及与之相关的制度因素的分析，是我们研究物流产业发展与制度创新问题的出发点。现代物流产业发展表现为以第三方物流企业为核心，通过第三方物流企业之间、相关的运输企业、仓储企业、流通加工企业之间的并购式产业组织整合过程；表现为以交通运输网络、仓储设施、信息管理网络为实体的集群式资源整合过程；表现为以综合物流服务为主体、与运输、保管、仓储、配送、流通加工等为辅助的联盟式的产业功能整合过程。现代物流产业发展是以分工为基础，以协作和联合为主导，以内部组织性和组织化程度的改善，外部协调性和协调化程度的提高，产业组织的改造，产业在空间上的协调与空间布局的合理化等为目标的动态过程。为了促进这一动态过程的顺利实现，需要一系列的制度安排形成的制度结构与之相适应。本书通过分析国外发达国家发展现代物流产业的制度实践，说明了通过制度创新实现的制度协同是物流产业发达国家取得成效的基本原因；而制度缺陷是阻碍现代物流产业发展的最主要因素，并得出对中国物流产业发展的有益启示。在对中国物流产业发展环境分析的基础上，突出强调了制度创新对物流产业发展的促进作用。

本书从现代物流产业发展的视角，深入研究了制度创新的新思路，创造性地提出为促进中国现代物流产业发展，提高物流产业的绩效水平，应在宏观层面构建现代物流产业发展的制度环境；在中观产业层面构建现代物流产业的发展动力和营商环境；在微观企业层面构建现代物流产业发展的动力主体，建立多层面的动态制度创新体系。

吴爱东

2020 年 5 月

目　录

第 1 章

导　言

1.1　选题背景及研究意义

1.1.1　理论背景

20 世纪 80 年代以来，全球竞争的压力促使人们寻找新的经济增长极。人们开始把目光投向物流这块经济"黑土地"，日本经济学家提出物流是继降低资源消耗、提高劳动生产率之后的"第三利润源"。随着信息技术的飞速发展，一种专业化、社会化的现代物流产业应运而生。现代物流理论开始受到西方理论界的广泛关注，并得到迅速发展。

国外对现代物流的研究是从企业角度和管理视角，根据物流功能在企业中的地位变化为核心展开的。这一点可以从物流概念认识的逐步深入得到证实。在微观层次上，物流活动的管理受到企业法律边界的限制，这是组织内部物流的范围。如果物流活动管理超越一个企业，物流范围就扩展到了企业之间的宏观层次。① 比如企业间物流，是供应商与客户的直接合作，以协调销售物流和供应物流，或者是第三方物流服务公司用以协调业务外包。直至近些年来发展起来的供应链理论，物流范围进一步扩展到全国以至全球范围。

---

① ［德］汉斯·克利斯蒂安·波弗尔. 物流前沿［M］. 北京：机械工业出版社，2004：3.

在国民经济中，宏观物流安排组织内部和组织间的物流活动框架，比如欧洲的物流结构。[①] 这涉及区域内可以利用的公路、铁路、水路、海运和空运，由于这不同于国家或大陆之间的框架，国际物流对全球采购、全球生产和全球销售方面发挥越来越大的作用。同时，西方国家的现代物流产业发展是在市场经济制度比较完善的制度环境下发展起来的，这一点与中国物流产业发展的环境是不同的。

从国内对物流产业的研究看，发展现代物流产业无论是从微观的企业行为来看，还是从宏观的调整产业结构如扩大服务业在国民经济中的比重来看，都是一个资产重组、功能整合和产业再造的过程。在现行管理体制下，物流产业本身结构的调整由于涉及利益和权力等因素，难度之大是不言而喻的。近年来，我国学者对现代产业发展问题进行了多角度、多领域的研究，其中不乏真知灼见。但现有文献研究方向比较零散，有对现代物流发展现状及存在问题的描述与分析；有对物流产业对经济发展的贡献分析；有对物流产业发展的经济学分析；有对第三方物流的研究；有对现代物流产业发展趋势的分析；也有对物流产业发展的对策研究。不少研究泛泛而论，缺乏一定的系统性，对实践的指导性不强。在一定程度上脱离了中国的实际情况，没有准确把握中国现代物流产业发展的实质。事实上，现代物流产业发展过程，并不纯粹是一个技术创新过程，也不只是一个制度创新的过程；而是技术创新和制度创新相互作用、相互适应的过程。特别是在我国经济体制转轨和经济发展方式转型过程中，制度创新比技术创新更重要。

所谓制度创新是指改进现有制度安排或引入一种全新制度以提高制度效率及其合理性的一类活动。著名制度经济学家拉坦提出，制度创新表现为：一种特定组织的行为的变化；这一组织与其环境之间的相互关系的变化；在一种组织的环境中支配行为与相互关系的规则的变化。戴维斯和诺斯在他们的研究中进一步提出，制度创新的诱致原因是获利能力无法在现存的安排结构内实现，而制度创新的一个必要条件则是创新的预期收益超过预期成本。事实上，制度创新和技术创新的根本动力都是寻求超额利润，但是两者的不同之处在于技术创新直接创造生产利润，制度创新主要是对已存在的社会经

---

① ［德］汉斯·克利斯蒂安·波弗尔. 物流前沿［M］. 北京：机械工业出版社，2004：3.

济利益进行重新分配。制度创新在短期内消耗资源但却不能生产任何产品，从长期来看，可以通过这一新的利润分配强烈地影响企业的技术创新活动。通过制度创新，在宏观层面上，国家应该创造一个良好的经营环境和支持性制度，以确保投入要素能够高效地使用和升级换代。政策的主要角度应该是改善生产率增长的环境，比如改善企业投入要素和基础设施的质量和效率，制定规则和政策来促使企业升级和创新。①

综观国内现有研究，一般是单独讨论各种创新对企业发展、对经济增长的作用，尽管也有一些文章探讨技术创新与制度创新、或技术创新与产业创新之间的关系，但很少有人从产业发展的视角来研究制度创新与技术创新。对现代物流产业发展与制度创新问题的研究还有待探索。我国经济学界对制度问题的研究始于20世纪90年代，当时的研究成果以介绍西方制度理论为主，并且侧重于正式制度安排的研究，其他领域涉及甚少，缺乏全面性。以吴敬琏为代表的我国一部分学者开始研究制度因素在高新技术产业发展中的重要地位和作用，刘建武在其博士论文中较系统研究了高新技术产业的制度创新问题，他认为高新技术产业是属于生产领域。但对流通领域的物流产业的制度创新问题还很少有人进行较系统的研究。总之，从产业发展的视角来研究制度创新问题才刚刚开始，还不够深入和系统，需要进一步完善。

因此，本书将在国内外学者研究的基础上，主要研究物流产业发展与制度创新问题，具有深刻的理论意义。

1.1.2　研究意义

中国现代物流产业是在国民经济高速发展、社会主义市场经济体制逐步建立、科学技术水平不断提高、社会分工日益深化以及经济全球化浪潮等宏观经济背景下得以形成和发展的。中国的物流产业尚处于发展的初级阶段，传统的、分散进行的物流活动已经不能适应中国经济快速发展的需求，物流活动的低效率和高成本，正在成为影响中国经济运行效率和社会再生产顺利

---

① ［美］迈克尔·波特. 国家竞争优势［M］. 陈小悦译. 北京：华夏出版社，2005：8.

进行的制约因素，因此迫切需要建立起与国民经济发展相适应的现代物流产业。

随着经济全球化发展和现代科学技术突飞猛进，涌现出一批适应时代发展的新兴产业。现代物流产业是用高科技集成和整合传统产业而形成的一个迅速发展的新兴产业。理论界、经济界和产业界都逐渐认识到，物流产业正在成为全球经济发展的重要热点和新的经济增长点，物流革命将是 21 世纪全球经济领域变革的基本内容之一，也是衡量一个国家生产力发展水平的重要标志。

作为生产性服务业，现代物流将在国民经济发展中发挥日益重要的作用。现代物流作为调整经济结构，转变经济发展方式的重要途径，将是降低成本、提高效率与效益的因素之一。我国产业结构的调整和经济发展方式的转变要求现代物流产业发展与之相适应才能完成。根据《中国物流年鉴》数据整理得到，1991 年单位 GDP 对物流需求的系数是 1.4，2005 年上升到 2.64，到 2018 年已经上升到 3.14。这说明 2018 年我国每单位 DGP 产出需要 3.14 个单位的物流总额来支持，比 1991 年提高了 2 倍多。从发展趋势看，社会经济发展对物流的需求是不断加速的。可见社会经济发展越来越依赖于现代物流产业的发展，这是一个国家调整经济结构，转变经济发展方式的必由之路，也反映出通过流通现代化推动工业现代化的必然规律。

从我国物流产业发展现状看，随着物流相关政策陆续出台，我国物流基础设施瓶颈有所减少，但物流费用高、效率低的局面仍然存在；物流企业经营面对企业税负重、融资难、劳动力供需矛盾突出、量高价低盈利弱等诸多困难；物流一体化仍然存在较多障碍；随着物流业开放程度进一步扩大，物流市场国际化竞争也日趋激烈。同时，社会物流成本与 GDP 的比例仍然很高，反映了我国经济运行粗放的基本现实。2018 年我国社会物流成本与 GDP 的比例仍高达 14.8%，比发达国家 9.5% ~ 10% 的比例，高出近 50%。此外，我国物流实物规模较大，社会物流收入却较低，说明我国现代物流业务增值服务少、附加值低。

一个产业若要快速发展，不但需要快速、稳定增长的市场需求来拉动和刺激，还要具备有效率的市场交易制度和高效益的市场交易活动构成的制度环境。社会主义市场经济条件下的现代物流产业，也面临同样的问题。由于我国物流产业发展的制度环境尚不完善，现代物流产业在面临前所未有的发展机会的同时，也受到制度安排不成熟所带来的制度困境。

中国物流产业发展需要动力，更需要制度环境。在《物流业发展中长期规划（2014－2020年）》中，将物流业定位为：融合运输、仓储、货代、信息等产业的复合型服务业，是支撑国民经济发展的基础性、战略性产业。发展目标是：到2020年，基本建立布局合理、技术先进、便捷高效、绿色环保、安全有序的现代物流服务体系。① 因此，加快发展现代物流业，对于促进产业结构调整、转变发展方式、提高国民经济竞争力和建设生态文明具有重要意义。要实现这个目标，既需要新的动力来推动我国现代物流产业的发展，也需要创造条件为现代物流产业的发展提供良好的制度环境。因此，如何通过一系列的制度创新来促进现代物流产业的发展，是摆在广大理论工作者和众多物流企业面前的一个重要课题。正是在以上背景之下，本书将"中国现代物流产业发展与制度创新"作为研究方向，在马克思主义经济理论的指导下，借鉴西方创新理论和制度经济学的科学成分，对现有研究成果进行充分整合和深入分析的基础上，从理论和实践角度对这一课题进行专门研究，目的是为政府制定物流产业发展对策提供科学理论依据。鉴于现代物流产业在经济、社会活动中的功能和地位，这一研究也具有重要的现实意义。

1.2 研究视角与研究方法

1.2.1 研究的视角

首先，明确物流变化处于一个动态的演进过程，人们对物流的认识随着经济和社会分工的发展而不断加深，物流产业的形成和发展是技术进步和制度变迁共同作用的结果。其次，物流产业是为生产服务的、现代新兴的流通产业，随着生产的商品化和社会化程度不断提高，不断扩大的商品流通就成为生产不断扩大的先决条件，流通在整个社会再生产中的地位发生根本性的

---

① 中国物流与采购联合会. 中国物流年鉴（2015）［M］. 北京：中国财富出版社，2015：13－14.

变化，成为经济发展的先导部门，物流就成为影响整个经济体系运行效率的关键要素。因此，物流产业如何发展问题就成为影响各个国家经济运行效率和核心竞争力的基本问题。

对于现实问题分析的价值在于为政策制定提供参考意见和启示，本书对于这一问题的研究最终还是落脚于中国现代物流产业发展与制度创新对策上。虽然我国现代物流产业已经有了较快的发展，但与发达国家相比还有很大差距。相对于国外大型物流企业来说，我国大多数现代物流（以第三方物流为主）企业一般规模较小，专业化程度不高，功能单一，增值服务比较薄弱，大多数物流企业只能提供单项或分段的物流服务，物流功能主要停留在储存、运输和城市配送等基础服务上，相关的包装、加工、配货等增值服务不多。加上我国的运输、仓储的现代化水平不高，物流中心和配送中心的建设及集装箱运输的发展还比较缓慢，导致物流作业过程中效率低下、成本过高，很难为企业提供高效优质的综合性物流服务。我国物流企业的信息系统化还停留在基础层面，比如条形码技术（CODEBAR）、射频技术（RF）、全球定位系统（GPS）、地理信息系统（GIS）等先进的物流技术没有得到广泛的应用。因此，大大降低了物流运作效率，也降低了企业在市场中的竞争力。我国物流人才匮乏，物流企业中的很大一部分员工包括中高层的管理经营者，对现代物流理论、增值服务、全程物流服务和供应链管理等知识知之甚少，导致大部分第三方物流企业管理水平较低，缺乏有效的内部管理体系，对于培育核心竞争力形成了障碍。要解决现代物流产业面临的以上问题，必须通过制度创新，从宏观、中观、微观三个层次入手，解决现代物流产业发展的制度环境、发展动力和物流产业活力问题，发挥制度创新的协同作用，以促进中国现代物流产业快速、高效发展。

1.2.2 研究方法

本书在研究和写作过程中，主要采用了以下研究方法：

（1）用制度分析方法进行研究。本书主要在马克思主义制度理论的指导下，借鉴西方创新理论和制度经济学的科学成分，运用制度分析方法，揭示制度在现代物流产业发展中的特殊地位和作用，探索现代物流产业发展与制度创新的规律和特点。从具体的经济目标出发，研究制定具体的制度规则以保证行为主体进行创新活动。

（2）从多学科角度进行研究。本书综合运用了马克思主义经济学、新制度经济学、发展经济学、产业经济学等学科的一些研究方法，研究现代物流产业发展与制度创新问题，力求以新的理论方法达到新的理论研究深度。

（3）运用比较研究方法。我国现代物流产业发展处于起步阶段，迫切需要借鉴国外发达国家和地区的成功经验。本书在国内外关于现代物流产业的理论进行比较分析的基础上，不仅对马克思主义和新制度经济学关于制度创新的理论进行了比较研究，而且对国内外现代物流产业发展现状和具体的制度安排创新经验进行了比较分析，并得出了有别于国外发达国家和地区的制度创新的路径选择方案。

（4）运用系统论的研究方法。在研究物流产业发展的制度创新对策时，把产业发展放在一个开放的经济系统中，需要各个层面制度创新的协同作用才能促进现代物流产业的发展。

1.3   研究的基本思路及框架结构

制度是经济发展的一个基本变量，在由计划经济向社会主义市场经济转轨过程中，制度变量对经济发展的作用是不可替代的。它既是一种内生变量，也是一种外生变量；既是经济发展的一个重要因素，也是政府和组织配置资源的一种手段。本书从制度变量入手，研究分析经济转型时期我国现代物流产业发展过程中的制度创新问题。通过对制度及制度创新理论的研究，提出制度创新在现代物流产业发展中具有重要的地位和作用，制度重于技术；进而分析了制度创新必须遵循的基本规律，基于现代物流产业发展过程存在的客观矛盾，鉴于国外现代物流产业发展与制度创新的经验及其特点，提出了我国现代物流产业发展的制度创新的总体思路和不同层面制度安排的创新对策。

物流活动涉及诸多方面，无论是宏观国家层面、中观产业层面还是微观企业层面，都需要对物流活动进行决策和优化。本书以制度创新为主线，以物流产业发展为核心，按照以上研究思路，除第1章"导言"部分外，本书还安排了8章的内容。

第2章是物流产业与制度创新理论。根据国内外研究现状，从物流产业发展和制度创新两个方面对相关文献进行回顾与评述。在物流产业发展理论方面：物流系统的改进始终是制约经济运行效率的一个关键因素，随着人类社会经济的迅速发展，物流理论研究也不断向高层次演进。因此本书首先厘清了物流理论的发展脉络：从产业角度对产业演化理论和产业组织理论及物流产业的研究现状进行了相应评述，指出现有研究存在的不足和本书研究的切入点。其次，在制度创新理论方面：一方面，分析了马克思主义的制度及制度创新理论的主要观点、熊彼特创新理论的主要思想，并对两者进行了分析和比较，指出马克思制度创新理论和熊彼特创新理论在创新动力认识方面的差异；另一方面，阐明了新制度经济学对制度及制度创新理论的认知，老制度学派对制度创新作用的强调，从方法论和科学性两方面对马克思经济学和新制度经济学在技术创新与制度创新关系问题上进行了比较，确立了马克思主义经济学的主导地位和新制度经济学的可取之处，并在此基础上分析了制度的功效和制度创新的功能。本章为本书的研究奠定了理论基础。

第3章重点分析了现代物流产业演化的理论基础。首先，运用马克思主义经济学阐释了生产和流通关系的变化是物流产业形成的客观基础，物流市场的形成是现代物流产业形成的经济基础。其次，借鉴新兴古典经济学的超边际理论，从分工的角度进一步分析了现代物流产业形成的理论依据。在理论分析的基础上，分析了物流产业的界定标准和经济属性；通过分析物流产业的基本特征，论证了现代物流产业具有服务现代经济、联络现代经济和调节现代经济的经济功能；提出物流产业的演化动力是社会分工和专业化的需要，是节省交易费用的需要，是提高企业核心竞争力的需要，是提高物流市场有效竞争性的需要。最后，对现有的物流发展理论模型进行梳理和分析，得出一个综合的理论分析框架。

第4章进一步分析了现代物流产业发展的产业条件与制度因素。首先，从物流需求和供给的特性和影响因素的角度，分析现代物流产业发展的产业条件。其次，从技术创新的视角，分析了现代物流产业发展的技术条件；从产业核心竞争力构建的角度，分析了物流产业发展的竞争条件。最后，分析了市场、产权、政府、组织和企业治理是物流产业发展中的重要制度因素，提出制度因素是制约中国现代物流产业发展的最主要因素。

第 5 章主要分析了现代物流产业发展的动态过程与制度结构。现代物流产业发展的动态过程主要表现为并购式产业组织整合、集群式资源整合和联盟式产业功能整合。本章首先对现代物流产业发展的动态过程用新制度经济学的交易成本理论和管理学的价值链理论进行了理论阐释。其次，认为现代物流产业发展的动态过程具体表现为：以第三方物流企业为核心，通过第三方物流企业之间、与相关的运输企业、仓储企业、流通加工企业之间的并购式产业组织整合过程；以交通运输网络、仓储设施、信息管理网络为实体的集群式资源整合过程；以综合物流服务为主体、与运输、保管、仓储、配送、流通加工等为辅助的联盟式的产业功能整合过程；以分工为基础，以协作和联合为主导，以内部的组织性和组织化程度的改善，外部的协调性和协调化程度的提高，产业组织的改造，产业在空间上的协调与空间布局的合理化等为目标的现代物流产业发展的动态过程。为了促进这一动态过程的顺利实现，需要一系列的制度安排形成的制度结构与之相适应。

第 6 章是现代物流产业发展的环境与制度创新分析。本章结合物流产业发展与环境的关系，根据现代物流的发展趋势，从物流基础设施、物流产业信息化、物流产业标准化、物流人才教育因素、物流需求主体和经济体制与政策六个方面分析推进中国现代物流发展的条件，强调了制度创新对中国现代物流产业发展的重要作用，指出制度创新是中国现代物流产业发展的现实选择。

第 7 章是现代物流产业发展与制度创新的国际比较分析。重点分析了美国、日本、欧洲各国和新加坡的现代物流产业的特点，物流管理体制与制度创新的特征；通过发达国家现代物流产业绩效的比较，从制度环境和成本方面进一步分析了发达国家物流绩效指数差距的原因，在此基础上得出发达国家现代物流产业发展与制度创新带给我国的启示。

第 8 章是中国现代物流产业发展模式与制度障碍分析。本章分析了中国现代物流产业发展的总体情况，认为目前物流产业发展的制度障碍主要是模糊的市场需求约束、模糊的交易主体约束和尚待健全的制度安排约束，分析了制约现代物流产业发展的关键因素，进而阐明中国现代物流产业发展与制度创新应采取的主要模式。

第9章提出中国现代物流产业发展与制度创新对策。本章首先分析了中国物流产业发展与制度创新的历史沿革。其次，根据中国经济发展所处的阶段，提出中国现代物流产业发展的目标。再其次，从三个层面提出中国现代物流产业发展制度创新的对策：一要从宏观层面构建现代物流产业发展的制度环境，二要从中观产业层面构建现代物流产业发展的制度创新机制，三要从微观企业层面构建现代物流产业发展的动力主体。最后，得出本书研究的主要结论。

本书的思路框架如图 1-1 所示。

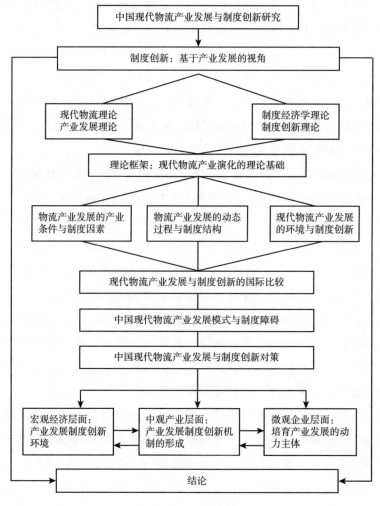

图 1-1　思路框架

1.4　创新点及不足

1.4.1　创新点

本书在总结吸收国内外大量研究成果的基础上，对中国现代物流产业发展与制度创新问题进行了深入细致的研究，在研究方法和研究内容上力求实现较大的突破和创新。

第一，对现代物流产业的含义从技术创新和制度创新的角度进行了分析研究，概括出现代物流产业的内涵。作者认为，从技术创新角度看，它是以现代科学技术为基础形成的新兴产业部门；从制度创新角度看，它是产权关系的资产重组、组织关系的产业再造而形成的新兴产业部门。现代物流产业发展具有服务需求的引致性，功能发挥的整合性，产业关联的高耦合性，知识、技术和资金的高密集性，市场环境的竞争性，产业政策的引导性等特征，从而要求物流组织创新的动态性、制度创新的系统性和持续性。

第二，通过对马克思主义经济学和西方经济学关于制度创新理论的对比分析，从现代物流产业发展的视角，深化了现代物流产业的制度创新与技术创新的关系，提出技术创新（生产技术基础）引起物流产业的生产社会化；而制度创新使物流生产社会化的过程得以最终实现，制度创新与技术创新在不同层面相互作用，通过产业发展促进整个社会的经济发展，所以应多层面地推进制度创新。

第三，提出现代物流产业发展的动态过程。对现代物流产业发展的动态过程运用马克思主义经济学的流通理论、新制度经济学的交易成本理论和管理学的价值链理论进行了理论阐释。认为现代物流产业发展的动态过程具体表现为：以第三方物流企业为核心，通过第三方物流企业之间、相关的运输企业、仓储企业、流通加工企业之间的并购式产业组织整合过程；以交通运输网络、仓储设施、信息管理网络为实体的集群式资源整合过程；以综合物流服务为主体、与运输、保管、仓储、配送、流通加工等为辅助的联盟式的产业功能整合过程。现代物流产业发展是以分工为基础，以协作和联合为主导，以内部的组织性和组织化程度的改善，外部的协调性和协调化程度的提高，产业组织的改造，产业在空间上的协调与空间布局的合理化等为目标的动态过程。为了促进这一动态过程的顺利实现，需要一系列的制度安排形成的制度结构与之相适应，需要多层面的制度创新来调整和完善现有的制度结构。

第四，从现代物流产业发展的视角，深入研究了制度创新的新思路，提出为促进中国现代物流产业发展，提高物流产业的绩效水平，应在宏观层面构建现代物流产业发展的制度环境；在中观产业层面构建现代物流产业的发展动力和营商环境①；在微观企业层面构建现代物流产业发展的动力主体，建立多层面的动态制度创新体系。

1.4.2　不足及未来研究方向

本书对中国物流产业发展与创新问题研究只是对这一问题的阶段性研究成果。由于现代物流产业是一个新兴的产业，各个国家对物流产业的界定还存在很大区别，造成不同国家之间的物流产业发展的相关数据资料收集困难。本书关于物流产业绩效的国际比较使用的是物流绩效指数。对物流绩效指数、营商环境指标和全球竞争力指标的相关性分析还应加深。物流产业发展的制度创新方面只是分析了宏观层面、中观产业层面和微观企业层面的制度创新问题，初步构建了一个动态创新体系。还应对各个层面更加深入地分析，例如物流功能整合过程中产权制度的要求与创新，如何用马克思主义经济学进行科学的分析等方面的问题，是未来研究应该努力深入的地方。

---

① 营商环境是由国际金融公司和世界银行联合开发的营商环境数据库，提供了一个衡量商业规章及其执行力度的客观标准。

第 2 章

物流产业与制度创新理论

对于中国现代物流产业发展与制度创新这一问题，国内外的众多学者对此从不同视角进行了较深入的研究。但从产业发展的视角来研究制度创新问题才刚刚起步。根据国内外研究现状，从现代物流产业发展和制度创新两个方面对相关理论和文献进行回顾与评述。

2.1 物流产业有关的理论评述

2.1.1 物流理论综述

物流系统的改进始终是制约经济运行效率的一个关键因素，随着人类社会经济的迅速发展，物流理论研究也不断向高层次演进。在目前物流产业概念及其产业边界仍很不统一的背景下，为了促进物流产业理论研究的持续发展，理清物流概念及其学科边界，梳理物流理论发展轨迹的研究不仅十分必要，而且具有较强的现实意义。①

1. 物流思想的启蒙与后勤管理思想的兴起：1844 年至第二次世界大战期间

"物流"一词最早可追溯到 1844 年，法国技术人员德普特（J. Depuit）

---

① 李怀政. 物流商业价值的发掘与物流理论发展轨迹评述［J］. 商业经济与管理，2004（7）：14 - 17.

在其著作里强调重视供货管理功能，从而保持仓库保管与运输之间成本的均衡，但没有明确提出物流概念，这是物流意识的萌芽。19 世纪末 20 世纪初，美国一些市场问题专家和学者开始致力于研究如何组织产品和分配。美国密歇根大学、俄亥俄大学、威斯康星大学等高等学校也先后开设了"产品分配学"课程。此时人们已经开始感觉到产品的实体分配或配送与产品价值的最终实现有一定联系。1901 年，约翰·F. 格鲁威尔（John F. Growell）在美国政府的《工业委员会关于农产品配送报告》中提及配送的成本及其影响因素问题。1905 年，美国陆军少校琼西·贝克（Chuncey B. Baker）曾将关于军队移动与供给的科学称为 Logistics。1912 年，美国学者阿奇·萧（Arch. W. Show）在其《市场流通中的若干问题》一书中最早将物质资料从供给者到需求者之间的物理性运动明确界定为"Physical Distribution"，简称 PD，学术界一般认为这是"物流"概念的起源。

1922 年，美国营销专家弗莱德·E. 克拉克（Fred E. Clark）在他所著的《市场营销的原则》一书中开始把"Physical Distribution"这一概念作为企业经营的一个要素加以研究，涉及物资运输、存储等业务，类似"Physical Distribution""Physical Supply"等名词在当时的有关市场学教科书中经常出现。不过这时人们对物流概念的认识仍处于混沌阶段。1935 年，美国市场营销协会（American Market Association，AMA）在《市场营销用语集》中最早对物流进行了定义："物流是包含于销售之中的物质资料和服务于从生产地点到消费点流动过程中伴随的各种经济活动。"① 该定义强调从物质资料的移动和相应的处理活动的角度去把握物流概念，强调物流的活动性。学术界一般认为这是物流发展初期比较规范的物流定义。在这一阶段，物流被企业认识是因为物流有助于销售，这时物流的目的是保证销售活动顺利进行，不过当时人们只是把物流看作是流通的一个附属职能。

第二次世界大战期间，美国陆军围绕战争物资供应问题，兴起了对运筹学与军事后勤理论研究，结果创造出一种将武器弹药以及前线所需要的一切物资，包括粮食、帐篷等，及时、准确、安全、迅速地供应前线的后勤保障

---

① 马丁·克里斯夫弗. 物流与供应链管理：降低成本与改善服务的战略［M］. 北京：电子工业出版社，2003：15.

系统方法，被称之为"Logistics"。确切地说，应是"后勤"或者是"兵站"之意。同时，他们开始用后勤管理来指代物流，当时的含义为"军事科学的分支，包括物资、人员和设备的获得、维护和运输"。与之内容相近的还有物料管理、配送工程、市场供应等。后勤管理的兴起是物流发展一个非常重要的阶段，对现代物流管理的发展起到了不可忽视的铺垫作用。

2. 物流理论体系的形成与一体化物流管理思想：第二次世界大战后至 20 世纪 90 年代

在第二次世界大战以后，一些企业发现后勤管理理论对于指导企业的生产、采购、运输、储存等经营活动同样有益，并能为企业带来丰厚绩效。于是该理论得到广泛运用，并逐步形成了区别于军队后勤管理学的"商业物流"（Business Logistics）或"销售物流"理论，其意侧重指有效地组织商品的供应、保管、运输、配送。基于这种情况，1948 年，美国市场营销协会（AMA）对其 1935 年的定义做了以下修改："物流是物质资料从生产者到消费者或消费地流动过程中所决定的企业活动的费用。"[①] 该定义强调从物质资料的移动费用和相应的处理活动费用的角度去把握物流概念，强调物流的经济性。从该定义的变化看，第二次世界大战以后，人们对物流概念的理解开始强调对物质资料移动的管理，尽管仍用"Physical Distribution"来指代物流，但是其含义已经包括朴素的物流管理思想，体现着对后勤管理理论的借鉴与发展。

人们真正对"商业物流"或"销售物流"的重视和关注是从 20 世纪 60 年代开始的。20 世纪六七十年代是物流发展的重要阶段。世界上第一本介绍物流管理的教科书《物流管理》于 1962 年出版，标志着物流理论体系开始形成，物流的范围从商品销售领域扩大到生产和消费等有关经济领域。1962 年，美国著名经营学家彼得·德鲁克（Peter F. Drucker）在《财富》杂志上发表了题为《经济的黑色大陆》一文，他将"物流"比作"一块未开垦的处女地"，强调应高度重视流通以及流通过程中的物流管理，引起专家、学者及业内人士对物流价值的广泛争鸣与思考。1963 年，美国实物分配管理协会（National Council Physical Distribution Management，NCPDM）成立，首次从管理的角度对实物分配，又对物流管理进行了定义："把完成品从生产线的终

---

① 帅斌. 物流经济分析 [M]. 北京：科学出版社，2006：17.

点有效地移动到消费者手里的广泛的活动，有时也包括从原材料的供应源到生产线的始点的移动。"① 这一定义相对于美国市场营销协会的定义扩展了物流的范围。

20世纪60年代末，物流理论思想开始向日本、加拿大、欧洲等国传播。日本迅速成为物流发展的后起之秀，尤其对物流的内涵和物流经济价值的研究方面，比美国更为深入。日本于20世纪60年代正式引入了物流这一概念，将其解释为"物的流通"，是实物流通的简称。在日本，不同学者对物流有着不同的定义，不同行业、不同企业对物流的定义也有所不同，最具代表性的是1981年日本日通综合研究所给出的物流定义："物流是将货物从供给者向消费者的物理性移动，是创造时间价值和场所价值的经济活动，包括包装、装卸、保管、库存管理、流通加工、运输、配送等活动领域。"② 日本对物流的不同定义，如表2-1所示。

表2-1　　　　　　　　　　　日本对物流的不同定义

作者	著作	对物流的定义
林周二（原东京大学教授）	《现代物的流通》	物流是克服时间和空间间隔，连接供给主体和需求主体包括废弃和还原在内的一切资料的物理性位移的经济活动。具体地说有运输、包装、搬运等物资流通活动以及与之相关的信息活动
阿保荣司（原早稻田大学教授）	《新版物流基础》	物流是克服时间和空间，连接供给主体和需求主体，创造部分形质效用的包括废弃和还原在内的一切有形和无形资材的物理性位移的经济活动。具体地说有运输、包装、搬运、流通加工等物资流通活动以及与之相关的信息活动
	统计审计会回复咨询报告的定义	物流是指有关"物"的流通的经济活动，包括物资流通和信息流通
E.W.斯迈基和B.J.拉隆迭著（唐泽丰译）	《物流概论》	物流是指制造上的努力和销售上最终目标相一致所进行的必要的侧面援助。也就是说，将适当数量的产品，在适当的地方，用适当的价格，进行供应。为此需要把仓库场所、运输方法、保管方法以及通信等适当地组合起来
P.D.昆巴士著（唐泽丰译）	《物流概论》	物流是指从资材到服务，从产地到销地的物理性移动过程

① 帅斌. 物流经济分析 [M]. 北京：科学出版社，2006：18.

② 王国华. 中国现代物流大全——现代物流总论 [M]. 北京：中国铁道出版社，2004：10.

作者	著作	对物流的定义
D. J. 爱罗特著（唐泽丰译）	《物流概论》	物流是根据销售方针使生产据点或储存据点的生产资料或消费资料由接受订货，而向顾客处移动的展开过程
菊池康也著	《物流管理》	物流是为消除商品从生产者到消费者之间的场所间隔的物理性经济活动，具体地说，包括运输、保管、搬运、包装、流通加工、信息活动
汤浅和夫	《物流浅论》	物流是一个包含"整体观点"的概念，是指产品从工厂生产出来到送达顾客手中
西泽修（早稻田大学教授）		物流是指包装、运输、保管、装卸工作，主要以有形物资为中心，所以称之为物资流通。在物资流通中加入情报流通，即为物流
日通综合研究所	《物流手册》	物流是将货物从供给者向消费者的物理性移动，是创造时间价值和场所价值的经济活动，包括包装、装卸、保管、库存管理、流通加工、运输、配送等活动领域

资料来源：王国华．中国现代物流大全——现代物流总论［M］．北京：中国铁道出版社，2004：10.

20 世纪 70 年代，日本物流成本计算权威早稻田大学教授西泽修提出了著名的"第三利润源泉"学说与"物流冰山"学说，他在《流通费用》一书中，把改进物流系统称之为尚待挖掘的"第三利润源泉"（第一源泉指降低原材料消耗，第二源泉指降低劳务费用）。

欧洲物流的特点是将物流作为一项与生产并重的企业基本职能。欧洲工商企业认为，物流管理使原材料和产成品以正确的时间被分发到合适地点，从而增加了产品的价值，甚至一改物流为市场营销服务的传统观点，把市场营销也并入到物流管理的职能范围之内，这足以说明对物流的重视程度。

英国将物流的概念定义为："通过市场机制和流通渠道对储存、运输、采购、销售、信息等的战略性管理。"[①]

德国非常重视物流和信息流的结合，建立了自动化的物流系统。德国的 R. 尤尼曼给出的定义是："物流是研究对系统（企业、地区、国家、国际）的物料流及有关的信息流进行规划和管理的科学理论。"[②]

欧洲物流协会和加拿大物流管理协会受美国物流管理协会的影响较大，

---

①②　王国华．中国现代物流大全——现代物流总论［M］．北京：中国铁道出版社，2004：11.

都是从管理角度对物流进行定义的，如表 2 - 2 所示。

表 2 - 2　　　　　　　　　　　欧洲和加拿大对物流的定义

国家或地区	给出定义的组织	定义
欧洲（1994 年）	欧洲物流协会（ELA：European Logistics Association）	物流是在一个系统商品的运输、安排及与此相关的支持活动的计划、执行与控制，以达到特定的目的
加拿大（1985 年）	加拿大物流管理协会（GALM：Canadian Association of Logistics Management）	物流是对原材料、在制品库存、产成品及相关信息从起源地到消费地的有效率、有效益的流动和储存进行计划、执行和控制，以满足顾客需求的过程。该过程包括进向、去向和内部流动

资料来源：王国华．中国现代物流大全——现代物流总论［M］．中国铁道出版社，2004：11.

联合国物流委员会对物流做出了新的界定："物流是为了满足消费者需要而进行的从起点到终点的原材料、中间过程库存、最终产品和相关信息有效流动和存储计划、实现和控制管理过程。"① 联合国物流委员会对物流的定义，有利于各个国家、各个学派及产业界对物流认识的统一规范。

进入 20 世纪 80 年代中期以后，随着经济全球化的纵深发展和信息技术的推陈出新，物流概念开始受到前所未有的挑战。美国经营学家彼·特卡拉指出，物流是"降低成本的最后边界"。1985 年，美国实物分配管理协会将其名称由"National Council Physical Distribution Management"改为"Council of Logistics Management"（CLM），即物流管理协会。将物流的名称从"Physical Distribution"改为"Logistics"，并将此定义为"物流是以满足顾客需要为目的，对货物、服务及相关信息从起源地到消费地的有效率、有效益的流动和储存进行计划、执行和控制的过程"。② 该定义以满足顾客的要求为目的，重视顾客导向，特别强调有效流动与存储，强调信息及管理在物流中的作用。"Logistics"涉及的范围已突破商品流通的范围，把物流活动扩大到生产领域，物流已不仅仅从产品出厂开始，而是包括从原材料采购、加工生产到产品销售、售后服务，直到废旧物品回收等整个物理性的流通过程。物流不但与流通系统维持密切的关系，而且与生产系统也产生了密切的关系。

---

① 王国华．中国现代物流大全——现代物流总论［M］．北京：中国铁道出版社，2004：11.
② 帅斌．物流经济分析［M］．北京：科学出版社，2006：19.

随着物流概念和物流管理理念的发展,"Logistics" 和 "Physical Distribution"不仅使用的领域不同,概念的内涵不同,而且所指的物流范围也有很大区别,如图 2 – 1 所示。

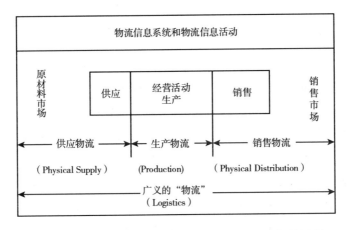

图 2 – 1 "Physical Distribution" 与 "Logistics" 的区别

"Logistics" 是指实物流通的全过程,包括生产领域、流通领域和消费流域的物流活动,是物质资料从供应地经由生产和销售到最终消费的整个过程的一切物流活动,这是广义上的物流。从狭义上来讲,物流是指商品销售过程中的物流活动,是指商品被生产出来以后,经过销售进入最终消费领域的活动。

随后,加拿大、英国、日本等国的物流团体也纷纷加以效仿,先后改名。这标志着物流概念完成了从 "Physical Distribution" 向 "Logistics" 的巨大转变。世界各国真正统一使用 "Logistics" 表示物流是在 20 世纪 90 年代以后。

1991 年 11 月,在荷兰举办的第九届物流国际会议上,物流的内涵得到进一步拓展,人们认为物流不仅包括了销售与预测、生产计划、在库管理、顾客订货的处理等相关的生产物流,还延伸到顾客满意相关的各种营销物流活动。欧洲物流协会(ELA)在 1994 年公布的物流术语中,对物流下了这样的定义:物流是在一个系统商品的运输、安排及与此相关的支持活动的计划、执行与控制,以达到特定的目的。① 这些定义强调顾客满意度、物流活动效

---

① 王国华. 中国现代物流大全——现代物流总论 [M]. 北京:中国铁道出版社,2004:11.

率，并使原来的销售物流的概念得到进一步延伸发展。

本阶段物流管理者深刻认识到物流在企业经营中的重要地位，学术界提出了"物流战略管理"的理论观点。把现代物流管理理念引入企业经营中来，企业重视物流的侧重点也随之转向内部一体化物流管理，并把物流的地位由构筑后勤管理系统、提高服务水平，上升为企业生存发展的关键，把物流管理一体化作为企业经营发展战略中最重要的组成部分。

一体化物流是指将原材料、半成品和成品的生产、供应、销售结合成有机整体，实现生产和流通的纽带和促进关系。其目标是通过所有功能之间的平衡和协调降低企业整个物流系统的总成本，或者在一定的物流服务水平上使物流成本合理化。因此，一体化物流管理关注的焦点是商品的流动，而不是传统物流管理的功能分割或局部效率。

3. 基于供应链的物流理论及其商业价值：20 世纪 90 年代至今

20 世纪 90 年代中期以后，各种物流技术在物流中应用，使物流理论的研究向更高层次升华。[①]

1997 年，美国著名的物流公司 Exel 将物流定义为：物流是与涉及和执行供应链中商品及物料的搬运、储存及运输相关的所有活动，包括废弃物品及旧货的回收利用。[②] 日本后勤系统协会常务理事稻束原树在《这就是"后勤"》一文中指出：后勤是一种对于原材料、半成品和成品的有效率流动进行规划、实施和管理的思路，它同时协调供应、生产和销售各部门的个别利益，最终达到满足客户的需求。[③] 1998 年，美国物流管理协会将物流定义为：物流是供应链活动的一部分，是为满足顾客需要，对商品、服务以及相关信息从生产地到消费地高效、低成本流动和储存而进行的规划、实施、控制过程。[④] 该定义把物流纳入企业间互动协作关系的管理范畴，要求企业在更广阔的背景上来考虑自身的物流运作，即不仅要考虑自己的客户，而且要考虑自己的供应商；不仅要考虑到客户的客户，而且要考虑到供应商的供应商；不仅要致力于降低某项具体物流作业的成本，而且要致力于供应链运作的总

① 汤浅和夫. 供应链下的物流管理 [M]. 北京：海天出版社，2002：25.

② 王国华. 中国现代物流大全——现代物流总论 [M]. 北京：中国铁道出版社，2004：10.

③ 帅斌. 物流经济分析 [M]. 北京：科学出版社，2006：20.

④ 日本综合研究所. 供应链管理 [M]. 北京：中信出版社，2001：37.

成本最低。其强调物流是供应链的一部分，表明物流发展方向之一是物流协作化与专业化。

20 世纪 90 年代，我国物流产业开始起步。物流的概念从两个渠道传入中国，一是欧美地区的市场营销，二是日本的物流。1997 年，经国家技术监督局批准、原国内贸易部立项，组织相关机构与团体开始对物流的定义展开研究。2001 年，由国家质量监督局发布的《中华人民共和国国家标准物流术语》对物流进行了这样的定义：物品从供应地向接受地的实体流动过程。根据实际需要，将运输、存储、装卸、搬运、包装、流通加工、配送、信息处理等基本功能实施有机结合。[①] 2001 年，美国物流管理协会对物流定义做了进一步修订，修订后的物流定义为：物流是供应链过程的一部分，它是对商品、服务及相关信息在起源地到消费地之间有效率和有效益的正向和反向移动与储存进行的计划、执行与控制，其目是满足客户要求。[②] 该定义从"反向物流"角度进一步拓展了物流的内涵与外延。CLM 认为逆向物流是对原材料、加工库存品、产成品，从消费地到起始地的相关信息的高效率、低成本的流动而进行规划、实施和控制的过程。从以上定义可以看出，这一阶段物流概念及其理论思想开始将"供应链"概念囊括其中，确切地讲是把物流管理纳入供应链管理的范畴。

20 世纪 80 年代中期，哈佛大学迈克尔·波特（Michael E. Porter）教授提出了"价值链"理论。20 世纪 90 年代初，在价值链理论的基础上，供应链思想应运而生。[③] 20 世纪 90 年代中期以后，学术界开始逐渐认识到，物流的作用在新经济环境中应该继续发展扩大，只有把物流与供应链联系在一起，才能进一步释放物流的能量与商业价值。因为经济全球化趋势越发强劲，竞争日趋加剧，消费需求多样化，物流成本的转移无法减少整个供应链的物流成本。于是，一些有战略眼光的企业不再把目光局限在企业内部的物流系统，开始把物流管理延伸到企业外部，与供应链伙伴进行物流合作，共同寻求降低物流成本。改善物流服务的途径，即转向实施

① 王国华. 中国现代物流大全——现代物流总论［M］. 北京：中国铁道出版社，2004：12.
② 帅斌. 物流经济分析［M］. 北京：科学出版社，2006：20.
③ ［美］迈克尔·波特. 竞争优势［M］. 陈小悦译. 北京：华夏出版社，2005：36-53.

供应链管理。

系统论的观点认为，基于供应链的物流管理是对物流与资金流、信息流等的协调，以满足用户的需求和充分实现用户的商品购买价值。一体化物流管理主要涉及实体资源的企业内部最优化设计，但从供应链的角度看，现代物流管理只有企业内部的合作是不够的。现代物流管理必须是基于供应链的物流管理，如果说部门间的产、销、物结合追求的是企业内经营最优的话，那么基于供应链的物流管理则通过所有市场参与者的联盟，追求流通生产全过程物流效率的提高。

基于供应链物流管理的终极目标是在原材料供应商、生产企业、批发企业、零售商和最终用户间，通过业务伙伴之间的密切合作，实现以最小的成本为用户提供最优质的服务。

供应链管理以实现顾客满意为第一目标，重视整个流通渠道的商品运动，是一种以信息为中心的对应型的商品供应体系，既重视效率又重视效果。这种全新的物流管理模式带来的直接效应或商业价值是从原来的"投机型经营"（生产建立在市场预测基础上的经营行为）转向"实需型经营"（根据市场的实际需求来生产），并且在经营、管理要素上，信息管理成为物流管理的核心。

2.1.2 产业理论综述

1. 产业演进的相关理论综述

产业演进理论是对产业的动态变化进行分析和描述。从 20 世纪 40 年代开始，西方经济学家就在企业成长与产业演进的标题下，对产业内企业的进入、成长、成熟、衰退和退出及整个产业从产生向成熟演进的规律进行了研究。

其中，产业生命周期理论是产业演进理论中有关整个产业从出现到成熟的过程，产业内厂商数目、市场结构、产品创新动态变化的理论。根据西方学者的研究，当一个新的产业出现时，进入的企业逐步增多，进而达到顶峰，随后持续减少到一个较低的水平，进入产业成熟期。在产业形成初期，市场份额变化迅速，尽管市场持续增长，但随后进入者减少，退出压倒进入，生产者总数减少；在产业成熟期，产品创新和产品竞争性观念的多元化下降，企业的努力放在生产工艺上，市场份额趋于稳定。[①] 上述有关演进的模型被称为产业生命周期（PLC）。

PLC 中所阐述的对产业演进的研究是以案例和新产业演进的数量分析为基础的。史蒂文·克拉珀总结了企业如何进入、如何退出、市场结构、技术进步、产业从出现到成熟过程中技术变迁以及产业变化的六条规律。[②] 主要包括：

（1）在产业出现之初，进入者的数量可能不断增加，或者一开始就达到顶峰，而后进入者减少。无论是哪种情况，进入者的数量最终会变得很少。

（2）生产者数目初始增加，而后达到一个顶峰，以后尽管产业的总产出持续增长，但生产者的数目却稳定下降。

（3）最大企业的市场份额的变化率下降，产业领导者趋于稳定。

（4）在生产者数目增加的同时，产品创新的数目和产品的多元化增大并达到一个顶峰，而后下降。

（5）随着时间的推移，生产者更加愿意进行生产过程创新而不是产品创新。

（6）在生产数目不断扩大的期间内，最新的进入者应具有更多的产品创新优势。

克拉珀通过在分析模型中引入随机成长过程，提出淘汰机制，对上述六条规律进行了解释和分析。

威廉·J. 阿伯纳西（William J. Aberlnathy，2000）等以汽车产业为主要案例，描述了由技术演进所驱动的 PLC。他们强调，当一个产品被引进时，由于使用者的偏好不同，技术手段具有不确定性。因此，许多生产不同种类产品的厂商进入市场并且竞争集中在产品创新上。随着使用者尝试可供选择的各种产品和生产者学会了如何改进产品，改进产品的机会就会减少，标准的主导设计产品将会出现，不能有效生产主导产品的公司退出，导致生产者

---

① Boyan Jovanovic, Glenn M. Mac. Donald. The Life Cycle of A Competitive Industry [J]. Journal of Political Economy, April, 1994.

② Steven Klapper. Entry, Exit, Growth and Innovition over the Product Life Cycle [J]. The American Econmic Review, June, 1996.

数目减少。

关于产业生命周期，约万诺维奇和麦克唐纳德（Jovanovic & MacDonald，1994）认为，早期的进入者采取一般技术，随后出现了新技术，新技术带来了规模经济。这一新旧技术替换的过程会使第一代企业招致淘汰，存活下来的企业就会大规模地使用新技术。

理查德·埃里克森（Richard Ericson，1999）建立了一个模型，指出在产业演进过程中，每个企业会根据自己产品的现有质量、要素价格和市场份额以及整个行业的战略分布情况，而选择一个最优的 R&D 费用。

随着行业的衰退，企业的数目会下降，市场的集中度则会上升。潘卡基·格玛沃特（Pankaj Ghemawatec，2001）等考察了具有特定成本结构的企业情况（它们生产同质产品，单位成本不变，固定成本和生产能力成比例增减），指出随着需求量的下降，最大的企业会降低产出，直到和其最接近的竞争对手相同。随后，两个企业一起降低产出，直到和它们下一个最大的竞争对手相同，这种过程一直持续下去。它们对美国的纯碱企业进行了考察，结果证实，大企业确实会先关闭一部分工厂。

2. 产业组织理论的相关理论综述

西方产业组织理论在 20 世纪七八十年代采用了博弈论、信息激励等新的分析工具，使传统的产业组织理论经历了一次大的突破。伴随着非合作博弈论、动态学和不对称信息被应用于产业组织的理论研究和案例分析中，使之大大超越了"结构—行为—绩效"（SCP）的经验描述模式，成为经济学的重要研究领域之一。而众多的研究者对垄断、价格歧视、战略相互作用、策略性行为等传统问题运用新的理论得到重新评估的结论，更为某些行业的管制、规制等改进市场绩效的政府行为提供了政策性的参考意见。

（1）不同学派的产业组织理论评述。直到 20 世纪 70 年代，"结构—行为—绩效"的分析范式（即哈佛传统）一直是传统产业组织理论的核心。按照这种范式，市场结构决定市场行为，市场行为产生市场绩效。这种范式遵循单项静态的逻辑，常常从各行业跨部门资料中着手进行大规模的经验描述，从而为实行限制垄断、维护公众的利益的政策奠定理论基础。直到 20 世纪 80 年代以后，随着交易成本理论、博弈论、信息经济学、可竞争理论、激励机制设计等微观经济学的最新发展，SCP 分析范式遭到越来越严厉的质疑甚至批评。不同学派对产业组织的研究依据不同的假设条件和思维范式而体现出不同的特点。

哈佛学派①产业组织理论把竞争理论从价格理论中独立出来，以同一商品市场的企业关系结构为研究对象，以产业内的最佳资源分配为目标，研究产业内企业规模以及企业之间竞争与垄断关系，并建立了著名的 SCP 分析框架，即市场结构、企业行为、经济绩效。它们的关系如图 2-2 所示。

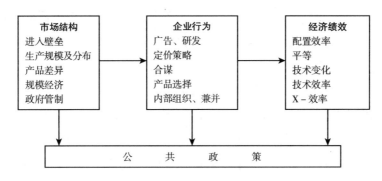

图 2-2 哈佛学派的 SCP 框架

资料来源：肯尼斯·W.克拉克森和罗杰·勒鲁瓦·米勒.产业组织：理论、证据和公共政策 [M].上海：上海三联书店，1989：158.

即市场结构决定企业在市场中的行为，而企业行为又决定市场运行在各个方面的经济绩效。它们的含义分别是：一是市场结构，是指构成市场的卖者（企业）之间、买者之间以及卖者和买者集团之间等诸种关系的因素及其特征。二是企业行为，是指企业为了在市场上赢得更大的利润和更高的市场占有率，所采取的战略性行动。三是经济绩效，是指产业市场运行的效率。它是以市场结构为基础，反映由企业行为形成的产业资源配置，产业在价格、产量、费用、利润、产品的质量和品种以及在技术进步和产业规模经济实现程度等方面所达到的现实状态。四是产业组织公共政策，是指政府通过对上述三个部分的现状测量和分析，制定的有效指导和干预市场结构、企业行为的措施。目的是通过协调竞争与经济规模的矛盾，促进经济发展，实现理想的市场效果。产业组织理论认为市场经济条件下，政府干预市场可采用直接

---

① 哈佛学派以梅森为研究起点，经过贝恩、凯森、特纳、凯维斯、谢勒、谢菲尔德和科曼诺等人的研究逐渐完善，因为这些基本主要是以哈佛大学为中心来完成的，因此得名。

和间接两种方式。间接干预主要是通过制定和实施反垄断法，直接干预则主要表现为公共管制，如价格上限、税收等。

第二次世界大战后，美国严格实施了以哈佛学派的产业组织理论为基础的反垄断政策。但是，其后随着曾经是世界最大、最强的美国钢铁、汽车等主要产业国际竞争力的日趋低下，越来越多的观点认为，过紧的反垄断政策是招致这种困境的主要原因之一。因此，从20世纪70年代后期开始，围绕反垄断政策的放松，批判和反对结构主义政策论的产业组织学派的理论观点受到了关注，一些新的理论和研究方法也应运而生。其中，最具影响的是芝加哥学派的产业组织理论①。

芝加哥学派与哈佛学派争论最多的是对高集中度的市场结构中高额利润的来源问题。芝加哥学派认为企业获得高额利润的来源并非是高集中度的市场结构，而是企业高效率的结果。同时，芝加哥学派否认市场中市场势力的存在，如布罗曾认为，在高集中度的市场上企业获得高利润是市场处于非均衡状态的暂时现象，它会随市场趋向均衡而消失。

在市场结构与市场绩效的关系上，芝加哥学派的观点也与哈佛学派不同。他们认为市场绩效起着决定性作用，不同的企业效率形成不同的市场结构。高集中度的形成也是个别企业高效率而不断累积的结果。德姆塞茨指出，在竞争的压力下，如果又明显不存在有效的进入壁垒，那么一个产业的产量集中到少数几家企业手中，似乎只能是由于这些企业在生产和销售产品方面的优越性；或者是由于只有几个企业的这样一种市场结构的优越性。布罗曾也认为，集中能够持续，只是因为它能够带来效率，或者只是优越经营管理的必然结果。

芝加哥学派特别注重判断集中及定价结果是否提高了效率，而不是像结构主义者那样只看是否损害了竞争。德姆塞茨认为，集中度与利润率的正相关很可能并不反映高集中产业内主要企业相互勾结提高价格的行为，倒是更能反映高集中产业内主要大企业的更高效率和更低的成本。德姆塞茨通过比较不同集中水平、规模的企业，发现最小资产规模的企业利润率并没有随不

---

① 在SCP框架形成之后，以芝加哥大学、威斯康星大学和普林斯顿大学为中心，又出现了产业组织的研究群体。其中以施蒂格勒、德姆塞茨、布罗曾和波斯纳为代表，称为芝加哥学派。

同产业集中程度的上升而提高。这表明，高度集中导致企业垄断、勾结定价，从而获得垄断利润的假定并不符合实际情况。

新奥地利学派是芝加哥学派以外又一个反对哈佛结构主义的颇有影响力的产业组织理论学派，以米塞斯和哈耶克为代表。新奥地利学派否定作为新古典经济学核心的价格理论。新奥地利学派致力于个人行为的逻辑分析，注重市场竞争的行为性和过程性。

新奥地利学派认为现代的竞争均衡所假设存在的情况，其实应该是竞争过程的结果。在他们看来，完全竞争理论从各种假定条件出发是本末倒置，没有对竞争过程做出任何有用的解释。哈耶克指出，完全竞争概念的问题在于它描述了一个均衡的状态，却不谈导致均衡的竞争过程。完全竞争概念忽视了企业的一切竞争行为过程。在完全竞争模型中，企业不提高或降低价格，不区分产品，不做广告宣传，也不试图针对竞争而改变自己的成本结构，或者做一些在动态经济过程中企业应做的任何其他事情。这是严重脱离实际的。哈耶克认为，竞争主要是一个形成意见的过程，市场的生产者和消费者通过竞争过程掌握必备知识。

新奥地利学派的产业组织理论的基础是奈特式的不确定性概念，同时还以信息的不完全性、人的有限理性和消费者主权为假设前提。哈耶克认为，实际上，无论政府也好个人也好，都不可能掌握完备的知识和信息。这不仅因为知识和信息是分散在千百万人的脑海中的，同时也因为这些知识和信息是千变万化的。因此，经济运营的根本问题就在于如何发现和利用分散的知识和信息，使资源运用于社会有用度更高的方面，而这只有通过竞争的市场才能实现。

同时，新奥地利学派认为市场结构与竞争行为无关，是企业的竞争行为决定着市场的绩效。在这一过程中，企业家的创新精神发挥了核心作用，而所谓产品差异和进入壁垒都不能排除竞争，因为新企业能否进入市场根本上取决于企业家的努力。

（2）可竞争市场理论与有效率的产业组织。可竞争市场理论是美国著名经济学家鲍莫尔（W. J. Baumol）以及帕恩查（J. C. Panzar）和韦利格（R. D. Willing）等人在芝加哥学派产业组织理论的基础上提出来的。

可竞争市场理论是以完全可竞争市场及沉没成本等概念的分析为中心，

来推导可持续的有效率的产业组织的基本态势及其内生的形成过程。可竞争
理论的主要假设和观点是：第一，在不存在沉没成本的条件下，企业能够自
由地进入和退出市场，因此，潜在进入者在生产技术、产品质量、成本等方
面并不存在任何劣势。第二，自由的进入退出甚至可以重复多次，直到消除
任何垄断的超额利润。可见，可竞争市场的本质在于，这种市场无法拒绝那
种打了就跑的进入者，就如鲍莫尔所言："即便倏忽易逝的盈利机会也不会
被潜在的新进入者所忽视，因为他能在价格发生变动之前进入市场取得收益，
然后在气候变得恶劣时不付任何代价地离开市场。"① 由于在可竞争市场上，
这种"闪电"般的进入退出压力经常存在，因此无论是垄断市场还是寡占市
场，任何企业者都不能维持带来垄断超额利润的价格。即便是独家垄断的企
业，也只能制定超额利润为零的可维持价格，以防止潜在的竞争者进入市场
与其发生竞争。第三，可竞争市场理论认为，在可竞争市场上，不存在任何
形式的生产低效率和管理上的 X 效率。它可以是寡头市场，甚至是独家垄断
市场，但只要保持市场进入的完全自由，只要不存在特别的进出市场成本，
潜在竞争的压力就会迫使任何市场结构条件下的企业采取竞争行为。在这种
环境条件下，包括自然垄断在内的高集中度的市场结构是可以和效率并
存的。②

（3）产业组织政策理论评述。现代产业组织理论更重视理论的政策含
义。主要作用有三个：一是增加或减少福利的政府行为；二是政府反垄断法
的制定；三是政府如何管制商业行为和市场结构。

不同学派之间由于研究的产业组织侧重点不同，有关产业组织政策也存
在着区别。哈佛学派继承了完全竞争的思想，认为竞争程度越高，资源配置
效率也越高。因此，在反垄断政策主张方面十分坚决，坚持产业的高度集中
会导致（或预示着）竞争的削弱。如果某种行业中足够多的市场份额为足够
少的企业所占领（市场结构），这些企业就清楚地知道对手会怎样行动，从
而导致其定价和产量决策的独立性，其结果会是这些大企业暗中的合作或公

---

① W. J. Baumol, J. C. Panzar and R. D. Willig. 1982. Contestable Markets and the Theory of Industry Structure [M]. New York：Harcourt Brace Jovanvich.
② 夏大慰. 产业组织与公共政策：可竞争市场理论 [J]. 外国经济与管理, 1999 (11)：9.

开的同谋，市场竞争被削弱，这样处于垄断地位的厂商获得超额利润，产量低于竞争水平。因此，高产业集中度成为采取反垄断行为的依据。芝加哥学派在理论上继承了奈特（F. Knight）以来芝加哥传统的经济自由主义思想和社会达尔文主义，信奉自由市场经济中竞争机制的作用，认为市场竞争是市场力量自由发挥作用的过程。因此，在政策主张上反对政府干预和政府规制。新奥地利学派认为竞争的强弱是无法用集中度或企业数量、市场占有率这些尺度来测量的。只要确保自由的进入机会，充满旺盛的创业精神的市场就能形成充分的竞争压力。他们认为，唯一成为进入壁垒的是政府的进入规制政策和行政垄断。因此，最有效地促进竞争政策是应该废除那些过时的规制政策和不必要的行政垄断；可竞争市场理论认为只要保持市场进入的完全自由，只要不存在特别的进出市场成本，潜在竞争的压力就会迫使任何市场结构条件下的企业采取竞争行为。在政策主张上，可竞争市场理论认为自由放任政策比通常的反托拉斯政策和政府规制政策更为有效。

在不完全竞争市场上的政府管制是为了纠正市场的低效率，但是一些产业组织学家认为管制可能保护厂商免于竞争。这种俘获理论认为各种利益集团受管制的影响不同，厂商有可能俘获一个管制实体。较常见的管制手段包括价格管制、收益管制、限制进入、价格支持、数量控制等。然而，由于信息有限、不确定性以及制度缺陷等问题的存在，管制者通常不能很好地进行管制，结果造成社会福利的损失。所以在最近又出现了放松管制的倾向，让市场发挥作用，当然也存在分歧。例如威尔斯就对放松铁路业管制后可能出现的区域性市场垄断表示担忧。

2.1.3　物流产业的研究评述

物流产业作为国民经济的重要组成部分，涉及宏观、中观和微观三个层面的研究内容。这三个层面的研究相辅相成，一体化同步向前推进，达到内容的逐级递进和效果的反向回归，达到理论研究促进产业发展的目的。由于物流产业的界定在各个国家存在不同的认识，国外学者对物流的研究侧重点在物流理论及相应的供应链的相关方面。我国学者对物流产业研究的评述，主要有以下，代表性观点：

在物流产业发展的环境层面，政策环境逐步改善，各级政府重视物流的发展，把物流产业作为经济发展的支柱产业或新的经济增长点。陈中涛（2004）分析了物流产业发展的市场环境，物流需求快速上升，增幅明显高于经济增长，物流业发展对我国第三产业的发展具有举足轻重的地位；物流成本占 GDP 比重逐渐下降，但总体水平依然偏高；物流领域固定资产投资快速增长；物流成本增长逐年趋缓；运输、保管成本比重较高，管理成本增长最快。孙朝苑（2005）利用系统动力学文法对物流产业与外部环境之间的互动关系进行定性与定量的分析。

在物流产业发展的技术层面，物流技术落后，许多物流企业的信息系统还很不完善，物流设施、设备的现代化水平较低，整体技术水平落后，没有为企业物流发展构筑强大技术支撑。杨建强（2007）研究发现，我国物流信息化、标准化程度不高，没有建立与国际惯例接轨的全国物流标准化体系；信息技术应用水平较低；物流标准的制定、修订跟不上经济发展需要，已经出台的与物流业相关的标准总体质量不高；与物流相关的标准化工作分散在不同的部门和行业，缺乏系统和有效衔接，协调配套性差；商品信息标准不统一，无法实现交换和共享等。

在物流产业发展的制度和体制层面，与现代物流发展相关的制度和政策法规尚未完善，税收、工商注册、土地、收费等一些政策还不适应现代物流业发展的需要。王云华和刘颖（2007）发现与企业发展息息相关的融资制度、产权转让制度、税收制度、市场准入与退出制度等方面的改革还远不能适应企业发展的需要。企业进入国际市场还缺乏必要的法律、法规支持。在物流管理体制层面，于淑凤（2007）发现我国物流管理分散，企业内部物流相关职能部门各自为政，相互脱节，整个物流与供应链无法形成相互协作的价值链，物流系统协调性差；物流管理存在部门分割，还缺乏配套的支持物流产业发展的政策措施。

在物流产业发展的其他层面，刘湖（2006）探讨了物流产业在国民经济中的地位及对经济发展的贡献，分析了物流产业与国民经济其他产业部门之间的关联关系及对其他产业的支撑作用，指出了发展物流产业的重要性。叶若舟和刘昱婷（2007）认为我国经济的增长和物流产业的迅速发展，为国内外企业在中国开展物流服务提供了良好的发展空间。

中国物流产业已进入发展阶段，在不同层面都有进展。国务院发展研究中心市场经济研究所博士王微认为：（1）从微观层面，企业物流管理和物流企业均有一定程度的发展。一是许多实行连锁经营的零售企业建立了自己的配送中心，为企业内部的连锁网点提供物流配送服务，一些连锁企业配送商品比例已经超过企业经营品种的50％；二是部分制造业企业也在探索和尝试物流管理方面的改革；三是出现一批定位于全方位物流服务的物流企业。（2）从地方政府层面看，目前一些经济发展较快地区，如深圳、北京、上海等对促进物流产业发展给予高度重视，并已开始着手研究和制定地区物流发展的规划和有关促进政策。（3）宏观层面的中央政府有关部门也从不同角度关注着我国物流产业的发展，并积极地研究促进物流产业发展的有关政策。① 总体来看，我国物流产业发展仍然处于初级阶段，粗放式经营的格局尚未从根本上改变，影响物流发展的体制性因素还需要通过深化改革来解决。②

2.1.4 物流产业相关的理论评述及本书的突破

从物流理论的发展脉络看，人们对物流概念认识不断加深的过程，是伴随着物流在社会再生产中的地位不断变化的过程。随着商品化和社会化生产水平的不断提高，社会分工的不断深入，不断扩大的商品流通成为生产扩大的先决条件。同时经济全球化和信息技术的高速发展，使商流（所有权的转移）可以瞬间完成，而物流（商品的实体流动）就成为制约经济发展效率的关键因素。人们对物流的认识经历了从企业内、企业间、销售领域直至整个流通领域和全球的供应链。

总之，在不同时期、不同国家的不同学者对物流都有代表性的描述，尽管在文字方面有所不同，但应注意到完整的物流概念应包含以下要点：

（1）物流的研究对象贯穿流通领域和生产领域的一切实体流以及有关的信息流，研究的目的是对其进行科学规划、管理与控制，使其高效率、高效

---

① 王微. 中国物流产业发展前景和政策取向［J］. 天津行政学院学报，2001（2）：57.
② 贺登才. 2006年中国物流新进展［J］. 中国物流与采购，2007（12）：12－15.

益地完成预定的服务目标。

（2）物流的作用是将物资由供给主体向需求主体转移（包含物资的废弃与还原），创造时间价值、空间价值和占用价值，并且创造部分经济价值。

（3）物流活动包括运输、仓储、装卸搬运、包装、流通加工、配送以及有关的信息活动等。

（4）作为供应链的一个组成部分，物流在供应链管理与整合过程中起着非常重要的作用。

物流是一个发展的，或者说是动态的概念，其内涵与外延的发展取决于社会的经济进步，它将随着社会经济的不断进步向更高层次扩展。

产业演进理论中的产业生命周期的不同阶段特征为深入分析物流产业的发展规律提供了理论依据，不同学派的产业组织理论也为物流产业的组织创新与发展提供了理论基础，更为物流产业政策的制定指明了方向。但在具体分析我国物流产业发展与制度创新方面，还要考虑物流产业的特点和制度环境的特殊性。

哈佛学派的 SCP 框架成为产业组织领域最经典的分析工具，为个别产业的具体分析和实证研究提供了理论基础和研究路径，对产业组织研究的贡献功不可没。但是哈佛学派的观点和方法也存在着一定的缺陷，哈佛学派产业组织理论忽略了某些重要的方面和因素。首先，它仍然沿袭了古典经济学的理性人假设，把厂商追求利润最大化作为假定前提。这种认识实际上忽视了厂商的其他目标；其次，它只考察了部门内部企业之间的关系，而忽略了部门之间竞争的关系，而正是这种部门间的竞争，特别是不同部门垄断大公司之间的竞争反映了竞争和垄断的并存性；再次，在分析方法上，继承了新古典经济学的静态分析方法，看不到市场结构、企业行为和经济绩效之间存在的动态作用关系；最后，哈佛学派只强调了大公司市场份额的重要性，而忽略了大公司的绝对规模对垄断的影响，没有办法解释大公司的兴起在资源配置中的作用。

芝加哥学派对于高集中度市场结构的效率以及市场结构和市场绩效关系的论述相对于哈佛学派更加符合客观实际。同时，芝加哥学派对于产业组织理论的贡献还表现在科斯提出的大企业形成是企业对市场的替代的理论以及施蒂格勒等人对政府规制方面的研究业绩。这些成果不仅开创了经济学研究的一个全新领域，而且对美国 20 世纪 70 年代以来的放松规制政策产生了直接的影响①，也给世界各国政府管制政策的制定提供了参考。但芝加哥学派过分推崇市场自发调节的作用而无视各种垄断市场结构的存在及其差别，其理论是片面的。

新奥地利学派对市场不确定性、企业家创新精神的作用以及对市场竞争行为性和过程性的认识具有积极的现实意义。但新奥地利学派的极端自由主义的政策主张在经济生活中是不现实的。

可竞争市场理论考虑到了决定市场结构的外部因素，突出了沉淀成本的重要性，并强调了潜在竞争对促进产业效率的积极作用，为政府管制提供了一个新的思路。可竞争市场理论的另一个贡献在于提出了分析多产品产业的一整套概念和方法。但是该理论对新企业进入产业后所采取的行为及其结果的一些假定是不符合实际的，而且沉没成本为零的假设也与实际不符。

通过对目前物流产业研究状况的考察，不难发现，宏观、中观和微观三个层面的研究严重失衡，对宏观制度环境、中观产业和微观企业的研究相互脱节，同时各个层面内的研究结构也不尽合理。事实上，现代物流产业的发展过程，不纯粹是一个技术创新过程，也不只是一个制度创新的过程；而是技术创新和制度创新相互作用、相互适应，并在产业层面得以实现的过程。因此，本书将在国内外学者研究的基础上，在马克思主义制度理论指导下，借鉴西方新制度和产业组织的相关理论，根据物流产业的特性及产业地位，以制度创新为主线，与物流产业发展为核心，从宏观、中观、微观主要研究物流产业发展与制度创新问题。

2.2　制度及制度创新理论的历史考察与总结

2.2.1　马克思主义的制度及制度创新理论评述

马克思主义政治经济学是从生产力与生产关系辩证关系的角度，来阐

明制度及制度创新在经济发展中的作用的。其有关"制度"的一些基本内涵是：（1）制度包括经济基础和上层建筑两个方面。其中，经济基础是有关生产关系、分配关系、交换关系和消费关系的经济规则和合约，上层建筑是一系列政治规则和司法规则以及包括政治、法律、思想、道德和艺术在内的意识形态。（2）在马克思的制度分析框架中，经济制度、政治制度、道德、艺术、哲学等各制度变量之间是相互依存、相互影响的，构成一个有机整体。其中，经济制度是决定其他制度变量的基础。（3）生产资料所有制是整个制度的核心，其他的一切制度都是由此决定和在此基础上展开的。

马克思认为，对制度的研究，首先要分析作为这个社会制度经济基础的生产力及与之相适应的生产关系，然后才能对建立在这个基础上的道德和法律等上层建筑的性质做出合理说明。在解释制度的起源时，马克思从人类与自然界的矛盾出发，从生产力的发展导出了第一层次的制度起源，即社会生产关系的形成过程；进而又从社会生产关系中不同集团利益和矛盾冲突出发，从社会市场关系中导出第二层次的制度起源，即包括政治、法律、道德规范等在内的上层建筑。在对制度本质的认识上，马克思从生产这一人类最基本的实践活动出发，将一定制度的形成归结为一定生产关系以及与这种生产关系相适应并维护这种生产关系的社会机构和规则确立的过程，认为制度的本质就是在社会分工协作中不同集团、阶层和阶级之间的利益关系。马克思对制度的解释实际上已经构成了一个具有严整逻辑的理论体系。①

马克思认为制度是可变的，在生产力和生产关系、经济基础和上层建筑对立统一的矛盾运动下，人类的经济制度、政治制度、法律制度等都处在不断的发展变化中。

马克思主义政治经济学理论是一个开放的体系。在马克思主义经济体系中，被正统西方经济学视为外生变量或背景条件的技术进步、消费偏好、人口变化、制度变迁等都是内生变量，并且在它们之间具有某种相互制约、相

---

① 林岗，刘元春. 斯诺与马克思：关于制度的起源和本质的两种解释的比较［J］. 经济研究，2000（6）.

互影响的函数关系。这样，制度及制度创新被视为马克思主义经济发展函数的一个内生变量。

马克思主义认为，制度创新是新制度（或新制度结构）产生、否定、扬弃或改变旧制度（或旧制度结构）的动态过程。制度创新可能在以下意义上发生：（1）原有各种制度保存，产生新的制度。这样，制度结构发生了变迁，增加了新的构成因素，而且可能改变原有制度的相对地位。（2）原有制度本身演变成新的制度。这种新制度或许还保留着过去的一些特征，但是已不同于原来的制度。（3）原有制度结构中的一些制度因失去存在意义而消亡。（4）在原有制度结构中，制度的性质、种类不变，但是，相对地位发生变化，从而使制度结构发生变迁。

关于制度创新的动力，马克思主义认为，单纯考察制度内部，可以发现，制度特别是经济制度与生产力发展（社会分工、技术变迁、人的素质提高）的内在矛盾是推动制度创新内动力。当原有制度不再适应生产力发展的需求（生产力可以具体化为生产力性质、生产力水平、生产经营活动的具体要求、生产组织效率的要求等，这样才能用生产力的要求来说明不同层次的制度创新）时，这种制度将阻碍经济发展，制度就必然要发生创新，只是时间迟早问题。原有制度不适应生产力发展要求时，可以在许多方面体现出来，如：原有制度限制了生产的扩大，达不到规模经济要求；限制了技术的推广和应用；因权利分配不公平导致人的积极性下降等。

马克思主义认为，人类社会的任何制度都是规范人的，有人活动其中的，人作为主体不可能不对制度创新施加影响。脱离了作为制度创新主体的人的活动，不仅不存在制度创新，而且不存在制度和人类社会。马克思主义特别强调制度创新主体为了自身（本阶级）的利益而发动和参与制度创新，是制度创新的外动力。在马克思主义政治经济学中，推动制度创新的主体不仅有人（如资本家、雇佣工人），也包括政府或国家的立法或修改法律的行为。但是，在马克思主义看来，所有这些主体，都是作为一个阶级而行动的，工人同样作为一个阶级与资本家阶级抗争。因此，马克思主义理论中制度创新的主体可以归结为"阶级"。

事实上，在制度创新过程中，是内动力和外动力共同作用来推动制度创新的。按照马克思辩证唯物主义的原理，可以将二者的关系表述为：内动力是制度创新的根据；外动力是制度创新的条件。内动力的作用创造了通过创新而获利的机会，外动力的作用就是促使创新主体抓住机会，实施创新。如果没有内动力作用所创造的机会，制度创新主体的外动力再强，也缺乏作用点和作用场所；如果没有外动力的作用，内动力也无法使制度创新发生，它所创造的"获利机会"就无法实现。

关于制度创新的方式，按照马克思历史唯物主义的基本原理，制度是由生产力的水平和发展要求决定的，而生产力的发展是一个自然历史过程，不可能以革命为唯一的变革方式。在马克思的理论中，既强调了革命对改变社会的根本性经济制度——所有制和国家制度的必要性，又深入细致地分析了制度创新的渐进性。例如对股份制的过渡性分析，已经把渐进式制度创新引入了根本性制度的变革，认为股份公司这种企业制度的发展会成为扬弃私有制、实现公有制的过渡形式。许多人误认为马克思是个革命论者，认为他主张革命是制度创新的唯一方式，其实这完全是误解。马克思固然强调运用革命手段推翻旧制度、建立新制度的重要性，但是，他并没有否定渐进式创新的创新方式。

马克思主义认为，经济发展过程中制度创新的层次性是明确的。根本性制度创新就是生产资料所有制变革，它关系到整个社会经济制度的创新，不仅决定着具体制度的创新，而且决定政治法律的变革（马克思不认为政治、法律等是根本性的制度，而是由经济基础决定的上层建筑的组成部分）。企业制度等创新是非根本层次的、具体的制度创新，但是它发展到一定程度后，可以导致或推动根本性制度创新。

关于制度创新的效率评价，马克思公开表述最多、最明确的标准是生产力标准。一种制度是否有效，就是要看它是否适合生产力水平和促进生产力发展，制度创新的效率评价也是这个标准。当然，总体的生产力标准可以具体化，如劳动生产率标准等。同时，马克思关于制度创新的效率评价还暗含着公平标准。马克思主义认为，制度具有收入分配的功能，收入分配是否公平本身就包含在制度效率之中。有效率的制度必然是公平的制度。一个社会的制度创新，从总体上说，只有比原来更公平了，才能说效率提高了或更好了。

关于技术创新与制度创新的关系，马克思虽然没有明确使用技术创新和制度创新的观念，但已经对技术创新和制度创新的互动关系进行了深刻阐述。熊彼特在某些方面继承和发扬了马克思的创新思想，提出了比较具体的创新理论。但从人类认识的发展历史看，马克思是创新理论的源头，马克思的理论空间更广阔、思维更深刻。马克思通过对生产力与生产关系的对立统一分析，从哲学高度解释了技术创新与制度创新之间相互依存、相互促进的辩证关系。他还论述了对技术创新进行制度激励的思想，在马克思制度理论中，技术创新属于生产力的范畴，制度创新属于生产关系的范畴。因为生产力决定生产关系，生产关系又反作用于生产力，所以技术创新会推动制度创新，而制度创新会保证、激励和促进技术创新。科斯说，"马克思比他同时代的学者更深刻地洞见了技术于制度变迁的历史关系"①。

　　一方面，马克思从生产力决定生产关系的角度，强调了技术创新对制度创新的推动作用。在马克思看来，科学技术是"直接生产力"，而生产力是社会生产和人类历史发展的最终决定力量，生产力发展必然会引起生产关系的变革。"手推磨产生的是封建主为首的社会，蒸汽磨产生的是工业资本家为首的社会"。② 马克思在《政治经济学批判》序言中写道："社会的物质生产力发展到一定阶段，便同它们一直在其中活动的现存生产关系或财产关系发生矛盾。于是这些关系便由生产力的发展形式变成生产力的桎梏。那时社会革命的时代就来了。随着经济基础的变革，全部庞大的上层建筑也或快或慢地发生变革。"③ 在这里，马克思实际上把制度创新的原因或根源归结于生产力与生产关系之间的矛盾。当生产力的发展受到旧的生产关系的束缚时，就要求突破旧制度，建立起符合它性质的、适应它发展的新制度。从这个角度来看，技术创新会导致生产力的水平提高，同时也通过生产力对生产关系的决定作用推动技术创新。

　　另一方面，制度创新会反作用于技术创新，任何技术创新地顺利推进都需要有效的制度安排与之适应。这是因为，生产关系绝不只是消极地适应生产力的发展状况，它对生产力具有积极的反作用。当生产关系适应生产力的

①　科斯. 财产权利与制度变迁［M］. 上海：上海三联书店，1994：329.
②　马克思恩格斯选集（第一卷）［M］. 北京：人民出版社，1972：108.
③　马克思恩格斯选集（第二卷）［M］. 北京：人民出版社，1972：82.

发展要求时，能促进生产力的发展；当生产关系不适应生产力的发展要求时，便会阻碍生产力的发展，成为生产力发展的桎梏。在马克思看来，科学技术的产生和发展，同社会生产关系和其他历史条件之间有着十分密切的联系。科学技术是根据社会的需要，并在一定的社会生产关系下发展起来的。正因为如此，马克思主义理论总是把一定的社会制度看作是决定科学技术发展方向的基本前提，是影响科学技术发展的根本性因素。

作为实证分析，马克思在《资本论》第一卷的第十一章、第十二章和第十三章论述资本主义生产关系的确立时，用了大量的篇幅说明技术创新对于资本主义生产关系产生的重要推动作用。马克思认为，技术创新不断创造出获利机会，诱使资本家不断创新企业制度，以充分利用这些机会。"工场手工业，最初是自发形成的。一旦它得到一定的巩固和发展，它就成为资本主义生产方式有意识、有计划的和系统的形式……工场手工业分工通过工业活动的分解，劳动工具的专门化，局部工人的形成以及局部工人在一个总机构中的分组和结合，造成了社会生产过程的质的划分和量的比例，从而创立了社会劳动的一定组织，这样就同时发展了新的社会劳动力。"① 马克思从技术创新出发，认为技术创新导致了分工，分工推动了企业制度的演进；企业制度的创新反过来又为技术的进一步创新提供了条件和动力。

总之，马克思主义经济学一直将制度与制度创新视为经济发展的内生变量。经济发展的快与慢，社会生产力进步的速度，在相当程度上取决于现存社会经济制度，取决于现存制度是束缚、阻碍生产力的发展，还是解放、推动生产力的发展。因此，在经济发展（产业发展）这个问题上，制度是非常重要的决定性因素。当原有制度不再适应并阻碍经济发展和生产力进步时，原有制度就必然要被新制度所替代，即必然要发生制度创新。这时，作为阶级或阶级代表的制度创新主体会有意识地运用革命手段，或"快刀斩乱麻"，或循序渐进地推进制度创新的实现。这种制度创新既可能是根本性社会经济制度的变革，也可能是非根本性的、具体的制度变革。而判断制度创新是否有效的标准，是看它是否有利于生产力的进步和经济发展，是否有利于实现社会公平。

---

① 资本论（第一卷）[M].北京：人民出版社，1975：402-403.

2.2.2 熊彼特的创新理论评述

熊彼特在 1912 年出版的《经济发展理论》一书中指出，所谓"创新"是一种生产函数的转移，或是生产要素和生产条件的一种重新组合并引入生产体系使其技术体系发生变革，以获得企业家利润或潜在的超额利润的过程。这一概念从创新资源配置的角度，将技术创新与制度创新融于一体，抓住了创新的本质与创新的经济特征，开辟了创新经济学的研究领域。

熊彼特将创新归纳为以下五种情况：（1）采用一种新产品或一种产品的新特征；（2）采用一种新的生产方法；（3）开辟一个新市场；（4）掠取或控制原材料或半制成品的一种新的供应来源；（5）实现一种新的企业组织形式。熊彼特把新组合的实现称为企业，把以实现新组合的基本职能的人们称为企业家。熊彼特的重要贡献之一是阐明了创新和发明的区别，从而明确了创新是一个经济概念，而不是一个技术概念。他指出，在发明未转化为创新之前，发明只是一个新概念、新设想；创新则是新发明在实际生产过程的运用。企业家的职能就是把新发明引进生产体系。

企业家的工作是"创造性的破坏"，而阻碍创新的因素有：（1）信息不充分条件下许多事情处于不可知的状态。"实现一个新计划和根据一个习惯的计划去行动，是两件不同的事情，就像建造一条公路和沿着公路行走是两件不同的事情一样"[①]。（2）人的惰性。"做一种新的事情，不仅客观上比做已经熟悉的和已经由经验检定的事情更加困难，而且个人会感到不愿意去做它，即使客观上的困难并不存在，也还是感到不愿意"[②]。（3）社会环境的反作用。这种反作用首先在法律或政治对创新存在障碍时表现出来，其次在很难找到必要的合作时表现出来，而后是在难以赢得消费者上表现出来。

熊彼特指出，企业家创新首先要进行观念更新。因为"一切知识和习惯一旦获得以后，就牢固地根植于我们之中，就像一条铁路的陆地根植于地面一样。它不要求被继续地不断地更新和自觉地再度生产，而是深深沉落在下

---

① ［美］约瑟夫·熊彼特. 经济发展理论 ［M］. 北京：商务印书馆，1990：94.
② ［美］约瑟夫·熊彼特. 经济发展理论 ［M］. 北京：商务印书馆，1990：95.

意识的地层中。它通常通过遗传、教育、培养和环境压力，几乎是没有摩擦地传递下去"①。另外，企业家必须具备一定的能力。这些能力包括：一是预测能力。企业家应具有"尽管在当时不能肯定而以后则证明为正确的方式去观察事情的能力，以及尽管不能说明这样做所根据的原则，而却能掌握主要的事实、抛弃非主要的事实的能力"②，能抓住眼前机会，挖掘市场中存在的潜在利润。二是组织能力。企业家"不仅在于找到或创造新的事物，而且在于它去使社会集团留下深刻的印象，从而带动社会集团跟在它后面走"③。善于动员和组织社会资源进行并实现生产要素的组合。三是说服能力。企业家善于说服人们，使他们相信执行他的计划的可能性；注重取得信任，以说服银行家提供资本，实现生产方式的新组合。

熊彼特认为，资本主义的本质特征是创新、新组合和经济发展，是一个在破坏中创新、在创新中发展、在创造中毁灭的变化过程，强调生产技术的革新和生产方法的变革在资本主义经济发展过程中至高无上的地位与作用，是联结科学技术进步与经济增长、经济发展的一个转换媒介。

对比马克思和熊彼特有关创新动力的分析，会发现他们之间存在着如下四个方面的差异：

第一，确定性。在马克思看来，创新动力具有确定性，是可以预期的、控制的，我们可以有意识地按照创新规律促进创新。在熊彼特那里，创新是不可预测的、不可控制的，存在着很大的随机性，难以人为地进行设计。因此，当美国在 20 世纪 30 年代发生经济危机时，熊彼特并没有开出一个振兴美国经济的药方。

第二，继承性。马克思认为："人们自己创造自己的历史，但是他们并不是随心所欲地创造，并不是在他们自己选定的条件下创造，而是在直接碰到的、既定的、从过去承继下来的条件下创造。"④ 而在熊彼特看来，创新根本就不存在继承性的问题。

第三，层次性。在马克思看来，创新动力是一个系统，它具有明显的层

---

① ［美］约瑟夫·熊彼特. 经济发展理论［M］. 北京：商务印书馆，1990：93.
② ［美］约瑟夫·熊彼特. 经济发展理论［M］. 北京：商务印书馆，1990：95.
③ ［美］约瑟夫·熊彼特. 经济发展理论［M］. 北京：商务印书馆，1990：98.
④ 马克思恩格斯全集（第八卷）［M］. 北京：人民出版社，1961：121.

次性，这种层次性是在社会基本矛盾运动中展开的；从生产力到经济基础再到上层建筑。而在熊彼特看来，影响创新的因素很多，很难按重要程度排出一个顺序；企业家在创新过程中，要根据自己的实际情况来决定创新的内容和过程。这实际上反映了他们考察创新动力时的不同视角：马克思倾向于从宏观、从历史角度考察；熊彼特倾向于从微观、从个体活动来考察。

第四，系统性。马克思形成了系统的创新动力观：创新主要是以技术创新为基础的。随着科学技术的发展，技术利用、技术组合的可能性不断扩展，创新空间越来越大，最终导致经济和社会的发展，创新源于技术内在的规定性，源于社会需要和技术手段的矛盾运动。而熊彼特则没有形成这样明确的、系统的创新动力观。他只是强调，实现"新组合"是企业家的职责，创新源于企业家的动机：物质上独立、社会承认、建立自己的"王朝"等。[①]

熊彼特的创新具有一定的缺陷，他曾把与企业紧密相关的制度视为给定的外部条件。但事实上，人类社会的活动是不可能游离于制度之外的。以科斯和诺斯为代表的新制度经济学推动制度成为经济学的重要研究对象，并且对制度起源、变迁和作用机制进行了深入研究。

2.2.3　新制度经济学的制度及制度创新理论评述

在新制度经济学中，制度被认为是至少在特定社会范围内统一的、调节人与人之间社会关系的一系列习惯、道德、法律（包括宪法和各种具体法规）、戒律、规章（包括政府制定的条例）等的总和。它由社会认可的非正式约束、国家规定的正式约束和实施机制三个部分构成。制度既可以是指具体的制度安排，即指某一特定类型活动和关系的行为准则；也可以是指一个社会中各种制度安排的总和，即"制度结构"（林毅夫，1988）。制度创新，就是制度的替代、转换和交替过程。从动态的观点看，制度创新实际上是从制度均衡到非均衡再到制度均衡的过程。所谓制度均衡，是指在交易技术结构既定的条件下，在可供选择的制度范围内，实际选择的制度能够实现制度的收益最大化。当上述条件中的任何一个不能成立，制度均衡状态便被打破。

---

① 何丰. 制度变迁中的企业创新研究［M］. 上海：上海大学出版社，2004：18.

　　新制度经济学认为，制度及制度创新不仅是经济发展的内生变量，而且是影响经济发展的决定性因素。这是因为，当我们考察现实经济发展过程时，就会发现：（1）信息是不完全和不对称的，且信息的获取是需要支付费用的。信息的不完全性和不对称性及信息费用会影响市场机制的运行效率，影响经济发展轨迹，因此需要市场制度的完善和创新。（2）由于产权未被充分界定及产权的界定需要花费成本，私人收益并不必定等于社会收益，如存在外部性、"搭便车"等问题。低效率的产权结构无法为经济行为主体提供充足的激励，从而影响经济发展，因而需要产权制度的创新。（3）对于发展中国家和经济体制转轨国家而言，由于经济结构非均衡、市场体系不完善等，生产要素并不一定能按收益最大化原则优化配置，因而需要产业政策的引导和相关制度的创新。（4）不同国家，由于制度环境的差异，即使投入相同的生产要素，其经济发展的效果往往也不尽相同，表明制度对经济发展的巨大推动作用。对此，新制度经济学作出了有别于西方主流经济学的全新的解释，首次将制度和制度创新因素内化于经济发展模型，开拓了经济发展理论的思路。

　　关于制度创新的动力，新制度经济学以微观经济学的框架来研究制度创新，因此也是从单个制度创新体的行为动机或追求解释制度创新的动力。无论政府、团体和个人，都是财富最大化者，他们从事制度创新，都是为了最大化自己的利益——或者减少成本和损失，或者增加收益。只有当制度创新有利可图，创新比不创新能获得更多收益时，才会发动制度创新。舒尔茨分析了由于人的经济价值提高，导致对有关制度需求的改变，打破了原有的制度均衡，从而有了创新的机会。这实际上是相对价格变化导致制度非均衡的一个特征。诺思也明确论证了相对价格的变化是制度创新的原因，它创造了一个建立更有效的制度的激励。

　　由于相对价格的变化而形成的潜在利润是经济主体从事制度创新的基本动力。潜在利润是由外部因素导致形成的利润，一般说来，以下四个方面引致了潜在利润：（1）规模经济。如公司制企业与古典企业和合伙制企业相比，具有强大的资本获取能力，从而可以取得规模经济效益。（2）外部成本和收益的变化。在存在外部性时，一些包括内部与外部的、可以对所有权和成本进行计算的新的制度安排将可能增加社会总的净收益。在某种程度上，制度创新的过程实质上是外部性内部化的过程。（3）克服对风险的厌恶。如专门市场（期货交易市场等）的发展、保险公司的建立等都是克服对风险厌恶的制度创新。（4）交易费用转移与降低带来的利润。

没有相对价格的变化和潜在利润，就不可能有制度创新；但有了相对价格变化和潜在利润，制度创新也未必发生。因为制度创新是有成本的，只有当通过制度创新可能获取的潜在利润大于获取这种利润而支付的成本时，制度创新才会发生。

在一般情况下，制度创新主体的行为选择取决于制度变迁的成本与收益分析。当制度变迁的预期收益高于预期成本时，制度创新主体才具有提供制度安排的意愿。需指明的是，政府的集体选择行为要复杂得多。政府中的个人和官僚机构都是有理性的个体，一样追求效用的最大化原则，政府的集体选择行为并非总与社会利益保持一致；制度创新本身是一个利益重新分配的过程，政府的集体选择没有也不可能平均分割制度创新收益给每一个利益集团，不同利益集团通过各种途径向政府施加压力，阻碍制度创新的实现，特别是当某一利益集团是政府的主要支持基础时，政府更不可能提供不利于该集团的制度安排。即使一项制度安排的创新能带来巨大的社会收益，但却可能动摇政府赖以存在的权威和信仰体系及宪法秩序，那么政府宁愿维持低效率的制度安排，制度创新是难以实现的。一项制度创新是否能真正发生，取决于下列条件能否成立：

$$\frac{W_n}{W_o + C_c + A_c + F_c} > 1 \qquad (2-1)$$

其中：W_n 是作为创新目标的新制度净收益，W_o 为旧制度安排的净收益（制度总收益减去制度运营成本），C_c、A_c、F_c 分别为制度创新过程中所面临的协约成本、适应成本和摩擦成本。

新制度经济学的制度创新主体包括政府、团体和个人，他们都是为了从创新中获取自身利益的、熊彼特意义上的"企业家"。诺思（1990）认为，变迁的代理人是对内含于制度框架中的激励作出回应的单个企业家。诺思（1976）还对制度创新主体之间的主从关系进行了分工，将制度创新主体分成"初级行动团体"和"次级行动团体"两级行动集团。在划分制度创新主体主从关系的基础上，诺思（1991）将制度创新过程分为五个阶段：第一，形成制度创新的第一行动集团，即对制度创新起主导作用的集团；第二，提出有关制度创新的方案，即确定选择集合；第三，确定制度创新方案即菜单选择；第四，形成推动制度创新的第二行动团体，即起次要作用的集团；第五，第一行动集团和第二行动集团共同努力，实现制度创新。

关于制度创新的方式，诺思（1990）比较明确地将制度创新方式划分为"渐进式创新"和"革命式创新"以及与之相应的"连续性创新"和"非连续性创新"。他认为："渐进式创新是指，交易的双方（至少是交易双方的一方）为从交易中获取某些潜在收益而再签约。"渐进式创新是连续的创新，没有大起大落或中断，是一个演进过程，它是相对于革命式创新或突变式创新而言。"战争、革命、武力征服以及自然灾害都是非连续性制度创新的源泉。""关于非连续性创新，我所指的是正规规则的一种根本变迁，它常常是武力征服和革命的结果。"① 显然，诺思认为渐进式创新是连续的，革命式创新是非连续的，但是又"很少是完全非连续性的"，因为意识形态或非正式制度在特定社会的制度结构中起作用。即使发生革命式创新，社会的意识形态也不会因此而中断联系。非正式制度不可能发生革命式变迁，它总是连续的、演进的，一个民族的传统意识形态不会因为某个革命而被消灭、中断、取代，新的意识形态也不会随革命成功而迅速形成。诺思（1990）再三强调："制度创新一般是渐进的。""创新的进程主要是渐进的。""我们对这一创新形式（指渐进式创新）的强调是经过仔细考虑的，它是社会和经济已经演化的主要方式。但是……通过武力征服或革命所发生的非连续性的制度创新也是重要的。"②

关于制度创新的效率评价，新制度经济学家对制度及其创新的效率评价，是以交易成本为依据的，而且将这种交易成本的评价具体到制度创新的各个方面和创新过程的各个环节上。交易成本高低是科斯确定的选择标准。科斯定理也就是关于交易成本、制度选择与经济绩效关系的定理，交易成本高低是评价产权制度安排是否有效和效率高低的依据。诺思将交易成本标准具体

---

①② North, D. C. 1990. Insititutions, Insititutional Change and Economics Performance. —— (Political Economy of Institutions and Decisions) [M]. Cambridge Univ. Press.

到了对制度创新的效率评价之中。诺思对制度创新的效率评价，基本上是从微观层次上进行的，也就是从单个创新主体的角度进行的。制度创新是否有效，主要是制度创新主体从成本收益比较的意义判定其中的成本就是交易成本。无论是正式制度还是非正式制度，其创新是否有效，都要看是否降低了交易成本。同时，制度创新的每个阶段都有交易成本，因而创新主体要从交易成本高低评价每一阶段的创新效率。

总之，新制度经济学以微观经济学的框架来研究制度创新。制度供给与需求的变化引致相对价格变化，进而产生潜在利润。制度均衡①状态的打破是制度创新开始。制度创新取决于创新主体的意愿，它涉及制度创新的成本收益分析与制度创新主体的行为选择。

早期的制度经济学家索尔斯坦·凡勃伦已经开始把制度作为决定或影响社会经济发展的"内生变量"来处理。凡勃伦非常强调制度因素对经济活动的重要作用。他指出，制度的交叉和移植对专业知识和技术活动的影响程度，关键在于决策者的制度性目标是否与新技术的生产、引进相兼容。价格体系发展中所包含的思想习惯与现代机器技术的兴起有很大关系，同时商业制度导致新技术的引进，导致新技术在私人收益而非社会利益基础上的利用。凡勃伦反复强调，商业制度下的问题是，新技术只有能使私人获得物质利益才会被引进。

美国著名经济学库兹涅茨也充分认识到制度调整对技术进步从而对经济增长的重要作用。他在 1971 年获得诺贝尔奖时发表的演讲《现代经济增长：研究结果和意见》中指出，一个国家的经济增长可以定义为，供应人们所需商品的生产能力的提高，而生产能力的提高建立在先进技术及应用先进技术所需要的制度和意识形态调整基础之上。库兹涅茨的分析包含了一个基本内涵，既要保证先进技术充分发挥作用，又必须有相应的制度和意识形态的调整。

---

　　① 制度均衡指这样一种状态，在给定的一般条件下，现存制度安排的任何改变都不能给经济中任何个人或任何团体带来额外的收入，这种制度安排包括了所有潜在收入的全部增长；即使存在潜在利润，但是改变现有安排的成本超过了这些潜在利润；如果不对制度环境作某些调整，就不能实现收入的重新分配。引自：[美] 兰斯·E. 戴维斯，道格拉斯·C. 诺思. 制度创新的理论：描述、类推与说明 [A]. 财产权力与制度变迁——产权学派与新制度学派译文集 [C]. 上海：上海三联书店，上海人民出版社，1994：299.

诺思认为，技术进步不是经济增长的原因。再先进的设备和技术，如果存在于低效的制度环境中，也将无法高效率地贡献于经济增长，经济增长的关键是设定一种能对个人提供有效刺激的制度。而对创新行为的制度性激励，意味着要通过制度安排，使创新者的个人收益率尽可能逼近社会收益率。诺思提出："有效率的经济组织是经济增长的关键，一个有效率的经济组织在西欧的发展正是西方兴起的原因所在。有效率的组织需要在制度上作出安排和确立所有权以便造成一种刺激，将个人的经济努力变成私人收益率接近社会收益率的活动。"① 在新制度经济学看来，由于成本和收益的界定均以产权明晰为先决条件，是产权制度的结果。因此，个人收益不断接近社会收益的过程，也就是社会的所有权制度和分配制度不断完善的过程，是实现所有权的相关制度不断创新的过程。对此，诺思和托马斯曾做过这样的比较："当存在资源的公共产权时，对于获得高水平的技术和知识几乎就没有激励。相形之下，排他性的产权将激励所有者去提高效率和生产率，或者，在更根本的意义上讲，去获得更多的知识和新技术。"②

商标法、专利法可以为创新者私人收益率的提高提供法律保障，同时还可以通过有效的制度安排，对创新主体的创新行为提供制度性"补偿"，如通过税收政策、金融政策等来激励企业的技术创新活动。

制度性补偿机制的存在，表明激励创新的制度方式可以是多种多样的，拓展了对技术创新制度激励进行研究的视野。尽管制度激励的方式不同，存在正式制度和非正式制度激励之分，但实质都是一样的，即如何通过有效的制度安排，为技术创新提供持久动力。

2.2.4 马克思主义经济学和西方经济学制度创新理论比较

马克思主义经济学和西方经济学在技术创新和制度创新互动关系上的理论既有本质上的不同，又有一些可以沟通之处。通过比较这两种理论，可以更深刻、更辩证地认识现代物流产业发展中制度创新的实质。

---

① 道格拉斯·诺思，罗伯特·托马斯. 西方世界的兴起 [M]. 北京：华夏出版社，1998：5.
② 丹尼尔·W. 布罗姆利. 经济利益与经济制度 [M]. 上海：上海三联书店，1996：17.

1. 从方法论上比较

西方经济学关于技术创新和制度创新关系的理论建立在历史唯心主义和庸俗唯物主义的基础上。新制度经济学认为，社会规律是个人活动的结果，个人活动由心理动机所支配。因而，人的心理是经济现象和经济规律的根源。新制度经济学只承认天性、习惯、风俗的演进，否认历史发展过程中的革命飞跃；用研究"社会心理"来代替社会发展规律的研究，将制度变迁看成是人们认识、选择推动的主观活动。这是一种历史唯心主义的方法论。实际上，社会经济生活是不依赖于人们的意志和意识的客观实际，人们的心理不可能成为分析社会经济生活的出发点；恰恰相反，它本身取决于人们的客观生活条件，最终取决于社会的经济制度。与西方经济学的历史唯心主义和庸俗唯物主义方法论不同，马克思主义关于技术创新与制度创新的理论是建立在历史唯物主义和辩证唯物主义的方法论基础上的。马克思主义从客观存在的经济现象着手，把社会的发展和制度的演变看成是社会基本矛盾不断发展的自然过程。人们固然可以按照比较利益原则去选择、调整制度，但他们的愿望能否实现，只能取决于客观条件是否具备、成熟。

2. 从科学性上比较

从根本上讲，西方经济学关于技术创新与制度创新关系的理论是片面的、不科学的。新增长理论片面强调技术创新的决定性作用，却完全忽视制度创新因素对技术创新和经济增长的影响。新制度经济学则完全颠倒了技术创新与制度创新的主次关系，强调"制度决定论"，认为制度创新决定技术创新，违背了客观经济发展规律。

马克思主义关于技术创新和制度创新关系的理论则是辩证的、科学的。马克思关于生产力与生产关系的一般原理揭示，技术创新是推动经济发展和社会进步的决定因素，制度创新取决于技术创新的状况及其发展变化。同时，制度创新又通过促进或阻碍技术创新而影响经济发展和技术进步。由此可见，在技术创新和制度创新二者关系之中，技术创新是对经济发展起决定作用的因素，制度创新通过促进或阻碍技术创新而影响经济发展。

综上所述，西方经济学关于技术创新与制度创新关系的理论就其实质而言是非科学的、是为资本主义辩护的庸俗经济学。但是，并不是西方经济学的全部内容都没有什么可取之处。实际上，新制度经济学关于技术创新与制度创新关系的理论并非完全与马克思主义经济学对立。它们二者之间也存在一些可沟通之处，有些方面还可以相互补充。关于技术创新和制度创新的关系问题，马克思主义和新制度经济学的结论虽然完全相反，但是，它们都注意到了二者的关系或相互作用。而且，如果把二者综合起来，可以使马克思主义的有关理论更加丰富。新制度经济学关于制度创新对技术创新的决定作用的分析，虽然强调过度了，但不得不承认它所揭示的事实很有说服力。可以说，在一定的假设条件下，制度创新决定技术创新的结论是可以成立的。制度创新总是在既定的约束条件下进行的，例如，在社会根本性的经济制度确定时，具体制度安排是否合理，确实对经济效率起着至关重要的作用。马克思主义关于技术创新决定制度及其变迁的理论，是从最根本的层次上、从哲学的高度看才是永远成立的，有利于我们把握社会基本经济制度及其演进的一般规律。如果超出这个范围，马克思主义的理论也不能绝对化。而新制度经济学的理论，如果超出这个范围，在既定的社会制度条件下，则是可以成立的，与马克思主义的理论并非水火不容。

马克思主义关于技术创新和制度创新辩证关系的理论和新制度经济学关于技术创新和制度创新相互影响的理论告诉我们，技术创新和制度创新是两个不可分割的范畴，相互联系，互相促动。一个企业乃至一个国家要想获得持续发展，必须同时进行技术创新和制度创新，并使二者步入良性循环轨道。否则，单有制度创新没有技术创新，则会使制度创新最终成为"无米之炊"。马克思主义关于生产力和生产关系的基本原理告诉我们，科学技术对生产力发展和社会经济发展具有第一位的变革作用，因而技术创新较之制度创新对现代经济增长具有第一位的推动作用，有更深层次的重要意义。同时，制度和制度创新又具有相对独立性，对技术创新具有重要的能动作用。从长期来看，技术创新会推动制度创新，制度创新则会保障技术创新的功能得以发挥与实现。因此，在制度创新过程中，要注意掌握技术创新的规律和特点，积极利用技术创新的成果。我国当前提出要实现经济发展方式和经济体制"两个根本性转变"的战略任务，实际上抓住了经济腾飞的"两翼"。经济发展方式转变和经济体制转轨是一个相互促进、密不可分的整体。经济体制转轨是经济发展方式转变的重要保证，而经济发展方式转变是经济体制转轨的最终目的，二者都是为了解放和发展生产力。只有同时实现"两个转变"，才能促进经济健康、持续的发展。在未来的发展中，各种创新之间的内在联系将日趋紧密，如一系列的技术创新都有一定的诱导机制与之相匹配，而这些诱导机制必然是制度创新的结果。

2.3　制度创新的基本理论——制度功效与制度创新功能

2.3.1　制度的含义及其构成

1. 制度的含义

制度是什么？许多研究制度的理论家都对"制度"下过定义。较早的美国制度主义经济学家凡伯伦在他的《有闲阶级论》中认为，"制度必须随着环境的变化而变化，因为就其性质而言，它就是对这类环境引起的刺激反应的一种习惯方式。而这些制度的发展也就是社会的发展。制度实质上就是个人或社会对有关的某些关系或某些作用的一般思想习惯……人们是生活在制度即思想习惯的指导下的，而这些制度是早期遗留下来的……今天的制度，也就是当前公认的生活方式"。由此可见，凡伯伦相当宽泛地定义制度是"大多数人共同的既定的思想习惯"。①

新制度经济学派的杰出代表 T. W. 舒尔茨将制度定义为"一种行为规则，这些规则涉及社会政治及经济行为"。这一定义为以后研究制度的学者所接受。舒尔茨还对制度进行了富有经济意义的归纳：（1）用于降低交易费用的制度，如货币、期货市场等；（2）用于影响生产要素所有者之间配置风险的制度，如合约、分成制、公司、保险、公共社会安全计划等；（3）用于提供职能组织与个人收入流之间联系的制度，如财产法、遗产法以及关于劳动者的其他权利方面的法律等；（4）用于确立公共品和服务的生产与分配的框架的制度，如高速公路、飞机场、学校和农业实验站等。②

---

① 转引自 Geoffrey M. Hodgson. The Economics of Institutions ［M］. Edword Elgar Publishing Limited，1993.

② 科斯等 . 财产权利与制度变迁 ［M］. 上海：上海三联书店，1994：253.

新制度经济学的另一位代表人物道格拉斯·诺思也从多个角度提出了"制度"一词的含义。他认为：

第一，制度是调节人类行为的规则。"制度是一系列被制定出来的规则、守法程序和行为的道德伦理规范，它旨在约束约束追求主体福利或效用最大化利益的个人行为。"①

第二，制度是一种收入的过滤器、调节器。"制度作为过滤器不仅存在于个人与存量资本之间，而且存在于资本存量与经济实绩之间，它决定了体制的产生及收入分配。"②

第三，制度内含着一定的激励机制。"整个制度在社会与经济间促进探索、实验与创新的程度上将起关键作用，可能将这些归结为适用效率。制度框架中所内含的激励结构会引导边学边做的进程以及默认知识的发展。"③

第四，制度是一种游戏规则。"制度是一个社会中的一些游戏规则；或者，更正式地说，制度是人类设计出来调节人类相互关系的一些约束条件。"④

综合以上观点，本书认为，制度是在特定社会范围内统一的、调节人与人之间社会关系的一系列习惯、道德、法律（包括宪法和各种具体法规）戒律、规章（包括政府制定的条例）等的总和。⑤ 在本书研究中，制度既可以指具体的制度安排，即指某一特定类型活动和关系的行为准则；也可以是指一个社会中各种制度安排的总和，即"制度结构"。

按照制度的作用方式的不同，T. W. 舒尔茨认为，制度包括正式约束、非正式约束及实施机制。正式约束（或正式制度）就是由某些人或组织自觉和有意识地制定的各项法律、法规、规则（如宪法、企业法、知识产权保护法）以及经济活动主体之间签订的正式契约（如合同、协议等）。非正式约束（或非正式制度）通常被理解为在社会发展和历史演进过程中自发形成的、不依赖人们主观意志的文化传统和行为习惯，包括社会的价值观念、伦

---

① 道格拉斯·C. 诺思. 经济史中的结构与变迁 [M]. 上海：上海三联书店，1991：226.

② 道格拉斯·C. 诺思. 经济史中的结构与变迁 [M]. 上海：上海三联书店，1991：231.

③ 道格拉斯·C. 诺思. 经济史中的结构与变迁 [M]. 上海：上海三联书店，1991：109.

④ 道格拉斯·C. 诺思. 经济史中的结构与变迁 [M]. 上海：上海三联书店，1991：3.

⑤ 实际上，新制度经济学关于"制度"的定义与马克思主义政治经济学关于"生产关系"的定义颇有异曲同工之处，都是研究人与人之间的社会关系。

理规范、文化传统、意识形态等。实施机制是一个需要耗费成本的过程以及与此联系的制度的不完全性，从而强调正式制度和非正式制度之间协调的重要性。

奥斯特罗姆等认为，制度可分为三种类型：第一类制度是宪法秩序，即政权的基本规则，它规定了确立集体选择的条件的基本规则；第二类制度指的是制度安排，它包括法律、规章、社团和合同；第三类制度是指规范性行为准则，包括文化背景和意识形态等。① 实际上，前两者是正式制度，而第三类属于非正式制度。

一个社会的经济制度健全与否，除了看它正式制度是否完善之外，还要看它的非正式制度与正式制度是否完全契合，是否能够和谐共处。因此，可能出现的一个情况就是，一个国家引进了新的正式制度，但非正式的制度却制约着正式制度的作用效果，甚至与正式制度发生激烈冲突，最终导致新正式制度的失败。

根据制度或规则的不同起源，制度可区分为外在制度和内在制度：外在制度是由统治共同体的政治权力机构自上而下地设计出来、强加于社会并付诸实施的，是正式的，它要由一个预定的权威机构以有组织的方式来执行惩罚。它包括法律制度、市场规则等。它是通过"有形之手"形成的指令性制度和强制性秩序。内在制度是人类在群体交往中，随经验而演化的规则，它包括各种习惯、内化规则、习俗和礼貌等，它具有非强制性的特点。包括：（1）习惯、习俗、礼貌。违规者虽不会引发有组织的惩罚，但会发现自己被社会排斥。（2）内化规则。人们通过教育、经验习得了规则，并达到条件反射服从规则的程度，对违规者的惩罚是内疚感。（3）正式化内在规则。这种内在制度虽然是随经验而出现的，但它们在一个群体内是以正规方式发挥作用并被强制执行的，例如玉石行业的行规。

单从实际内涵方面看，非正式制度与内在制度、正式制度与外在制度实际上差别很小。但这种分类，对于研究中国现代物流产业发展的制度创新问题具有实际意义。从宏观层面研究制度创新，重点是从制度的起源，根据市

① 文森特·奥斯特罗姆，戴维·菲尼等. 制度分析与发展的反思——问题与抉择［M］. 北京：商务印书馆，1992：134－135.

场经济发展的要求，利用"有形之手"由权力机构设计能使市场机制有效发挥作用的各种指令性新制度，调整计划经济体制条件下遗留下来但与市场经济不相适应的旧制度，构建市场经济运行的强制性秩序和外在制度；利用"无形之手"由权力机构引导个人和群体形成能使市场机制有效发挥作用的各种禁令性制度，转变计划经济时期遗留下来的旧的价值观念、惯例和习俗等，形成市场经济运行的自发性秩序和内在制度。从中观产业层面研究制度创新，重点是从制度的作用方式，根据产业发展规律，利用"有形之手"和"无形之手"，形成市场经济运行的强制秩序和自发秩序，实现正式制度和非正式制度的协同，各种制度能够顺利实施，形成良好的制度激励与约束，发挥制度创新的效应，节约成本、提高效率、增加产出，促进产业发展。

外在制度是以集体理性为基础，而内在制度的约束更多的与社会习俗、惯例等社会文化传统的沉淀和个人的内化规则、价值观以及意识形态密切相关，是以个人的理性选择为基础。外在制度更多地规定人们行为的合法性，而内在制度则支配人们行动的方向性和如何行动。外在制度为个体的行动只是提供了一定的框架，而内在制度则直接参与个体行动的价值判断和选择，是将外在制度转化为个体行为的重要媒介，或称之为社会机制。通过这个机制，外在制度可能得以很好的贯彻执行，也可能流于形式，还有可能被歪曲得面目全非，甚至离制定制度与政策的初衷相距甚远。

地方割据与保护、快递物品丢失，就是物流产业发展中存在的典型的外在制度不健全、内在制度不规范的案例。由此可见，在制度创新的过程中，一方面要健全外在制度，强化外在制度的约束力；另一方面要加强内在制度的治理，积极引导个人价值观与社会价值观保持一致，由此增加个人对制度的认同，还要运用社会道德、舆论监督等社会机制规范个人的行为，使外在制度得以准确和顺利的贯彻执行。否则，仅仅靠外在制度的强制约束效率是很低的，而成本却很高。

2. 制度构成的基本要素

新制度经济学认为，制度提供的一系列规则由社会认可的非正式制度、国家规定的正式制度和实施机制所构成，这三个部分就是制度构成的基本要素：

（1）非正式制度。非正式制度，又称非正式约束，是人们在长期交往中无意识形成的，具有持久的生命力，并构成代代相传的文化的一部分，主要包括价值观念、伦理规范、道德观念、风俗习惯、意识形态等因素。在非正式制度中，意识形态居于核心地位。因为它不仅可以蕴涵价值观念、伦理基础、道德观念和风俗习惯，而且还可以在形式上构成某种正式制度安排的"先验"模式。意识形态有可能取得优势地位或以"指导思想"的形式构成正式制度安排的理论基础和最高准则。

（2）正式制度。正式制度，又称正式约束，是指人们有意识创造的一系列政策法规，包括政治规则、经济规则和契约，以及由一系列规则构成的一种等级结构，从宪法到成文法和不成文法，再到特殊的细则，最后到个别契约，它们共同制约着人们的行为。具体说来，正式制度安排可以分以下几类：一是两人在分工中的责任的制度安排，即为人们给出行动的目标；二是界定每个人可以干什么，不可以干什么的规则，即为人们给定"选择空间"的边界；三是惩罚的制度安排，即约定对违反规则要付出什么样的代价；四是度量衡规则，即交换各方约定如何度量每个人的物理投入和物理产出。

（3）实施机制。判定某种制度是否有效，除了看这种制度本身是否完善之外，更主要地看这种制度的实施机制是否健全。在现实经济活动中，由于人的有限理性、交换的复杂性及信息的不对称性，经济主体总是存在机会主义行为倾向。这时，如果没有外在的、强制性的实施机制，那么任何制度尤其是正式制度安排便形同虚设。"有法不依"往往比"无法可依"更糟糕。

如果把正式约束与非正式约束都界定为一种契约关系，假定违约数量（Q_j）同被发现的可能性（P_j）、违约后的惩罚（F_j）及违约意愿等其他变量（U_j）之间存在某种关联，则这种关联可用函数表示：

$$Q_j = Q_j(P_j, F_j, U_j) \tag{2-2}$$

因为只有判定违约，违约者才会受到惩罚，所以实际存在一种"价格的差别待遇"和不确定性：如果判定违约，那么他将因此而支付 F_j，否则它将分毫无损。P_j 的任何增加（即制度实施机制的强化）都会减少违约行为的预期效用，进而减少违约数量。

2.3.2　制度创新的功能及对经济发展的作用

1. 降低交易成本

按照新古典经济学理论，对整个经济活动的协调和组织最好依靠那只"看不见的手"来不受干预地发挥作用。只要存在完全竞争，生产者和消费者就能够根据价格信号作出决策，并能实现最有利的结果，资源能被最有价值地使用，个人追求利益最大化的结果也使整个社会的利益最大化。在这种分析逻辑下，其他一些协调与组织经济活动的制度和组织被置于无足轻重的地位，人们在市场中的交易过程被简化为单纯的价格机制的操作。这样，市场的运作被假定为无摩擦的过程。且人们为达成交易而搜寻信息的费用也不存在。但事实上，撇开交易费用和信息费用，人们是很难达成交易的。因为任何一项经济交易的达成，都需要进行合约的议定、对合约执行的监督、讨价还价以及要了解生产者和消费者的生产与需求的信息等。这些费用不仅存在，而且有时会高到使交易无法达成。约翰·沃莱斯和诺思（1986）的实证研究表明，1970 年美国国民生产总值的 45% 被消耗于交易因素。张五常则估计，交易费用占中国香港国民生产总值的 80%。[①] 在交易费用大于零时，制度的分配不仅对分配有影响，而且对资源配置和产出构成影响。正是由于交易费用的存在，才产生了一些用于降低交易费用的不同的制度安排。如科斯提出企业制度存在的原因就是为了降低交易费用。

在降低交易费用方面，制度的作用程度完全取决于社会分工和专业化的深度和广度。在市场经济不发达的情况下，交易的地域性很强，这时候人情交易占据重要地位。交易经常在固定的当事人之间发生，交易重复出现，这种交易是建立在人们之间彼此了解和相互信任基础之上的，当事人数量有限，使交易的不确定性减少，这时的交易费用很低，制度的作用并不很突出。相反，在市场经济发达的社会中，人情交易让位于非人情交易，其中既有重复交易，又有一次性交易，参加的当事人多了，彼此知之甚少，存在信息不对称问题。交易中各种机会主义必然出现，人们之间的合作往往受到破坏，这

---

① 卢现祥. 西方新制度经济学 ［M］. 北京：中国发展出版社，1996：8.

一切促使交易费用上升。这时制度的作用就很明显，它能够在提供激励与约束的基础上促进当事人之间采取合作态度，减少交易中的不确定性。所以，越是发达的市场经济，越需要健全的制度安排。

2. 为经济发展提供服务

制度的功能就是为经济提供服务，每一种制度都有其特定的功能和经济价值。如市场是一种通过把买卖双方汇集在一起交换物品的机制，是现代经济中一种非常重要的制度安排，它通过价格机制、供求机制、竞争机制、风险机制及其相互作用机制协调着生产者、消费者及其活动。政府是国家统治者用于实现其目标的一种重要组织制度安排，国家利益、经济利益以及统治者自身的利益是政府决策的依据。政府将会根据物流产业发展对于本国国民经济和社会发展的促进作用，发挥相应的职能：为物流产业发展确立法律框架、制定国家物流战略、制定物流产业政策、加强物流基础设施建设、对物流市场实施一定程度的宏观调控以及物流产业的管制等。企业契约制度是一种重要的制度安排，它规定了企业的各种生产要素的最基本的组合方式，是企业各种组织机构的运行规则和机制，是企业有序高效发展的基本保证。

3. 为实现合作创造条件

传统经济学过分强调对竞争的研究，而忽略了对合作的研究。实际在社会经济生活中，人与人之间的关系并不仅是竞争，还有合作。如果说竞争能够给人们带来活力与效率的话，那么合作能够给人们带来和谐与效率。竞争与合作是一对矛盾的统一体。在传统经济学里，价格机制可以使个人理性和集体理性达到一致。在新制度经济学看来，由于人的有限理性与信息不对称等方面的原因，人自身不可能处理好竞争与合作的关系，正如博弈论中的"囚徒困境"模型，理性人的个人理性行为可能导致集体非理性。新制度经济学在解决个人理性与集体理性的矛盾与冲突时，并不是像传统经济学的主张，即通过政府干预来避免市场失灵所导致的无序状态，而是认为，如果一种制度不能满足个人理性的话，就不能贯彻下去，这时应该设计一种机制，在满足个人理性的前提下达到集体理性，而不是否认个人理性。因此，个人理性与集体理性的冲突是制度起源的重要原因。而制度的基本作用之一，就是规范人们之间的相互关系，减少信息成本和不确定性，为人们实现合作创造条件。

4. 提供激励机制

诺思在分析西方世界兴起的原因时指出："有效率的经济组织是增长的关系因素；西方世界的兴起的原因就是在于发展了一种有效率的经济组织。有效率的组织需要建立制度化的设施，并确立财产所有权，把个人的经济努力不断引向一种社会性的活动，使个人的收益率不断接近社会收益率。"① 所谓个人收益率，是指经济单位（个人或企业）从其所从事的活动中获得的纯收入量；社会收益率则是社会从同一种活动中获得的纯收益总量，它是个人收益率加上这种活动对社会其他成员所造成的最终的影响。个人收益率与社会收益率可能趋向一致，也可能不一致。所谓个人收益率接近社会收益率实质上是使经济主体所付出的成本与所得的收益真正挂钩，防止别人"搭便车"或不劳而获。

有效的所有权制度是使个人收益率接近社会收益率的基本条件。一个社会的所有权体系如果明确规定为个人的专有权，为这种专有权提供有效保护，并通过降低对革新所带来的额外"利益"的可能性无把握的程度，促使创新者的活动得到最大的个人收益，那么社会就更富于"革新精神"，并且更能促进经济的发展。相反，如果一个社会规定个人权利的制度不明确，这个社会进步就更慢。在人类社会经济发展史中，个人收益率不断接近社会收益率的过程也就是一个制度创新的过程。正是由于保密、奖金、版权、专利权等制度在不同时代被"发明"出来，才使个人的努力和创新获得了一种持续的激励，进而推动了整个社会经济的不断发展。

5. 促进外部效用内部化

当某个人的行动引起的个人成本不等于社会成本，个人收益不等于社会收益时，就存在外部性。而如果存在外部性问题，一个人的行动所引起的成本或收益就不完全由他自己承担；反过来，他可能在不行动时，承担他人的行动引起的成本或收益。新制度经济学认为，许多外部性问题的产生都与产权界定不清有关，而建立排他性产权制度，就可以引导人们将外部效用较大地内在化。

---

① 道格拉斯·C. 诺思. 西方世界的兴起（中译本）[M]. 北京：学苑出版社，1998：1.

6. 抑制人的机会主义行为

新制度经济学认为，人具有随机应变、投机取巧、为自己谋取更大利益的倾向，即机会主义倾向。人的机会主义行为倾向具有二重性：一方面，机会主义动机或冒险往往与寻找机遇、创新等现象有一定的联系，机会主义的对立面就是保持现状；另一方面，机会主义者有时把自己的成本或费用转嫁给他人，损人利己。而制度创新可以通过明确界定交易双方的权利义务，在一定程度上约束人的机会主义行为倾向。

综上所述，可以把制度创新的功能及其对经济发展的影响概括为图 2 - 3 所示。

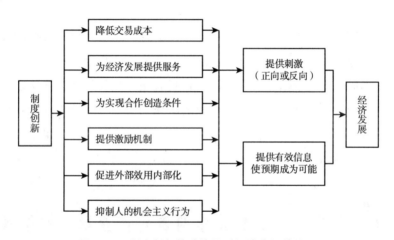

图 2 - 3 制度创新的功能及对经济发展的作用

资料来源：崔建华. 人力资本制度创新与中国经济发展 ［M］. 乌鲁木齐：新疆人民出版社，2004：71.

第 3 章

现代物流产业演化的理论分析

生产和流通关系的变化是物流产业形成的客观基础，物流市场的形成是现代物流产业形成的经济基础。超边际理论从分工的角度进一步分析了现代物流产业形成的理论依据。现代物流产业具有服务现代经济、联络现代经济和调节现代经济的经济功能，物流产业的演化动力是社会分工和专业化的需要，是节省交易费用的需要，是提高企业核心竞争力的需要，也是提高物流市场有效竞争性的需要。

3.1 马克思主义经济学对物流产业形成的阐释

3.1.1 生产和流通关系的变化是物流产业形成的客观基础

从马克思主义经济学看，在生产社会化条件下，再生产过程是生产过程和流通过程的统一。在这种条件下，流通过程的顺畅与否、快慢如何，不仅关系到流通过程自身劳动消耗的节省，而且制约着整个社会再生产的运行和生产过程的快慢、劳动的消耗。在这里，关键在于生产过程和流通过程能否相适应，生产和流通之间是否合乎比例而不是脱节。"再生产要受这种差别和这种差别的消除所制约，要受它的流程所制约，如果它在其中一个领域中停留太久，或者不能离开这个领域，或者只是在克服障碍后才能离开，这个流程就会在或大或小的程度上受到阻碍，甚至完全停止。"① 基于上述道理，马克思在分析商品经济运行中的生产和流通，即商品生产和商品流通的关系时，特别重视两者之间的辩证统一关系。他说："在商品生产中，流通和生产本身一样必要。"② 正是在发达的商品经济即在生产社会化的条件下，生产和流通相互依存、相互制约、达到难分难解的地步，离开了一方，另一方就难以存在和发展。所以马克思说："在这时，直接生产过程和流通过程两者不断相互贯通、相互渗透，从而不断使它们相互区别的特征分辨不清。"③ 而恩格斯对现代生产和交换作用的认识更加深刻："这两种职能在每一瞬间都相互制约，并且相互影响，以致它们可以叫作经济曲线的横坐标和纵坐标。"④ 就是说，单有生产和没有必要的流通，或者说，单有流通而没有必要的生产，经济是发展不了的。从而深刻阐释了生产与现代服务业之间的关系，物流本质上是生产过程在流通领域的延续，正是经济的高速发展、分工的深化、商品化和社会化程度的提高，导致了生产和流通关系的变化，为物流产业的形成提供了客观基础。⑤

3.1.2　物流市场的形成是物流产业形成的经济基础

所谓物流市场，是指物流服务供给和物流服务需求关系的总和。物流市场是在生产力发展基础上社会分工的产物，物流市场的产生是由市场经济自身发展的规律所决定的，它的形成和发展是社会经济发展到市场经济阶段的必然结果。由于物流服务作为一种无形商品，其产生和发展大大晚于实物商品。因此物流市场的形成和发展业远远迟于有形的商品市场，即物流市场只有在物流服务作为独立的商品形态从有形的产品和商品中分离出来以后才能形成。只有当简单的商品流通进入发达的商品流通之时，商品流通高度发达，市场经济充分发展，物流服务特别是综合性的物流服务才真正成为一个专门的行业从生产和商品流通中独立出来。在物流形成产业之前，生产企业或流

①　马克思恩格斯全集（第四十九卷）[M]．北京：人民出版社，1982：297.
②　马克思恩格斯全集（第二十四卷）[M]．北京：人民出版社，1972：144.
③　马克思恩格斯全集（第二十五卷）[M]．北京：人民出版社，1974：52.
④　马克思恩格斯选集（第三卷）[M]．北京：人民出版社，1972：186.
⑤　赵艳．物流市场研究——理论与实物 [M]．北京：中国物资出版社，2005：41-47.

通企业将物流从生产过程或流通过程中独立出来形成企业内部的物流部门。随着企业的发展，分工化深化，物流部门成为专门的物流公司，其劳动产品——物流服务从自用转为他用，为需求而生产，为交换而生产，物流市场开始出现。与商品市场的发展一样，作为商品经济组成部分的物流市场是在市场经济高度发达的国家首先发展起来的。

3.1.3 物流产业的形成

随着经济全球化趋势的加速发展和现代科学技术突飞猛进，全球范围内的专业化分工进一步升级，经济结构加速调整，涌现出一批与高科技相结合的、与知识经济和服务经济相适应的新型产业。不仅如此，信息技术的发展推动了传统物流的革新。现代物流已经开始注重和强化对企业内部物流资源的整合和一体化，进而形成了以供应链为核心的社会化的物流系统，促进物流活动从企业内部向整个流通过程延伸。现代物流的兴起也加速了企业的调整。由于企业规模扩大，自办物流已不能满足其发展的要求。物流活动的低效率和高额成本，已经成为影响经济运行效率和社会再生产顺利进行的制约因素。

当物流活动分散在不同企业和不同部门时，各种物流要素很难充分发挥其应有的作用，例如仓储设施的闲置等。随着物流活动从生产和流通领域中分化出来，各种物流要素也逐渐成为市场资源，专业化物流企业可以根据各种物流活动的要求在全社会范围对各种物流要素进行整体的优化组合和合理配置。从而可以最大限度地发挥各种物流要素的作用，提高全社会的物流效率。企业对物流各种功能、要素的整合和资源重新配置的过程，逐步形成了物流产业。

3.2 新兴古典经济学对物流产业形成的阐释

3.2.1 新兴古典经济学与超边际分析

经济学发展经历了三个阶段：

第一阶段，以亚当·斯密为代表，重点研究劳动分工对经济发展的影响，被称为古典经济学。

第二阶段，以马歇尔为代表，用边际分析来研究供求与价格，它所解决的问题是在给定资源稀缺程度下，如何解决各种产品之间的生产的两难冲突。[①] 由于这套边际分析方法用数学模型组织起来，因此得以变成主流学派流传下来，被称为新古典经济学。新古典经济学有三个特点：一是用边际分析方法研究供给与需求，是以消费者与厂商的分离为基础的。社会分工结构是外生给定的，所以市场的存在以及市场的大小也是外生给定的。二是厂商的生产条件主要由厂商的生产函数代表，而生产函数是产出和投入的关系，生产力与厂商规模有关，而与个人的专业化水平及全社会的分工水平无关。三是边际分析方法假定最优决策不可能是角点解，而是一种对内点解的分析；角点解意味着最优决策中某个变量取尽可能大或尽可能小的值，而内点解是指最优决策中所有变量都处于其可能取到的最小值与最大值之间。

由于新古典经济学无法解释很多经济现象，因此在它以后又分别发展了宏观经济学、发展经济学、增长理论、交易费用经济学以及新企业理论等。古典经济学中关于分工与专业化的精彩论述在新古典经济学中失去了地位。

第三阶段，20世纪80年代，由于数学的发展，以罗森、贝克、杨小凯、黄有光为代表的一批经济学家，用非线性（超边际）重新将古典经济学中关于分工与专业化的思想变成决策和均衡模型。他们用超边际分析方法将内生个人选择专业化的思想变成决策和均衡模型。以此来分析市场和价格制度如何决定全社会分工水平，它所解决的问题是，资源稀缺程度本身不是固定的，市场和价格制度如何在不同个人决策之间的交互作用下决定全社会分工水平，从而不断改进资源的稀缺程度。生产集中程度、贸易多样化程度、个人专业化水平、个人生产率、个人贸易依存度、社会结构的多样化程度、社会的商品化程度以及市场个数如何随着分工而演进[②]，这些前沿经济学家以超边际分析方法发展而来的理论被称为新兴古典经济学。

---

① 马歇尔. 经济学原理 [M]. 北京：商务印书馆，1994：54.

② 杨小凯，张永生. 新兴古典经济学和超边际分析 [M]. 北京：中国人民大学出版社，2000：48－49.

在新兴古典经济学框架内，当代学者向新古典经济学挑战的新思想，包括交易费用经济学、产权经济学、新贸易理论、新内生增长理论、演化经济学、信息经济学、对策论等都可以整合为一体，所有相互独立的个别理论都很自然地解释为新兴古典经济学中分工发展的不同侧面。一旦用超边际分析方法内生个人选择专业化水平决策，以此来分析市场和价格制度如何决定全社会分工水平，新古典经济学的缺点就可以被克服，新兴古典经济学可以将很多发展与贸易现象解释为分工演进的不同侧面，可以解释企业的出现和企业内部组织的均衡意义以及交易费用和制度对分工和生产力演进的意义，也可以更好地解释现实中存在的许多经济现象。

3.2.2 企业职能分工经济的几何描述

1. 假设

（1）设有两个企业，在决策前禀赋完全相同，既是生产者又是物流服务的经营者，有同样的生产函数和时间约束。分别是用 X_i 和 Y_i 代表第 i 个企业的生产能力与物流经营能力，都是资源投入水平（l_i）的局部（即在各自总劳动资源限度内）单调递增函数，可表示为：

$$X_1 = l_{1x}^a, Y_1 = l_{1y}^a \qquad (3-1)$$

$$X_2 = l_{2x}^a, Y_2 = l_{2y}^a \qquad (3-2)$$

其中：l_{ix}^a 和 l_{iy}^a 表示第 i 个企业投入 X 和 Y 的资源份额，即生产 X 和 Y 的专业化水平。设 $a>1$，表示专业化经济参数。

（2）设每个企业的总劳动份额（或总劳动时间）为1，则：

$$l_{1x} + l_{1y} = 1, l_{2x} + l_{2y} = 1 \qquad (3-3)$$

2. 企业职能专业化与分工经济

根据上述假定，如果每个企业都自己来解决内部的物流需求，把生产函数代入时间约束，可得企业的市场—物流转换函数：

$$Y_i = [1 - (X_i) \times 1/a]^a \quad X_i, Y_i \in (0,1) \qquad (3-4)$$

用 Y_i 对 X_i 求一阶导数，则：

$$\frac{\mathrm{d}Y_i}{\mathrm{d}X_i} = \left[(X_i) \times \frac{1}{a} - 1 \right]^{a-1} < 0 \qquad (3-5)$$

式（3-5）是 Y_i 和 X_i 之间的边际转换率，是以 Y_i 表示的 X_i 的机会成本，也就是 X_i 增加一单位时，Y_i 必须减少的量。转换函数的一阶导数小于零，表明它在 $X-Y$ 平面上是一条斜率为负的曲线。

Y_i 对 X_i 求二阶导数，则：

$$\frac{\mathrm{d}^2 Y_i}{\mathrm{d}(X_i)^2} = \frac{a-1}{a} \left[(X_i) \times \frac{1}{a} - 1 \right]^{a-1} \left[(X_i) \times \frac{1}{a} - 1 \right]^{-1} > 0 \qquad (3-6)$$

式（3-6）是边际转换率的导数，此导数大于零，表明转换函数在 $X-Y$ 平面上是凸向原点的曲线，说明每多增加一单位 X，需要减少的 Y 越小，即边际转换率递增，这正是专业化提高生产经营能力的结果。

根据生产函数、时间约束及转换函数的导数性质，可以在 $X-Y$ 平面上刻画出单独及加总的转换曲线，如图 3-1 所示。其中，A 曲线是单个企业物流自营的生产转换曲线。当企业的资源全部用于制造生产（X）时，其最大生产能力为1；全部用于物流活动经营（Y）时，其最大经营能力为1。B 曲线是两个企业都选择物流自营的总和转换曲线，从 O 点出发，作无数条类似于 OH 的射线，并取 $IJ = OI$，可得无数类似于 J 的点，并把它们连起来就构成 B 曲线。CDE 是有分工的总和转换曲线（不含 C、E 两点），D 点是完全分工状态，D_1 点是部分分工状态，一部分资源专于制造生产，另一部分资源既从事制造生产，又从事物流经营；D_2 点也是部分分工状态，一部分资源专于物流经营，另一部分资源既从事制造生产，又从事物流经营。从图 3-1 可以直观看出，有分工的总和转换曲线高于自给自足的总和转换曲线，它们之间的差距就构成分工经济。[①] 正是这种分工经济产生了物流产业化发展的基本动力。在物流产业化实践中，物流是"物流公司 + 制造企业"，还是"中间层组织（如运输商，仓储

---

① 向国成，杨继平．对农户生产职能与经营职能分工的超边际分析 [J]．系统工程，2003（3）：69-74.

商等）+制造企业"，尽管它们在组织形式与内容上存在差异，但有一点是共同的，就是把企业从传统的生产方式下承担的但在市场经济环境下又难以承担（或承担不起来）的物流经营职能（部分或全部）剥离出来，由物流企业或中间层组织来承担，使双方都能获得因专业化而产生规模递增报酬。从职能分工来看，物流产业化的本质是企业生产职能与物流经营职能的分工与组织。

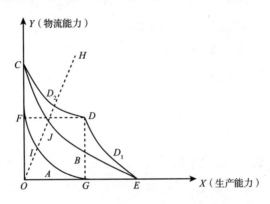

图 3 – 1　单个企业或加总的转换曲线

3.3　物流产业的内涵及其经济属性

物流产业的产生、兴起和发展是社会经济发展到一定阶段和社会分工不断深化的产物。物流产业的形成，也是现代产业不断演进和升级的产物。作为一个将供应与生产、生产与销售连接起来的中间部门，物流为企业更快地将商品和服务传递到消费者手中，为消费者更便利地获得所需商品和服务，起着无可替代的作用；同时物流又是企业进行正常生产的基础和保障。以信息技术为核心的现代物流将以全新的学科视角和产业形态立足于当代经济之林，现代物流产业将是知识经济时代新经济的重要组成部分。

3.3.1　物流产业的界定标准

物流是一个具有分散特征的产业。它与其他产业不同之处在于，除了第三方物流有相对较为独立的运营组织外，物流产业并不能较为清晰地划分出其边界，而更多的是一个集合的概念。物流产业的组织及其业务是分散在工业和商业领域中的。因而，将物流完全清晰和具体的从中剥离形成一个独立的产业概念是具有一定难度的。尽管如此，物流作为一个产业，是具有一定的界定标准的，其标准就是，是否通过将运输、装卸搬运、流通加工、包装以及与其相关的信息处理等物流环节中两项以上进行集成，使其业务在一体化过程中实现生产和销售的成本降低和效率提高。以运输为例，如果其业务是与库存、装卸搬运、流通加工、生产等一体化，即一体化中的一个环节，生产和销售在上述作业环节的集成化过程中降低成本，那么，这种形式的运输就属于物流的范畴；反之，如果运输、库存、装卸搬运、流通加工、生产等为独立的作业环节，没有业务相关性，那么这种形式的运输只是从事传统意义上的物品的一般运输，因此不应划入物流产业的范畴。所以，依据产业划分的 (f, θ, D) 相对性标准[①]，当引入 (f, θ, D) 分类标准后，我们可以将运输、库存、装卸搬运、流通加工、包装以及相关的信息处理等物流环节中两项以上进行集成，使其在业务一体化过程中实现生产和销售成本降低以及效率的提高，以此作为分类标准 θ。凡从事符合该标准的业务都应划入物流产业的范畴，即：物流产业 = ｛符合"通过将运输、库存、装卸搬运、流通加工、包装及其相关的信息处理等物流环节中两项以上进行集成，使其在业务一体化过程中实现生产和销售成本的降低以及效率的提高"标准的业务｝+｛从事物流活动的企业与其他企业以及物流活动与其他经济活动的关系｝。因此，产业划分的 (f, θ, D) 相对性标准就是物流产业的界定标准。

3.3.2 物流产业的界定

物流是物品从供给向需求流动的物理性活动过程，是运输、仓储、搬运装卸、包装加工、配送，以及伴随的信息处理和管理等诸多环节的有机结合。

---

① 昝廷全提出的复杂系统聚类 (f, θ, D) 相对性标准，建立了一个较好的框架性的分类准则，从而产业分类方法都可以纳入该框架进行分析。(f, θ, D) 相对性标准中的 f 表示复杂系统元素间的原始关系，θ 表示分类原则，D 表示各元素之间关系的权重水平。昝廷全. 产业经济系统研究［M］. 北京：科学出版社，2002：79.

物流产业则是经济发展过程中，社会分工不断深化、科学技术高度发展的产物，是物流的外在表现和物流运动必需的物质基础。

物流产业是以实现物品的实体位移为目标的有机产业体系，涉及领域广泛，包括交通运输基础设施领域（如铁络、公路、水路、航空、管道等）、流通的工业生产领域、商业批发零售业和仓储业领域，以及综合物流企业等。由于物流产业跨部门和行业性质突出，难以按现行国民经济分类管理办法独立分类，这造成了产业研究的困难。目前，尚未对物流产业有统一的界定。如果按照产业的定义严格限定其内涵，则应是指把提供物流服务作为其主要产品的同类经济组织的总和。宽泛一些的定义则是泛指一种包含各种物流服务形式，具有现代技术和管理组织特征、涵盖交通运输、仓储、信息、流通加工、包装、搬运装卸、配送等在内的企业集合。联合国的标准产业分类中①尚未专门把物流产业列入其中，这说明物流产业是一个新兴产业。物流的服务性质决定了物流产业形成的目的就是为国民经济运行中物质的流动提供服务，这种服务是以满足相关产业、企业、地区和消费者的物流需求为出发点和落脚点的。

第一个对物流产业进行界定的是美国物流协会。它指出："物流产业包括上游供货业、运输代理业、铁路行业、物流咨询行业、水运行业、航空业、海运业、小包裹运输业、仓储业、港口业、第三方物流产业、多式联运业等。"②

在《中国现代物流大全》一书中，"物流产业是指铁路、公路、水路、航空等基础设施，以及工业生产、商业批发零售和第三方仓储运输及综合物流企业为实现商品的实体位移所形成的产业。"③

无论是严格的还是宽泛的定义，物流产业的主要支撑都是仓储和运输，但物流产业又不等同于仓储业＋运输业＋其他相关产业，如果这样认为的话，则会引起概念上和认识上的误区，认为发展运输业和仓储业就是发展了物流

---

① 联合国的标准产业分类包括 10 大项目：（1）农业、狩猎业和渔业；（2）矿业和采石业；（3）制造业；（4）电力、煤气、供水业；（5）建筑业；（6）批发和零售业；（7）运输业、仓储业和邮电业；（8）金融业、不动产业、保险业及商业性服务业；（9）社会团体、社会及个人服务；（10）不能分类的其他活动。

② 帅斌．物流经济分析［M］．北京：科学出版社，2006：54.

③ 王国华．中国现代物流大全——现代物流总论［M］．北京：中国铁道出版社，2004：125.

产业。现代物流产业是在现代信息技术和现代管理方法发展的基础上，通过对传统运输、仓储等产业的协调、优化配置和整合而形成的一种新兴产业形态。这种产业不追求局部功能的最优，而是追求一种物质流通全过程的整体最优。图 3-2 表明，现代通信技术和互联网的广泛使用，使得"物"在运输、仓储、装卸搬运和流通加工等过程中的信息得以及时掌握和反馈，使企业有能力通过信息的获得、处理和控制来对各种分立的资源进行整合，形成专业性的物流服务能力，并通过产权关系的变化进行资产重组以实现功能整合和产业再造的目标。

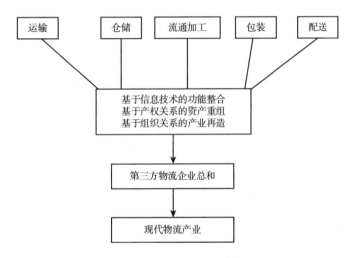

图 3-2　通过整合相关产业资源形成的现代物流产业

3.3.3　物流产业的经济属性

物流产业的产生和发展是经济发展到一定阶段、社会分工不断深化的产物。其内涵有以下几方面：

1. 物流产业是基础产业

我们可以从两方面理解物流是基础性产业。第一，基础性可以理解为战略性和公共性，这往往是需要国家垄断的产业。比如铁路、航空、邮政、电信等，它们一直被认为是关系国民经济正常运行、人民生命财产安全及国防安全的战略性行业和部门，一般由国家进行投资建设，并由国家实行垄断管理。第二，物流的各种功能运作都必须依靠各种基础设施和物流技术装备来完成，二者都是基础性的。尤其是物流的基础设施，这不仅因为它们大部分是固定在地面上的基础设施，同时对整个物流的运作是决定性的，没有基础设施就不可能有物流手段，而没有物流手段就不可能进行流通和市场扩展。物流对所有的生产、流通和消费活动都有影响。物流是通过其所包含的运输、储运等生产、流通的条件和手段来起到它对国民经济的基础作用的。

2. 物流产业是一个多行业组成的产业

目前，社会尚未对物流产业有统一的界定，典型的物流产业分类可以从横向和纵向两大角度进行，如图 3-3 所示。

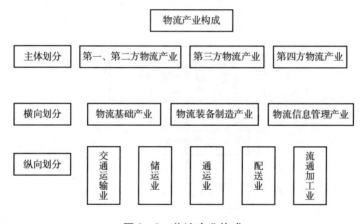

图 3-3　物流产业构成

（1）物流产业主体构成。第一、第二方物流产业则是指生产企业和流通企业等货主，为满足自身生产或商贸活动而建立的独立物流企业及各类型相关企业，来自行实现物流服务，多为巨型企业建立的内部物流系统，如连锁配送业、分销配送业、流通加工业等。

第三方物流产业是现代物流产业的主要形式之一，是在物流业务外包的基础上，由专业物流服务企业以契约或合同的方式对物流需求方提供物流服务的一种产业形式。第三方物流企业作为一个外部供应商，它执行了物流外包企业组织全部或部分物流服务的功能。近年来，随着现代企业生产经营方式的变革和市场外部条件的变化，第三方物流这一新兴的物流形态已经得到人们的高度重视。第三方物流一般具有以下基本特征：是契约或合同导向的一系列服务；提供个性化物流服务；要求需求方与供应方之间建立长期的战略合作伙伴关系；以现代信息技术为基础。一般而言，第三方物流企业可以分为资产型和非资产型两类，主要区别是：资产型第三方物流企业拥有运输设备或仓储设施，非资产型第三方物流企业专业化与向客户提供供应链管理和综合信息服务，这样一些非资产型第三方物流企业往往是整合社会上的物流资源。最近，技术驱动（而不是资产驱动）型第三方物流供应商开始出现，这些企业充当着某种程度的供应链系统整合者的角色。

第四方物流产业是现代物流产业的主要形式之一。它主要通过对物流资源、物流设施和物流技术的整合与管理，提供供应链的全程方案设计、实施办法和解决方案等全方位服务，是在第三方物流基础上的进化和发展，比第三方物流服务的内容更多、覆盖地区更广、技术更复杂。

以上是按照主体性质划分的物流具体执行子系统。

（2）物流产业横向划分。根据产业功能进行横向划分，物流产业由物流基础产业、物流装备制造产业和物流信息管理产业构成。

物流基础产业：物流基础产业的功能在于提供物流基础设施，由运输线路、线路交汇与节点及理货终端构成，包括铁路、公路、水运、航空、仓储等；具体的物流设施表现为车站、货场、港口、机场、铁路线、公路、仓库等。

物流装备制造产业：物流装备制造产业的功能在于为物流生产提供劳动要素，诸如集装设备、货运汽车、铁道货车、货船、货运航空器、仓库设备、装卸机具、产业车辆、输送设备、分拣与理货设备、物流工具等生产行业。

物流信息管理产业：物流信息管理产业的功能在于为现代物流运作提供信息管理支持，实现计算机系统技术和通信技术与物流各环节的结合，具体包括提供物流系统软硬件、行业信息管理的行业。

物流基础、物流装备制造和物流信息管理子产业是物流产业中的支持系统。从横向分析可发现，物流产业横跨多个基础性、服务性的行业，物流涉及和影响到国民经济的各个领域。它是为其他各纵向行业服务的，同时必须综合考虑国民经济各部门、各领域对物流需求的特点，并且综合采用各种手段来满足这些需求。

（3）物流产业纵向划分。从物流流程功能角度纵向划分，物流产业由五大行业构成：交通运输业、储运业、通运业、配送业及流通加工业。

交通运输业：交通运输业是一种综合若干小行业的大行业，不但包括各种不同运输形式的小行业，而且包含为主体交通运输起支撑、保证、衔接作用的许多行业。这是物流业的主体行业。

储运业：储运业以储存为主体且兼有多种职能，包含若干小行业也包括某些和储存联系密切的运输业。国内储运业规模远小于交通运输业，具体包括五大行业，即军队储运业、物资储运业、粮食储运业、商业储运业及乡镇储运业。

通运业：通运业是国外物流业的主要行业，指货主和运输业之外的第三者从事托运和货运委托人的行业。各种运输业除了直接办理承运手续以外，都由通运业从事委托、承办、代办等实现货主的运输要求。

配送业：配送业是以配送为主体的各类行业，一般从事大量商流活动，是商流、物流一体化的行业。

流通加工业：流通加工业是指物品从生产向消费领域的运动过程中，对物品进行包装、分割、计量、分拣、组装、价格贴付、标签贴付、商品检验等作业加工的行业。国内一般是指流通部门所办及其归口的各类生产加工企业。

物流产业五大行业中交叉包含着众多小行业（即具有多行业属性），主要包括铁道运输业、汽车货运业、远洋运输业、沿海运输业、内河运输业、航空运输业、管道运输业、集装箱运输业、仓库业、中转储运业、托运业、运输代办业、起重装卸业、快递业、拆船业、拆车业、集装箱租赁业、托盘联营业、包装业、流通加工业、货代等。随着物流经济活动的开展和物流经济的发展，物流产业结构中的小行业将会不断发展，促使物流产业完善和成熟。

物流产业从纵向分析，它本身也是一个产业，且具有与其他产业不同的产业特征。因此对物流产业需要有该产业的发展战略和规划，需要有明确的产业政策、需要进行该产业的投入—产出分析和统一的预算和统计口径，需要具有独特的产业技术基础，需要有特定的法律和制度环境，需要建立专业的运行机制等。

3. 物流产业是服务业

现代物流的功能特性是服务于生产和流通，物流企业的"产品"是服务，由此决定了物流业的服务业性质。这一性质决定，物流产业是一个提供物流服务的产业。

综上所述，物流活动是逐步从生产、交易和消费过程中分化出来，成为一种专业化的、独立的经济组织承担的新型经济活动。物流产业既是一个庞大的纵向经济领域，也是一个为其他所有经济领域服务的横向经济领域，是一个跨部门、跨行业、跨地区的基础性、综合性和服务性产业。

3.4   现代物流产业的演化定位

现代物流产业是一个可以产生巨大经济效益和社会效益的产业，现代物流产业是我国经济发展的"加速器"，是一个典型的"活力"型产业。因此，要大力发展和扶持现代物流产业，就要对现代物流产业有一个准确的定位。

3.4.1   现代物流产业的基本特征

现代物流产业是在传统物流的基础上，通过对现代科学技术的广泛应用与社会资源的全方位整合，为适应国民经济发展的客观需要的条件下产生的。作为一个对国民经济相关产业发展联动性极强的产业，现代物流产业不仅成为各产业部门中经济发展方式转变的重要手段和途径，而且已成为社会再生产过程中新的经济增长点，同时也是国民经济发展中实现由粗放型向集约型转变的重要标志。

1. 物流性质对产业特征的影响

（1）物流的自然属性与物流分类。根据徐寿波"关于物流的科学分类问题"[①] 的研究，物流性质包括物流固有性质（RPMF）和非固有性质（SMTE）。也就是物流的自然属性和社会属性。

自然属性主要包括以下内容（见图 3-4）：

---

① 徐寿波. 关于物流的科学分类问题 [J]. 北方交通大学学报（社会科学版），2005（4）：11-15.

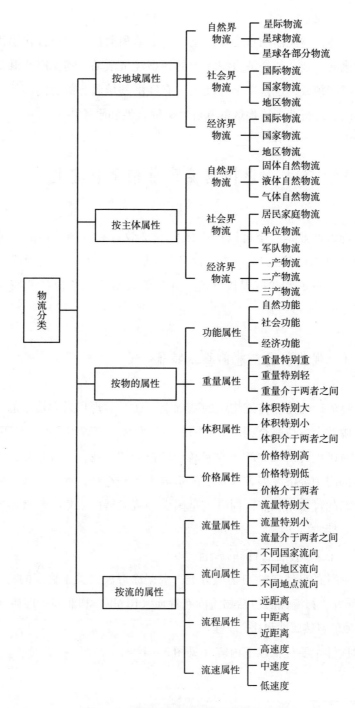

图 3-4 物流四要素 RPMF 及其分类

一是地域属性。地域属性是自然界、社会界和经济界每个物和每个流所共有的属性。每个物无论是微观的物质还是宏观的物品，都占有自己的地域空间位置；还有每个流都有自己的流动地域范围，因此物流具有地域性。按物流的地域属性分，可分为国际物流、国家物流和地区物流三大类。应该说明，国际物流是指国与国之间的物流；国家物流是指国内地区与地区之间的物流，也可称区际物流；地区物流是指地区内各地方之间的物流。

二是主体属性。主体属性也是自然界、社会界和经济界每个物和每个流所共有的属性。每个物和每个流都有自己的主体，因此物流具有主体属性。经济界物流是指以经济界为主体的物流。经济界物流的物的主体和流的主体，都属于经济界。经济界物流，可分为一产物流、二产物流和三产物流三大类。

三是物的属性。影响物流最重要的物的属性有四个：功能、重量、体积和价值属性。物流以此为标准进行相应的分类。

四是流的属性。物流就是物的位置移动。物的位置移动形式有两类：一类是有载体、有目的、有规则移动，物依靠运载载体（如牲畜、人、马车、人力车、轮船、火车、汽车、飞机、飞船、火箭等）进行有目的有规则移动，如经济界物流大部分属于这一类；另一类是无载体、无目的、无规则或有规则移动，物不依靠运载载体进行无目的、无规则或有规则移动，如自然界物流大都属于这一类。对物流来说，最重要的流的属性有四个：流量、流向、流程和流速属性。物流以此为标准进行相应的分类。

（2）物流的社会属性与现代物流。物流的社会属性是指物流非固有的、与物流主体意志和选择活动相关的、决定物流运作效率和效益的性质。物流非固有属性包括物流服务、物流管理、物流技术和物流经济四个方面（见表 3-1）。历史上大量物流活动的事实表明，要利用物的流动造福于人类，都必然伴随着人类有智慧的活动和思想。具体都可以反映到物流服务、管理、技术和经济（SMTE）四个属性方面的选择优化活动中去。物流服务是企业为消费者提供的物流产品，在经济效用原则指导下，通过管理和技术，最大化实现消费者的效用，满足消费者的要求，最大化企业的利润，从而促进物流产业的不断发展。由于 SMTE 四个方面属性与物流主体的意志和选择活动相关联，决定了物流活动的目的性、方向性和效率性等实际的运作特性，这些特性与物流固有属性不同，因而称其为物流的非固有属性。

表 3 – 1   物流的社会属性——物流非固有属性

属性	内容
物流服务	物流设施及其物流服务的核心能力 提供单项、集成物流服务情况 实现跨部门、跨区域物流服务情况 物流服务质量满足顾客需要的程度 提供循环物流、延伸物流服务的能力
物流管理	物流外部社会化管理水平（体现资源利用、协调、集成能力） 企业的合作和信誉状况 全面质量管理和认证情况 柔性化、快速化物流管理能力
物流技术	物流功能技术（运输、仓储等）机械化、自动化程度 实时网络信息整合系统及使用情况 物流综合技术化程度与信息、控制、管理的一体化 应有 GPS、RF 等现代信息处理技术情况
物流经济	国家宏观经济发展状况及产业结构合理性 物流管理体制及物流要素集成情况 政府重视程度及物流产业政策科学性 产值利润（物流业总产值平均利润率，资金周转率）

　　物流非固有属性体现物流主体的意志和选择活动，决定了物流实际运作状态。我们把基于现代的物流服务、管理、技术和经济等非固有属性，为顾客提供综合物流业务的物流模式称为现代物流。

　　（3）传统物流与现代物流的属性区别。物流属性可分为固有属性和非固有属性①，也就是其自然属性和社会属性。前者决定物流本质的规定性，后者决定物流实际运作状态，体现物流主体的意志和选择。无论是传统物流还是现代物流，它们都是物流，其物流的固有属性是相同的，都是要提供物从生产方到消费方的位置移动，不能说这个固有属性只有传统物流有，而现代物流没有。所不同的是两者在物流的非固有属性方面存在较大差异。这种差异是由物流主体对物流非固有属性的选择行为决定的，是由人们对物流非固有属性不断革新所引起的。因为人们并不满足于简单、低效地实现物品从甲地到乙地的流动，而是要在物的流动中提供更好的服务，不断地创造价值，

---

　　① 徐寿波. 关于物流的科学分类问题［J］. 北方交通大学学报（社会科学版），2002（2）：21 – 24.

获取更多利润。很明显物流主体对物流非固有属性的选择，亦即对物流实际运作状态的优化，是体现了人的一种能动性和智慧性的活动。

物流发展历史表明，物流是满足人类发展需要的一种客观要求，也反映了人类对物流系统资源要素进行合理配置优化的思想和理念，而这种思想和理念又具体通过对物流服务、管理、技术和经济四个非固有属性方面的理性选择和优化实现的。然而，服务、管理、技术和经济是不断发展的，人类的需求、价值观、经济制度和科学技术等也是随时间推移而变化的。特别是进入 20 世纪 80 年代，物流服务、管理、技术和经济较之以往产生了质的革新与发展，物流的非固有属性由量变到质变，物流实际运作呈现出新特点，由此形成了所谓的传统物流与现代物流的概念。例如，在物流服务方面，一方面由于客户要求节约成本和获得高水平服务，另一方面社会物流服务业（第三方物流）不断壮大成长，其服务效率有了较大改进，在物流服务供求变动情况下，企业物流服务由单项发展到综合，由一般化发展到个性化。传统物流一般提供单项物流或多项物流服务，如运输、仓储、搬运装卸等；现代物流能提供综合物流服务，即将运输、仓储、流通加工、配送、搬运装卸、信息处理联系起来，形成有机的物流系统整体，提供物流增值服务。在物流管理方面，改变原先物流各个要素相互之间独立发展、基础设施和管理机构"条块分割"①的旧管理体制，建立横向产业关联或系统集成的新机制，超越现有的组织界限，由企业内部延伸到企业外部而注重外部关系，将供货商、分销商以及用户等纳入管理的范围，并建立和发展了具有网络组织特点的物流联盟，实现最终消费者和原始供应商之间的物流与信息流的整合。传统物流管理体制条块分割、相对独立分散，现代物流是要素集成、产业联动；传统物流组织一般是商流网与物流网合一，以物流自理为主，现代物流则是商流网与物流网分离，更多的是委托第三方，并采取物流联盟的组织形式。在物流技术方面，传统物流一般采用手工作业或以半机械、半手工作业为主，技术比较落后，现代物流一般是大规模机械化和技术的综合化，将物流自身的功能技术与现代电子信息技术、智能控制技术、系统管理技术综合集成起来，形成高效的物流运作系统或高新技术产品，如 JIT、立体自动仓库、自动

---

① 李冠霖. 理性认识物流［J］. 中国物资流通，2002（5）：32－33.

引导小车（AGV）、搬运机器人、地理信息系统（GIS）和射频标识技术（RF）等。在物流经济方面，通过对分散的利用效率低的物流资源协调和集成，使整个物流系统的经济效率得到改善和提高。传统物流一般经济效率低，现代物流的经济效率比较高。传统物流与现代物流的属性区别如表3－2所示。

表3－2　　　　　　　　　传统物流与现代物流的属性区别

物流非固有属性	传统物流	现代物流
物流服务	1. 物流基础设施落后，服务能力低 2. 物流企业以提供单项或多项物流服务为主 3. 有限地区、部门的物流工程服务 4. 服务质量不高，难以满足现代物流需要 5. 提供单向物流工程服务为主	1. 物流基础设施先进，服务能力强 2. 物流企业以提供综合物流服务为主 3. 可实现跨部门，跨区域的物流工程服务 4. 服务质量高，能满足现代物流需要 5. 能提供循环物流工程服务
物流管理	1. 要素相对独立，条块分割管理体制 2. 单项物流管理，不能控制物流链 3. 商流网与物流网合一，以第一、二方物流为主 4. 物流服务交易以市场契约、企业契约为主，物权决定控制权	1. 要素集成，产业协调联动管理体制 2. 综合物流管理，供应链全面控制 3. 商流网与物流网分离，以第三方物流为主 4. 物流服务交易以物流联盟为主，物流知识创意决定控制权
物流技术	1. 物流功能技术以半机械、半手工作业为主 2. 无外部网络信息整合及 EDI 联系 3. 技术分散 4. 有限的或无先进的信息技术	1. 物流功能技术（运输、仓储等）机械化、自动化程度高 2. 实时网络信息整合系统，广泛使用 EDI 联系 3. 大量采用综合技术（物流与信息、控制、管理一体化） 4. 广泛应用 GPS、RF、GIS 等先进信息技术
物流经济	1. 计划经济为主 2. 宏观经济实力弱，产业结构不够合理 3. 政府限制较多，且物流产业政策松、散、乱 4. 经济效率低 5. 无经济全球化	1. 市场经济为主 2. 宏观经济实力强，产业结构升级 3. 政府重视，物流产业政策合理规范 4. 经济效率高 5. 经济全球化

可见，传统物流与现代物流的区别实际上是由于物流服务、物流管理、物流技术和物流经济四个物流非固有属性变革所引起的区别，或者说，物流在其服务、管理、技术和经济上的变革表现为传统物流与现代物流的区别。

因此，我们认为，传统物流是指具有传统物流服务、管理、技术和经济特性
的一种物流服务模式；现代物流是指具有现代物流服务、管理、技术和经济
特性的一种物流服务模式。

2. 现代物流产业的基本特征

（1）功能发挥的整合性。各国经济发展经验表明，现代物流产业是从流
通产业中分离出的一个新兴产业部门，是社会分工日益专业化的结果。国民
经济各产业部门由以往的物流活动内部化，逐步转变为物流活动的外部化和
社会化，这一切均从社会总收益、总成本、总流通费用的角度出发，力求降
低流通成本、交易成本及减少流通环节。就产业组织个体而言，企业物流是
物流产业发展的基础，经济发展客观环境迫切需要一个专业化的物流产业群
体，建立起一个无形的物流平台和有形的物流实体网络，为社会和企业提供
中间服务，满足其不断增长的专业化物流服务需求，在市场经济环境孕育下，
逐步形成社会化、市场化、专业化的物流产业。因此现代物流产业的产生和
发展是建立在与国民经济各产业部门资源整合的基础上，将社会较为零散的
物流资源进行重组和整合，并向社会各产业部门提供具有个性化、差异化、
标准化的物流服务。

（2）产业关联的高耦合性。现代物流产业与其他产业部门之间的高度耦
合性，主要体现在现代物流产业的产生与发展是随着社会对物流活动的大量
需求而形成的。经济发展需要专业化的物流服务；企业物流职能的外部化，
需要现代物流产业提供规范化、标准化、个性化的物流服务，其中包括国民
经济发展的各个产业部门（第一、第二、第三产业）及组织；物流服务供给
与需求矛盾的解决，现代物流产业职能的发挥，使社会经济发展趋于平衡，
以达到货畅其流，提高整个经济体系的流通效率。从社会分工与交易的理论
角度出发，在其他投入要素不断增加的条件下，现代物流产业发展的"瓶
颈"始终成为制约着社会总体经济效益和社会效益提高的因素。按照社会技
术进步的一般历史规律，生产领域的技术创新往往先于并较多地运用于流通
领域，重大的技术创新及其扩散也在生产过程中迅速得以实现，然后逐步影
响流通领域。不言而喻，现代物流产业的形成，是随着国民经济各产业部门
的技术进步及其现代化步伐的加快，客观上需要一个与之相适应的发达的物
流产业部门。

（3）知识、技术和资金的高密集性。物流产业尤其是现代物流产业的社会职能，以高效化的物流活动推动和影响国民经济各产业部门的发展进程和发展水平。现代物流产业作为全社会的"后勤"服务部门，所发挥的社会职能是其他产业部门无法替代的。而现代物流产业则借助于先进的科学技术、管理方法、网络技术、信息系统、运筹规划、系统工程等大量技术与手段的应用作为技术投入，相配套的硬件物流设施与设备和资金的投入，在科学合理规划和设计中，对物流知识和管理技术的投入，以及大量的人力资本投入，使该产业具有在知识、技术和资金密集型极高的属性，且随着第三方及第四方物流产业组织的出现，使得知识和技术含量急剧加大。

（4）市场环境的竞争性。根据社会经济发展的普遍规律，衡量产业发展是否具有社会化和市场化特征，很大程度上取决于该产业市场竞争的激烈程度和状况、产业部门内组织化程度的高低、能否产生规模经济效益。现代物流产业在我国是一个刚刚启动的产业部门，近年来涌现出一大批物流物流企业及组织，承担着专业化的社会职能而发挥特殊作用，尽管目前物流企业组织化程度较低，但是培育和完善物流市场及其组织群体，正逐步朝着产业发展的社会化和市场化的方向迈进。从全球看，国外尤其是西方发达国家，其产业的社会化和市场化程度较高，不仅成为国民经济的支柱产业，而且在国民经济各产业部门地位和作用日益突出，物流产值在 GDP 中所占的比重逐年上升，社会产品的流通速度大大加快。因此，现代物流产业的社会化和市场化程度越来越高，使现代物流产业市场环境的竞争性越来越明显，成为其发展的主要特征之一。

3.4.2 现代物流产业的经济功能定位

近年来，物流已成为人们关注的焦点，被称为企业的"第三利润源泉"。物流产业正经历着从传统的以运输和储存为主的辅助性生产活动向现代生产性服务产业的转变，在现代经济中的地位不断攀升，同时发挥着服务现代经济、联络现代经济和调节现代经济三重经济功能。

1. 服务现代经济

物流服务主要创造空间价值和时间价值，还创造一定的形态价值。现代经济的发展突破了传统的时空格局，更加凸显了物流服务的价值，但同时也使物流活动面临着前所未有的挑战。例如，经济全球化迫使企业实行全球采购、全球生产和全球营销，全球物流已成必然。经济全球化意味着供应地和消费地的空间距离拉大了，周期变长了，物流的环节增多了，因而产生了许多新的物流服务的需求，如代理通关、代理结算、陆海空联运和"一站式"的门到门服务等。发挥物流的服务功能就是要不断创新物流服务方式，以适应现代经济的发展需要。①

2. 联络现代经济

物流的演进过程表明，整合是物流效率的根本来源。从发达国家的经验看，物流的发展经历了三次分工和整合。物流的第一次分工是企业内的劳动分工。在20世纪60年代以前的企业中，并没有独立的物流部门，但物流活动独立地分散在各职能部门中。第一次分工的结果是生产和营销等职能活动的效率提高了，但物流的效率并没有得到改善。于是，出现了20世纪60年代的产品分销整合、70年代的物料管理整合和80年代的企业内部物流整合，形成了与生产、营销平行的物流管理部门，极大提高了物流的效率。物流的第二次分工发生在企业之间。80年代中后期，西方国家出现企业物流业务外包的热潮，专业的第三方物流企业得到快速发展。第三方物流企业能提供更有效率的物流服务，主要不是因为它具有更为专业化的物流运作技术，而是在于它具有更强的整合社会物流资源和整合企业间物流需求的能力。第三方物流企业的集合形成了独立的现代物流服务产业。物流的第三次分工是物流产业内部的分工。这是包括发达国家到目前为止都在经历的过程，依然需要依靠整合提高物流的效率。例如，由于行业内部物流需求的相似性，出现了连锁零售业物流、IT行业物流、家电物流、汽车物流、医药物流和农业物流等，这既是行业物流的整合，又是物流产业内部的分工。同时，物流产业内部进一步分工和整合，出现了具有专业化特色的物流行业分支，如物流装备业、物流软件业、物流地产业、物流金融业、第四方物流等。由此可见，物流的三次分工和整合使物流从企业内部的辅助性活动演变为现代的生产性服务产业。正是现代物流的整合职能，使之成为维系现代经济的"纽带"和

---

①　刘仁军. 论现代物流的三大经济功能［J］. 中国物流与采购，2007（13）：68－69.

"血管"。为此，发挥物流联络现代经济的职能，必须大力提高现代物流的整合能力。除了改善运输、储存、包装、装卸搬运、配送、流通加工和物流信息等物流环节的效率外，各环节的能力衔接配套至关重要，任何一个环节的不足都可能成为整合能力的制约因素。成功的物流运作证明，信息处理能力是提高现代物流整合能力的关键因素。多年位居全球500强企业榜首的沃尔玛，主要得益于用超强的信息系统装备起来的物流运作能力，商店与总部之间的卫星网络使总部能够瞬间知晓全球任何一个商店发生的任何一笔交易，并能迅速将采购需求传达到世界各地的供应商。

3. 调节现代经济

尽管传统物流也具有服务经济和联络经济的功能，但是主动调节经济则成为现代物流所独有的功能，这也正是大力发展现代物流产业的意义之所在。

首先，现代物流调节着现代经济的速度。随着信息和通信技术的发展，信息流和资金流的速度大大加快，在瞬间即可完成。这样，物流速度决定了流通速度。国外的研究表明，在一个典型的制造企业中，产品生产的时间只占整个生产过程总时间的10%，而工序间的物流活动时间则占到了90%。因此，无论在生产领域还是流通领域，物流时间占据绝大部分的经济活动时间。这也意味着缩短物流活动时间，就可大大提高现代经济的速度。

其次，现代物流可以调节现代经济的质量。在现代社会化大生产体系下，消费者手中的任何一件商品，都要经历原材料的采购供应、生产和销售的过程，因而形成了由供应商、生产商、批发商、零售商和消费者等多种经济主体组成的供应链。传统物流管理方法是企业各自为政，只考虑自身库存，所以供应链上层层设库，重复库存和大量的产品积压成了普遍现象，最终导致全社会库存大，货物的周转速度慢，经济效率低下。现代物流管理跨越了单个企业的利益，从整个供应链上考虑库存问题，避免了重复库存，供应链上企业信息共享，实行以消费者需求为源头的"拉动式"管理，大大减少了产品的积压现象，这样整个社会的平均库存水平下降，经济质量提高。此外，实行供应链物流管理还可以提高企业抵抗风险的能力。供应链上的一个普遍现象就是"牛鞭效应"，即需求的变动会沿着供应链从下游到上游逐级放大，消费者需求的微小变动会带来供应商需求预测的巨大变动。此信息扭曲的放大作用在图形上很像一个甩起的牛鞭，因此被形象地称为"牛鞭效应"。传统的物流管理使每个企业无法了解消费者的真实需求，会增大企业经营的风险；现代物流实施供应链管理使企业共享了信息，真实地反映了需求的变动，大大减轻了"牛鞭效应"，增强企业抗御风险的能力。2017年，我国社会物流总费用占GDP的比重为14.6%①；在未来若干年内，如果能降到接近目前发达国家10%左右的水平，则说明我国经济成功地实现了从粗放经营向集约经营的经济发展方式的转变。

再其次，现代物流可以一定程度上调节现代经济的规模。以色列物理学家高德拉特曾经提出一个约束理论。该理论认为企业和任何其他的系统一样都会有一个瓶颈（或制约）因素，它限制了企业的产出和利润，企业要不断地寻找系统的"瓶颈"，打破"瓶颈"，再寻找、再打破。约束理论同样适用于宏观经济管理，国民经济是一个有机联系的产业系统，必然有一个瓶颈产业，改善瓶颈产业的物流能力可以扩大整个经济的规模。此外，区域物流的发展带动了区域经济的发展。如发达的物流园区可以与工业园区形成配套，不仅能够吸引大批的投资，其本身又可作为经济增长极带动区域其他产业的发展。

最后，现代物流可以在一定程度上调节现代经济结构。现代物流产业的发展，直接壮大了第三产业，同时还使第一产业和第二产业的企业物流不断分化出来，产业结构比重发生了根本变化，促进了产业结构的升级。现代物流还能作为区域经济竞争的一种手段，调整地区的经济格局。

3.5　现代物流产业的演化动力

物流产业的产生、兴起和发展是社会经济发展到一定阶段和社会分工不断深化的产物；现代物流产业的形成，也是现代产业不断演化和升级的产物，以信息技术为核心的现代物流产业将是知识经济时代新经济的重要组成部分。其演化动力主要来自以下几方面。

---

① 中国物流与采购联合会. 中国物流年鉴（2018）［M］. 北京：中国财富出版社，2018：131.

3.5.1 社会分工与专业化的需要

自 1776 年亚当·斯密的《国富论》出版以来，人们对社会分工的条件、价值与作用已经有了深刻的认识，社会分工和专业化的经济性归纳起来主要有：使劳动者易于提高劳动的熟练程度，从而提高生产率；使劳动者减少因经常变换工作而损失的时间，节约时间资源；可以使人们在既定的技术水平下所需的思维变得较为简单，从而减少在工作中应支付的智力资源，降低紧张程度；可以减低企业管理的复杂程度，从而减少企业管理交易费用，提高管理效率。

因此，随着社会经济的发展，只要技术和市场条件许可，社会分工总是向纵深发展，分工越来越细，专业化程度越来越高。

从流通角度看，商流和物流的分离是物流产业形成的先决条件。商流和物流的分离有其内在的依据：首先商品的二重性是商品价值流通（商流）和商品实体流通（物流）分离的根本原因；其次，商物分离适应了促成交易、扩大市场、缩短流通时间、降低流通费用的需要，这样使得商品在经营环节、运动路线、职能等方面的分离才有可能，才有动力。商流和物流分离与商品的发达程度密切相关，在不发达的商品流通中商流和物流结合密切，随着生产规模的扩大、市场的延伸、商品种类增加和差异性增大，商流和物流开始分离，并随经济的发展逐步深化。当商流和物流分离到一定程度，形成相当数量和规模的专门从事物流活动的人员和企业，物流产业由此而形成。

从生产领域来看，一方面随着生产呈分工专业化发展，使得商品交换表现出加速复杂化规律，商品流通呈密集网络化状态，这必然要求专业化的流通及其内部的专业化，从而加速了独立化物流的发展；另一方面就生产物流的特点而言，除生产线物流与市场技术和生产工艺的联系比较密切外，其他采购、库存和销售物流完全可以从生产中分离出来，由企业设立独立的物流部门、物流分公司、物流子公司或交给社会物流企业运作，特别是当企业的信息化程度提高，能够借助信息系统为物流提供支持和对物流进行有效控制的条件下，生产线以外的企业物流分离将成为必然趋势。

上述分析足以说明，社会分工与专业化的经济性是物流活动独立的理论基础，是物流产业形成的重要原因和发展的内在动力。

3.5.2 节约交易成本的需要

交易成本经济学认为，签订合约的费用和其他一些交易成本对于资源的配置和经济组织的形式有着深远的影响。交易成本概念的提出归功于科斯。他在《企业的性质》一文中，将交易成本定义为利用市场机制的费用，是获得准确的市场信息所付出的费用，以及谈判和经常性契约费用。对于交易成本，威廉姆森进一步加以界定，把它分为事前和事后两类：事前的交易成本是指起草、谈判和落实契约的成本；事后的交易成本是指交易已经发生后所产生的成本，包括当事人退出契约的成本、当事人调整契约中有关条款的成本、当事人处理冲突的成本、双方维持长期持续的交易关系的成本。马修斯（Matthews，1986）提供了这样一个定义，交易成本包括事前准备合同和事后监督及强制合同执行的费用，与生产费用不同，它是履行一个合同的费用。

一般来说，交易费用是指经济主体在交换其经济资产的所有权和确立排他性权利时所产生的一系列费用，它主要包括搜寻交易对象和价格的费用、讨价还价的费用、签订合约的费用、执行合约的费用、监督违约并对之惩罚的费用等，显然物流交易中也存在上述费用。

威廉姆森认为交易成本的存在取决于三个基本因素：有限理性、机会主义和资产专用性。有限理性是由于物流伙伴企业的相互交流和组织学习，从而提高经济决策主体接受和处理信息等方面的能力，减少了交易主体因"有限的理性"而产生的交易费用。机会主义是由于物流联盟的长期合作，特别是供应链中的物流，使交易活动本身的不确定性和复杂性程度降低，减少或抑制了交易双方的机会主义行为。资产专用性是由于物流企业的专用设备资产能够被重新配置于其他替代用途或是被他人使用时损失其生产价值的程度。将影响物流企业自营物流费用和外包物流费用。

交易费用理论认为市场和企业是两种可以相互替代但不相同的交易机制。企业取代市场实现交易有可能节约交易费用，交易费用的存在决定了企业的存在，企业"内部化"市场交易的同时产生额外的管理费用。

　　根据交易费用理论的这些观点，发展物流产业必须正确认识企业自营物流和外包物流的关系，而衡量企业物流是自营还是外包，其标准只能看企业内部物流运作费用与外购物流费用的高低和发展趋势。企业内部物流运作费用不仅仅是企业支付的运输、仓储等费用，还应包括物流人员的工资和补贴、物流设施与工具的折旧及维修、差旅、水电、保险等。物流外包是一项交易，它同样会导致交易成本的产生。根据上述理论对物流外包问题进行具体分析，以委托企业为主体，物流外包中的交易成本 C_{TC} 主要包括：寻求合适第三方物流企业的费用（C_{TC1}），与第三方物流企业起草、谈判和落实物流外包契约的费用（C_{TC2}），监督第三方物流企业物流外包契约履约情况的费用（C_{TC3}），了解市场上物流活动费用等相关信息的费用（C_{TC4}），调整物流外包契约相关条款（价格等）的费用（C_{TC5}），与第三方物流企业结束契约，重新寻找其他第三方物流企业的费用（C_{TC6}），处理冲突的费用（C_{TC7}），双方维持长期合作关系的费用（C_{TC8}）。

　　物流外包中的交易成本，即：

$$C_{TC} = C_{TC1} + C_{TC2} + C_{TC3} + C_{TC4} + C_{TC5} + C_{TC6} + C_{TC7} + C_{TC8}.$$

　　物流外包（第三方物流）的出现是社会经济分工进一步深化的表现，是市场经济发展到一定阶段的必然结果。物流外包这一社会分工形式得以形成和发展的经济根源在于第三方物流企业的专业化和规模经济优势，可以为委托企业节约物流成本支出，并可减少企业内部的物流组织管理成本，进而促使委托企业核心能力的提升。

　　物流外包边界的确定（企业选择物流外包还是物流自营）需要综合考虑物流自营成本（物流自营直接成本和企业内部物流组织管理成本）以外的企业运营成本、物流自营情况下企业的总成本，以及物流外包成本（物流外包直接成本和物流外包交易成本）以外的企业运营成本、物流外包情况下企业的总成本等，并应考虑专业化、规模经济因素和委托企业的核心能力提升因素。[①]

　　但是，那种不考虑各类物流活动自身的特点和物流相关产业的发展水平，

---

① 刘彦平．物流外包边界问题研究［J］．中国工业经济，2005（8）：35–41．

认为自营物流仍然是物流主体的观点是不正确的。同时，过分强调发展以第三方物流为核心的社会化物流也是不切实际的，比如从物流本身的资产专用性高低特点来看，企业需求的物流资产的专用性越高，通过市场交易的潜在费用就越高，纵向一体化的可能性就越大，企业就更倾向于采取自营物流。从总体上看，自营物流向社会化物流转化是物流产业发展的必然趋势，但这也是一个渐进化的过程。

另外，从规模经济理论来看，要节约物流成本必须使物流资产相对聚集，物流运作相对集中，可以达到适当的规模，才能获得规模经济效益。一方面非物流企业特别是中小型企业，由于物流单项规模小，自办物流设备的闲置率较高，为减少浪费，优化资源配置，应该实行外包；另一方面物流企业要采取兼并、重组等方式适当扩大企业规模，或通过联合、联盟等形式提高物流运作规模，从而降低物流费用。

3.5.3　提高企业核心竞争力的需要

20 世纪 80 年代以后，人们越来越清楚地认识到物流与经营、生产紧密相连，成为支撑企业竞争力的关键因素之一。90 年代，企业核心竞争力理论又为人们进一步认识物流产业的作用提供了新的视点。

企业核心竞争力理论是 90 年代以来企业管理理论的热点。对此有突出贡献的是普拉哈拉德（C. K. Prahalad）和哈默尔（G. Hamel）两位学者。该理论认为核心竞争力是企业独特拥有的、难以模仿、难以替代的长期竞争优势，是能为消费者带来特殊性用途的，能使企业稳定获得超额利润的内在能力资源。但并不是所有的资源、知识和能力都能形成持续的竞争优势。因此，分析、选择、发挥某一或某几方面的优势，对培养和发展企业核心竞争力是十分重要的。

从企业核心竞争力理论分析物流产业发展动力，主要有以下三种情况：

第一，某些非物流企业把物流作为企业核心竞争力的某个方面来培养。这主要包括那些物流业务量大，物流与企业的其他业务关联度较高，对企业未来发展影响较大，并且企业本身有较强物流基础的一些大中型制造企业。如海尔集团依靠资金、技术、信息和管理上的优势，重组企业业务流程，整合物流组织，把物流能力定位于集团的核心竞争力，从而达到以最低物流费用完成向客户提供最大附加值服务的战略目标。

第二，一些非物流企业，主要是中小型企业，从自身的资源和能力出发，把不具备竞争优势的、非战略的、非核心的物流业务外包出去，采用更高效和专业化的外部资源，使企业的资源和能力向核心业务和战略性资源方面集中，从而提高企业的核心竞争力。

第三，培养和发展物流企业本身的核心竞争力。现代物流是一个宽泛的开放体系，包含着众多的物流操作。特别是在全球化的背景下，采购、制造和分销物流的范围日益扩大、运作日益复杂，这样任何物流企业都不可能在每个物流环节上专而精，物流产业的内部分工必将深化。从培养企业核心竞争力出发，每个物流企业都应该选择某一项或某几项物流活动，或选择物流供应链上的某一段作为核心业务，而在其他方面应更多地借助信息技术和管理上的优势，采取联盟与合作等多种形式，实现基于物流供应链的双赢，甚至多赢。

综上所述，可知提高企业的核心竞争力也是物流产业演化的重要动力。

3.5.4　提高物流市场有效竞争性的需要

有效竞争是规模经济与竞争活力相兼容的一种理想状态，它是各国政府制定产业组织政策的目标导向。根据可竞争理论，如果市场是可竞争的或者使其具有可竞争性，那么潜在的竞争威胁就不需要政府干预。但是政府干预和市场机制缺一不可，两者不能替代，关键是将两者进行有效结合，并控制市场和政府的作用在适当的边界内，对于市场解决不好或不能解决的产业发展问题政府必须干预和调节。从发达国家物流产业发展来看，对交通等行业放松管制，是培育有效物流竞争市场的基本途径之一。20 世纪 70 年代末，美国物流产业的发展很大程度上得益于一系列的规制放松，如 1977 ~ 1978 年制定的《航空规制缓和法》、1980 年通过的汽车运输法案和铁路法案、1984 年通过的海运法案等，使运输市场逐步实现了自由化，带来了运输业的激烈竞争，促进了物流竞争市场的形成和物流产业的快速发展。

从物流产业提供的产品来看，它主要是围绕着"物流实体运动"的物流服务，属于第三产业，它同商业一样属于竞争性较强的行业。物流市场向国内外开放是物流产业发展的必然趋势。中国加入 WTO，物流产业作为一般竞争性的服务业并不在保护范围，在分销和辅助分销服务业如货物运输、货仓、包装服务、速递、租赁等方面已逐步取消了市场准入等限制。因此，物流市场的开放也是经济全球化、市场化和我国加入 WTO 的必然要求。

从物流产业明显的基础性和综合性特征来看，提高物流市场的有效竞争性，一方面，必须打破邮政、电信、铁路、航空等行业的垄断和保护，适当放松管制，减少行业进入行政性壁垒，向国内外的各类经营主体开放货运市场，铁路系统要以"网运分离、客货分离"为契机，引入竞争机制，邮政系统要放开除《邮政法》明确规定"信件和其他具有信件性质的物品寄递业务"以外的速递等业务，提高物流市场的竞争活力；另一方面，为防止新兴物流产业的无序竞争，还必须通过政策引导、法规约束等方法，规范和加强市场管理，以改善物流活动的经营环境，培育多元化的市场主体，形成公平、公正、有序竞争的物流市场体系。

3.6 现代物流产业发展路径演化—— 一个综合的理论框架

市场、技术、制度和政策等因素对物流产业发展发挥着各自的影响和作用。但是，这些因素彼此之间存在什么关系？它们在同一时期的作用是否相同？为什么不同国家和地区的物流产业发展水平存在差异？为什么同等经济背景的国家和地区物流产业绩效水平存在差异？诸如此类问题，都需要一个系统的理论框架加以解释。迄今为止，学术界还没有形成一种有关物流发展的成熟理论框架。但是，国内外仍有不少学者在这方面进行了十分有益的探索，本节将对它们进行相应的归纳，在此基础上初步构建起一个物流产业发展的综合的理论框架。

3.6.1 物流空间范围扩展模型

爱德华·弗雷德（Edward Frazelle，2002）从物流活动范围和影响力方面把物流的演进分为五个阶段（见图3－5）：工作站物流、设施物流、企业物流、供应链物流和全球物流阶段。

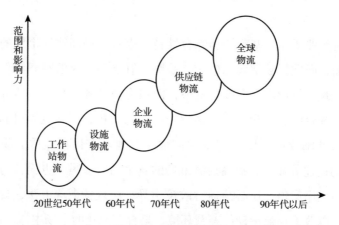

图3－5 物流的演进

资料来源：Edward H. Frazelle. Supply Chain Strategy：The Logistics of Supply Chain Management ［M］. Mcgraw-Hill Companies，2002：124.

1. 工作站物流

工作站物流是指单一工作场所内的物流活动。工作站物流的目标是使个人在单个机器上工作或沿着安装线工作的物资移动呈平滑状态。工作站物流注重协调、对称、自然、规律和习惯性等要求。工作站物流的实质是通过研究工作人员的动作和流程改善，以提升工作站的物流流动效率。影响工作站物流效率的主要因素是泰勒提出的基本管理制度。泰勒科学管理的根本目的是谋求最高效率，而最高的工作效率是雇主和雇员达到共同富裕的基础，使较高工资和较低的劳动成本统一起来，从而促进扩大再生产的发展。要达到最高的工作效率的主要工作手段是用科学化、标准化的管理方法代替经验管理。

2. 设施物流

设施物流是指在一个设施内工作站之间的物资流动。设施可能是指一个工厂、码头、仓库或配送中心，设施物流与物料处理来源于大规模生产和20世纪五六十年代装配线的使用。设施内流程通常由直线式、U形、S形和W形流程形式组合而成，组合上述四种流程形式时，其重要考虑因素是出入口的位置。因建筑物结构的缘故，入口（接受部门）和出口（装运部门）的位置通常固定在现有位置或特定位置上，使得设施内物料流程需顺应这些限制，因此会产生不同物流流程形式。

3. 企业物流

在20世纪70年代，伴随着管理结构和信息系统的相应推动，人们有能力在一个企业内部把物资处理、仓储等其他物流功能部门集成在一起，形成具有商业物流和实体配送职能的第一次真正意义上物流的应用。企业物流成为在一个既能减少企业物流总成本，又同时形成和保持一个具备盈利能力的满足顾客服务的过程。

企业物流（见图3-6）是一种根据企业流程在设施之间的物资和信息流动，是一种围绕企业经营的物流活动。不同类型企业，其物流活动的侧重点不同。对制造业企业，物流活动主要发生在工厂和仓储之间；对于批发企业，物

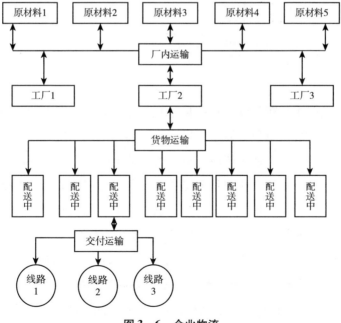

图3-6 企业物流

流活动主要发生在它的配送中心之间；对于一个零售企业，物流活动主要发生在它的配送中心与零售商店之间。这种物流形式，主要受企业制度因素的制约。

4. 供应链物流

供应链物流是指涉及企业内部和跨越企业之间的物资、信息和资金的流动（见图 3 - 7）。供应链管理与物流的区别是：供应链是一种由企业的供应商和它的顾客把设施（仓库、工厂、码头、港口、商店以及家庭等）、车辆（卡车、火车、飞机、远洋船舶）和物流信息系统连接起来的网络。

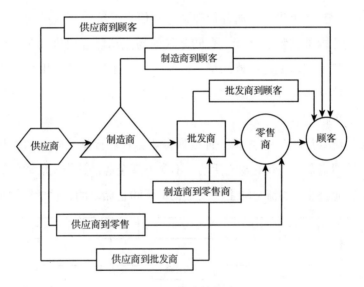

图 3 - 7　供应链物流

供应链的基本思想是以核心企业为中心，从原材料、中间品到最终产品、再到分销商、零售商直至最终用户连成一体的网络结构模式。一是核心企业针对市场的快速变化，通过调用、整合供应链上的所有资源的优势来快速响应市场，链上所有节点企业都是合作伙伴，企业之间的关系不再是单纯的竞争关系。二是竞争与合作的共赢关系。供应链不仅是一条物流链，也是一条信息链、资金链和增值链。供应链管理的实施可以使企业总成本下降，订货生产周期时间缩短，大大提高了企业的竞争力。供应链的战略强调链上所有企业经整合后产生的协同效用，整体效率的提高成为参加供应链企业新的利润来源。供应链将企业资源范围扩大到整个上下游，使企业间突破地域限制，以最快的时间在更大范围内寻找合适的伙伴。近年来，供应链管理已经成为国际上具

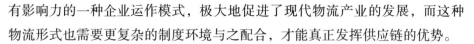

有影响力的一种企业运作模式，极大地促进了现代物流产业的发展，而这种物流形式也需要更复杂的制度环境与之配合，才能真正发挥供应链的优势。

5. 全球物流

全球物流是跨国间的物资、信息和资金流动，是国际上供应商通过核心企业与客户的连接。由于世界经济的全球化、贸易集团的扩展以及网络进行全球性的商品买卖，使得全球物流在近些年有了巨大的增长。如今，许多跨国企业的高层管理者需要格外认真地管理复杂的全球供应链，从世界各地采购原材料并把最终产品配送到世界各地。

全球物流需要克服时间和空间的阻隔以及克服国界阻隔的功能。虽然国内物流也需要克服时间和空间阻隔的功能，但是全球物流需要克服的时间和空间阻隔难度比国内物流大得多，全球物流是保证企业全球经营能否成功的关键因素之一。相对于国内经营来说，物流在全球经营中的作用和承担的责任要大得多。全球物流活动的构成除了包含与国内物流一样的运输、保管、包装、装卸、流通加工和信息等克服时间和空间阻隔的活动之外，还有全球物流所特有的报关（包括检查、检疫等）、国际运输、支付系统和相关文书单据制成等克服国界阻隔的活动。

由于国际商务中的商业伙伴、语言、文件、货币、时间差、文化以及制度的多样性，全球物流比一个国家的物流显得更复杂，更具风险性，也存在着进入的壁垒。与国内物流相比，它费用昂贵，主要包括长距离的运费支出、较大的库存量、较长的固定循环作业周期、运输方式多样化以及需穿越国际地界等。受制度的制约因素也更多，国家在物流产业发展中的作用更重要。

3.6.2　物流组织演进模型

唐纳德·J. 鲍尔索克斯（1999）和罗纳德·H. 巴罗（2002）等分别对企业内物流组织的演进做了深入和全面的研究。他们得出的结论是：物流活动范围广阔且跨度很大，因此对于物流活动在经营中占有较重要地位的企业而言，物流组织对于经营效率来说是至关重要的。企业需要一个有效的物流组织模式来适应市场竞争以及客户需求的变化。但他们也指出，迄今为止还没有统一的组织模式被认为是绝对正确和最富有效率的，不同类型的企业会选择不同的物流组织方式来满足客户需求以取得竞争优势。一般而言，企业物流组织的演进总体可分为两大类：静态的等级制和动态的网络制。物流组织的演进基本遵循着一种趋势，即分散管理的物流活动逐步被功能集成和一体化，并朝着跨越组织的供应链、虚拟组织方向演进，组织结构变得愈加柔性，组织边界不断扩展和模糊。

1. 不同时期的物流组织

从发达国家企业物流组织的演进历程看，基本上可以得出如下结论：不同时期，企业物流组织演进呈现出阶段性特征。20 世纪 50 年代以前呈现分散管理管理特征，20 世纪五六十年代职能逐渐集中，七八十年代呈现出企业内部物流组织一体化和流程一体化的组织结构特征。

（1）职能分散的物流组织。20 世纪 50 年代以前，企业内不存在专门的物流部门来对企业内的物流活动进行统一管理，各种物流活动分散于企业的不同职能部门。如库存控制由财务部门负责，物料需求计划和运输则由制造部门负责，而产品预测和产品的地区仓储由市场营销部门负责，如图 3 - 8 所示。

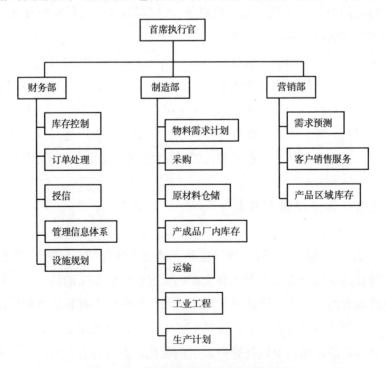

图 3 - 8　物流职能分散的传统组织结构

（2）职能集中的物流组织。职能集中的阶段主要发生在20世纪六七十年代，该阶段又可分为初步集中、显著集中和完全集中三个子阶段，分别如图3-9、图3-10、图3-11所示。

图3-9表明，组织结构围绕着市场营销功能变化，其功能和活动范围得到扩展，订单处理、产品库存控制和运输等重要物流活动归属营销部管理。

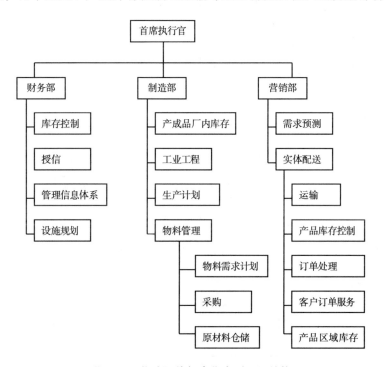

图3-9 物流职能初步集中型组织结构

图3-10表明，组织中出现了专门的物流部门，订单处理、运输、库存控制、原材料仓储等关键物流活动归属于物流部门管理。

20世纪80年代初，物流组织呈现职能完全集中趋势。如图3-11所示。企业中的物流组织变得相对十分重要，围绕着物流这一经营核心，将销售、采购、生产、仓储和运输重新整合为三大部门；物流资源计划、物流运作和物流支持，统一在一个物流执行官的管理下，呈现出物流一体化运作的特征。

（3）流程一体化的物流组织。目前一些企业为了不受功能集合和分隔的影响，正在通过流程管理而非职能管理来提高运作效率，应用信息技术减少企业层次，使传统的功能垂直层次组织向过程水平组织发展。为了保证生产、

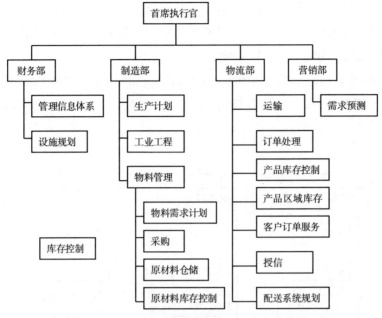

图 3 – 10　物流职能显著集中型组织结构

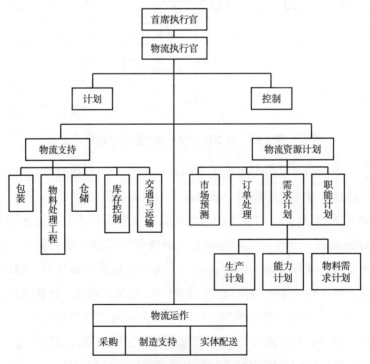

图 3 – 11　物流职能完全集中型组织结构

采购、物流、商品供应之间的协调，有必要从企业组织上保持这些部门之间的统一。换句话说，在物流一体化系统中，各个部门之间并不是各自为政，以自己原来的价值判断基准去面对市场，而是围绕着一个统一的理念，整合成统一行动开拓市场。这个统一的理念就是"保持与市场的同步"①。

在这样的理念下，企业必须建立新的物流组织体制。比如说，作为一种选择形式，可以在物流一体化部门下设立生产、采购、物流、客户服务等有关商品供应功能的部门。在这样一体化组织下，物流一体化部门的负责人可以控制和协调生产、采购、物流、客户服务部门。由于物流一体化系统还处在发展之中，还不能认为上述组织形式就是物流一体化的理想组织形式。

从上述物流组织演进的过程看，早期的物流组织是基于专业化分工的组织结构模式，以分工为基础、以控制命令为核心。等级制组织、官僚化组织、直线式组织以及金字塔组织等，是人们从不同的侧面对它们的描述或界定。按照传统的组织理论观点，这种集合系统的构成是通过职位与部门划分、等级层次设置、横向联系和权限分配等结构性手段来实现的。但这种理论的存在需要具备一定的前提条件作保障，即市场环境是稳定和可预测的、工作任务可以人为分割、人是理性经济人等。但是，企业运作环境从20世纪50年代开始发生了深刻变化：市场变化迅速、市场竞争激烈以及顾客需求多样化和个性化。另外，信息技术的迅猛发展、经济全球化的浪潮等已经使得传统的物流组织方式无法应对正在出现和即将出现的各种变化。

2. 物流组织边界的拓展

当前，企业面临的挑战更为严峻：不断缩短的交货期、提高质量、降低成本和改进服务等，要求企业能够对不断变化的市场需求做出科学预测和快速反应。这就要求有关物流活动逐渐从企业内部向外部延伸。如此，物流活动的范围也从企业内部向外部扩展，从而使得物流活动跨越企业自身的组织边界，逐步形成企业与企业之间的一种网络式联系格局。

网络式组织方式之所以成为未来物流组织的演变方式，从交易全过程看，网络化组织模式有助于物流合作伙伴之间在交易过程中减少相关交易费用。由于物流合作伙伴之间经常共同合作，可使搜寻交易信息方面的费用大为降

---

① ［日］汤浅和夫. 物流管理［M］. 北京：文汇出版社，2002：88.

低；提供个性化物流服务建立起来的相互信任和承诺，也可减少各种履约的风险。即使在服务过程中产生冲突，也因为物流合约一般签约时间较长而可通过协商加以解决，从而避免无休止的讨价还价。

从交易主体行为看，网络化组织的建立促使"组织学习"，从而提高交易双方对不确定环境的认知能力，减少因交易主体的"有限理性"而产生的交易费用。合作企业的长期合作将在很大程度上抑制交易双方之间的机会主义行为。

因此，企业要在未来的竞争中获取有利地位，就必须融入企业间的网络组织结构中去，并成为更大的企业间的业务流程的组成部分（进入全国、甚至世界范围的供应链及物流网络）。正如约翰·唐所说：任何企业都不是孤岛。企业不可能挫败自己的供应商和客户而取得胜利。对彼此有利的事，最终会给各方带来最大的利益。

3.6.3　物流整合模型

物流整合的思想一直贯穿着物流发展的全过程。物流一体化、集成化、组织化、系统化等都是人们对物流整合的各种理解。

整合，即部分结合形成整体的过程或机制，物流的系统思想是物流整合的精髓。系统是由部分结合成的有机整体，如果部分具有多种功能，为了保证系统整体功能的合理和有效发挥，系统整合的过程中通常对部分的功能进行取舍，决定子系统划分及其功能分配，即明确各自的功能定位。只有这样，整合才能够使系统的部分对整体功能做出贡献，实现"1 + 1 > 2"的功效。

物流整合的出发点是基于物流活动中要素相互关系、相互制约。物流的若干功能要素之间存在着相互冲突的矛盾，即某一个功能要素的优化和利益发生的同时，必然会存在另一个或几个功能要素的利益损失。反之也是如此。这是一种此涨彼消、此盈彼亏的现象，虽然在许多领域都存在这种现象，但在物流领域，该问题似乎尤其严重。

物流整合的实质就是对分散的物流资源进行综合利用、相关功能进行协调与集成、物流管理与运作实施重组与优化、提升相关产业的组织与服务等，从而降低物流总成本、提升物流效率，并对物流总体服务能力做出最大贡献。

物流整合模型如图 3 – 12 所示，其内涵如下：

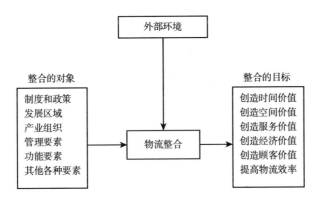

图 3 – 12　物流整合模型

（1）物流整合具有明确的目的性，即创造物在流动过程中的时间价值、空间价值、服务价值和经济价值，以创造顾客价值，达到提高物流效率的最终目的。

（2）物流整合是一个整体行为，物流系统中存在着许多彼此相互联系，相互关联的功能要素，整合使得它们彼此间协调。

（3）物流整合必须与其外部环境相适应。其外部环境包括社会、经济、法律、技术和制度等环境。

（4）物流整合具有层次性。一般而言，物流整合会涉及不同层次面，主要有：

第一，是制度层面包括制度因素、制度结构和制度机制三大方面的整合。

第二，管理层面包括管理体制和政策两大方面的整合。

第三，宏观物流规划主要着眼于主要物流基础设施的统筹规划、协调发展。

第四，对物流产业的宏观调控，特别是对物流产业组织的整合。许多发展中国家的物流市场存在着物流产业集中度低、物流企业数目多、规模小、效益差、效率低、缺乏现代化物流运营模式、国际竞争力弱等问题，需要政府对这个产业的调控，推动企业之间的兼并重组或合作。

第五，区域物流整合主要着眼于加强与完善区域物流网和加强区域间物流发展的协调。区域物流整合的基本思路是将区域内所有物流基础设施资源视为系统内诸要素，通过对区域物流系统内各要素的重组，使之相互联系、相互协调，形成有机合理的结构体系，实现整体优化，协调发展，发挥整体最大效率，实现整体最大效益，同时兼顾区域间物流发展的协调。

第六，物流功能要素整合。许多发展中国家在物流产业发展过程中，由于市场的不完善，需实施物流整合的战略，即政府运用系统的物流理念，有意识地对物流资源或物流功能进行规划、配置、重新组合和取舍，实现对运输、仓储、包装、装卸搬运、流通加工、配送和物流信息等功能环节的有效集成或协调，从而有效降低物流成本，提高物流的效率和效益，增强相关企业、产业和该国家经济的竞争力。

3.6.4 物流产业发展的需求诱致模型

物流产业发展的需求诱致模型得到相当程度认可，我们经常听到的"物流是一种诱致性或派生性需求""物流是经济发展到一定阶段的产物""物流是社会分工深化的结果"等观点，都是对它的一种表述。这种理论着眼于需求因素对物流发展诱致性的影响，许多经济学家和管理学家都对此进行过分析，其中有代表性理论模型分别是：部门发展的需求诱致模型、经济发展和工业化对物流产业发展的诱致性模型。

1. 部门发展的需求诱致模型

发展经济学家罗斯托（1960）在其出版的《经济增长的阶段：非共产党宣言》一书中认为，人类社会的发展可以分为四个阶段：传统社会、"起飞"准备阶段、"起飞"阶段、高额群众消费阶段。后来，其在1971年出版的《政治与增长阶段》一书中又在"高额群众消费阶段"后面增加一个追求生活质量的第五个阶段。罗斯托认为，一个国家和地区经济起飞的重要条件是要建立"起飞"的"主导部门"，经济增长阶段的更替表现为主导部门次序的变化。他认为，现代经济增长实质上是部门的增长过程，经济增长总是由某个部门采用新技术开始的，采用了先进技术的部门降低了成本、扩大了市场、增加了利润和积累、扩大了对其他一系列部门产品的需求，扩大了对各个地区经济增长的影响，从而带动了整个国民经济的发展。但一旦它的先进技术及其影响已经"扩散"到各个有关部门和地区后，其历史使命也就完成了。这时就有新的主导部门代替旧的主导部门地位，新的主导部门采用新技术，再影响其他部门，带动国民经济持续增长。

罗斯托认为主导部门不是孤立地发展起来的，一个主导部门与它有联系的若干部门共同构成一个主导部门综合体系。他曾列出第二次世界大战后世界上 5 种主导部门综合体系：一是"起飞"准备阶段的主导部门体系，主要是饮食、烟草、水泥、砖瓦等工业部门。二是替代进口商品的消费品制造业综合体系，主要是非耐用消费品的生产，如纺织工业等，这是"起飞"阶段古典式的主导部门综合体系。三是重型工业和制造业综合体系，如钢铁、煤炭、电力、通用机械等工业部门。四是汽车工业综合体系。五是生活质量部门综合体系，主要指服务业和建筑业。主导部门通过自己的三种影响带动新产业的成长：回顾效应，指主导部门对某些供给资料部门的影响；旁侧效应，指主导部门对所在地区的影响；前瞻效应，指主导部门对新工艺、新技术、新原料、新能源、新运输方式出现诱导作用。

按照罗斯托的理论假设，可以得出两点有意义的推论：一是经济增长到一定阶段将会使物流成为某一时期国民经济的主导部门；二是国民经济中的某些相关部门通过前瞻效应、旁侧效应和回顾效应对物流产业发展施加影响。

2. 经济发展和工业化对物流产业发展的诱致性模型

荣朝和（1992 年）在《论运输化》一文中提出了运输化模型的假说[①]。该理论从长期变化的角度刻画运输化、工业化和物流的关系，如图 3-13 所示。该模型表明各发达国家运输化、物流和工业化之间的对应关系。该模型是从总体上揭示物流与国民经济相互间的关系，认为综合物流随着工业化的发展而出现，特别是工业化中后期，即进入完善运输化阶段，综合物流将会得以形成。这也暗示着，综合物流要以运输业发展相对成熟为前提条件。

王稼琼（1995）进一步从企业微观角度佐证了荣朝和的观点[②]。他在《联运发展理论》一书中指出：进入 20 世纪 90 年代以后，世界范围内出现了一股企业国际化的浪潮，一些财力雄厚、规模庞大、拥有先进技术和管理经

---

① 荣朝和. 论运输化 ［M］. 北京：中国社会科学出版社，1992：78.
② 王稼琼. 联运发展理论 ［M］. 北京：中国民航出版社，1995：99.

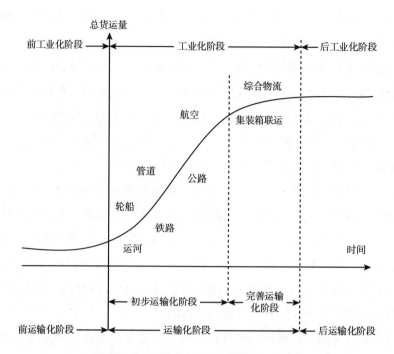

图 3 – 13　运输化、工业化和物流的关系

资料来源：荣朝和．运输发展阶段理论的最新进展 ［J］．中国铁道科学，2001 （3）．

验的大跨国公司影响和控制着国际经济活动和世界经济的发展。跨国的海运公司为追求规模经济、网络经济、范围经济和速度经济等多方面的经济效率，采取了"船公司登陆"战略，逐步介入陆上运输、代理、仓储和流通领域，使联运发展呈现出新的向物流综合阶段过渡的特征。联运业向综合物流发展的目标是通过完善的联运体系与物流中心的有机结合，配以高效的信息网络、实现物流一体化和社会化，为生产企业提供最低费用的准时的国际、国内物流服务，并逐步将国内物流与国际物流融为一体。

3.6.5　小结——一个综合的理论框架

以上各种模型从不同的角度（微观层面、产业层面、技术层面、空间层面等）对物流产业发展进行了解释，均有其合理性。但是它们的缺陷也是明显的，即没有把现代物流产业发展放到一个其所处的经济制度环境之中加以综合考虑。因此，本书尝试建立一个现代物流产业发展的综合模型，以现代物流产业发展为核心，以制度创新为主线，从宏观、中观、微观不同层面研究现代物流产业发展中的技术、市场和制度（包括组织）之间的交互作用，以形成现代物流产业发展的不同路径。

模型的具体内涵可以表述如下：现代物流产业发展受技术（包括基础设施）、市场（包括需求、相对要素价格和产品服务的质量）、制度（包括组织、政策、文化和意识形态）的共同作用和影响。现代物流产业可形成以下三种发展路径。

技术主导的现代物流产业发展路径：技术是物流发展潜在的、必要的条件。物流技术要得到有效和广泛应用，就必须进行相应的制度创新。在具有不断增长的市场需求和制度供给充分，即能够产生新知识和新技术、能够推动物流基础设施供给以及传递信息和产生现代物流产业发展激励的制度基础的条件下，先进物流方式的产生和物流基础设施网络的扩展、完善和等级提高会形成技术主导的现代物流产业发展路径。

需求诱致的现代物流产业发展路径：需求变化，例如社会进步和（区域、部门、国家、工业化及国际化）发展会对物流技术和物流基础设施网络提出新的要求。这将在很大程度上诱致物流技术创新、物流基础设施网络扩展、完善和等级提高。在现实中，作为物流技术创新微观主体的企业，不仅受到这种潜在物流市场需求变化的影响，更为直接的是受市场中相对要素价格变化的作用。企业往往会根据市场中相对要素价格的变化，做出有利于节约相对较高要素技术创新的方向性选择。在物流技术供给充分和制度完善的前提下，需求和相对要素价格的变化将形成诱致性的现代物流产业发展路径。

制度推动的现代物流产业发展路径：制度创新对物流技术进步和物流技术选择起着至关重要的作用。物流技术进步需要相应的物流组织制度创新、物流技术创新方式的制度化、物流市场的完善、政府政策支持一国产权制度的激励，文化传统、意识形态等非正式制度对物流技术创新有着持续而明显的影响。制度不仅影响着物流技术变迁的进程，也对既定技术水平下物流产业效率的提高产生影响，从而形成制度推动的现代物流产业发展路径。

技术、市场、制度在不同历史时期往往是同时或交替发挥着作用。当不同国家之间在技术、市场以及制度方面相近时，将表现出比较近似的现代物流产业发展路径。当某一因素发生改变，如相对要素价格或制度发生变化时，即使需求和技术条件相同，现代物流产业发展也将呈现较大差异。由于各个国家或地区之间的市场、技术、制度方面往往存在着较大差异，因而使得各国或各地区的现代物流产业在发展的一般趋势下，呈现出丰富多彩的发展途径和效率差异。

第 4 章

现代物流产业发展的产业
条件与制度因素

市场条件、技术条件和竞争条件共同构成了物流企业生存和发展的产业条件。市场条件是指经济中对产业产品的现有需求和生产要素的现有供给；技术条件是指同时体现在人力资本和物质资本上的生产能力，这些能力在某一时点上刻画了一个产业的特征；竞争条件是指不同制度环境中的相同产业将生产资源转化成能产生收入的产品的不同能力（核心竞争力）。对现代物流产业发展的产业条件及与之相关的制度因素的分析，是我们研究现代物流产业发展与制度创新问题的出发点。

4.1 市场条件——物流产业需求与供给分析

物流需求，泛指各种社会经济活动主体提出的对物流全过程或部分物流活动有支付能力的需要。物流需求是物流产业发展的重要前提条件。物流供给主要是指在一定价格水平下，企业愿意提供的各种物流服务的数量，其实质就是物流服务的提供。

4.1.1 物流需求及影响因素

1. 物流需求及特性

需求，是指消费者一定时期内在各种可能的价格下愿意并且能够购买的该商品的数量。从微观经济主体研究，物流需求主要是指组织或个人提出的对产品、服务或信息流动有支付能力的需要。图4-1表明，一条供应链上存在着诸多物流需求，它们存在于供应链上的各个环节甚至贯穿整条供应链，分别形成最终物流需求或中间性物流需求。

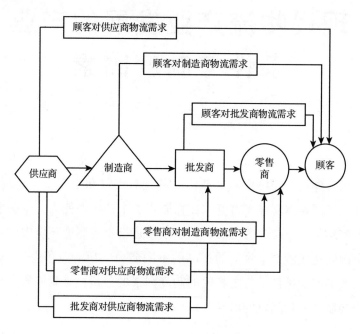

图4-1 供应链上的物流需求

物流需求与其他商品需求相比有其特殊性，这些特殊性是相互关联、相互影响的。

（1）派生性。派生性是物流需求一个最重要的特性。在社会经济活动中，如果某种商品或劳务的需求由另一种或几种商品或劳务派生出来，则该商品或劳务的需求为派生性需求。将引起派生需求的商品或劳务需求称为本源性需求。人们日常生活中的衣服、食物、住房等是一种本源性需求，而物流需求绝大多数情况下是一种派生性需求。社会之所以有需求，并非是因物流本身的缘故；人们对物流的需求并不是纯粹为了让"物"在空间上移动或储存。相反，物流是为了满足人们生产、生活或其他目的的需要。显然，物流需求的主体提出空间或时间变化的目的往往不是位移和时间的本身，而是为实现其生产、生活中的其他需求，而派生出的一个必不可少的环节，这是物流需求的本质所在。

（2）广泛性。物流需求具有广泛性。人类克服时间和空间障碍是一项无时无刻、无处不在的经常性活动。而这种努力是以人员、物资、资金、信息等的交流为标志，由此形成了物流普遍存在的客观基础。例如，从生产角度看，生产企业中物品从上一道工序向下一道工序转移、从上游车间向下游车间移动、从原材料仓库向原材料加工车间移动都可能产生相应的物流需求。从流通角度看，物品从批发商到零售商、从零售商到消费者、从配送中心到连锁商店也都可能存在物流需求。从区域角度分析，一个区域，无论是大区域还是小区域，不论其空间经济组织如何完备，都不可能是一个完全封闭独立的空间，必然要与其他区域有物资、信息等方面的交流，只不过在空间范围和联系程度大小有所不同。就物资而言，任何一个区域既可以是输出中心，又可以是输入中心。正是由于国民经济各区域间的相互制约、相互作用，使得物流在具有广泛性的同时，又日趋复杂。

（3）多样性。物流需求的多样性是基于主体的多样化和对象的多样化。不同类型的物流需求主体提出的物流需求在形式、内容方面均会有差距，而物流的对象"原材料、零部件和产成品"由于在重量、容积、形状上等各有不同，因而对运输、仓储、包装、流通加工等条件的要求也各不相同，从而使得物流需求呈现多样性。如石油等液体货物需要用罐车或管道运输；鲜活货物需用冷藏车运输；化学品、危险物品、大长货物等需要特殊的运输条件；有些物品需要包装或流通加工等。

（4）不平衡性。物流需求在时间和空间上均有一定的不平衡性。物流需求的时间不平衡性，是指不同时期，经济发展对物流需求量的影响是不一样的，例如经济繁荣时期的物流活动与经济萧条时期在物流强度上肯定有所区别。物流需求的空间不平衡性，是指在同一时期内，不同区域物流需求的空间分布存在差异。这主要是因为自然资源、地理位置、生产力布局等差异造成的。

（5）部分可替代性。不同的物流需求之间一般讲是不能相互替代的，例如水泥物流需求不能替代水果物流需求，因为这明显是两种不同性质的物流需求。但是在某些情况下，人们却可以对不同物流活动做出替代性的安排。例如煤炭的运输需求可以被长距离高压线路需求替代；在工业生产方面，当原材料产地和产品市场分离时，人们可以通过生产位置的确定，在运送原料还是运送产品或半成品之间做出选择。

（6）空间特定性和时间特定性。物流需求与特定时间和特定空间密切相关。在市场经济条件下，物流呈现一种灵活性和易变性，但在一定时期内，还具备空间特定性：具体表现在某一空间范围内的特定流向，如煤炭企业的煤从产地向电力企业的所在地流动。而在企业内部，物流空间的特定性就更强了，具体表现为企业内部物流发生于企业内部各部门各单位各工序岗位之间，物流活动相对狭小和固定。时间特定性则表现为在一定范围内的定时运输、配送等。

（7）层次性。物流需求是有层次的，可分为基本物流需求和增值物流需求。基本物流需求，主要包括对运输、仓储、配送、装卸搬运和包装等物流基本环节需求；增值物流需求，主要对包括库存规划和管理、流通加工、订单处理和信息系统、系统设计、设施选址和规划等具有增值活动的需求。基本物流需求一般是标准化服务需求，而增值物流需求则是过程化、系统化、个性化服务需求。基本物流需求一般缺乏价格弹性，而增值物流需求富于价格弹性。

发达国家除了基本物流需求旺盛外，对增值物流服务也有很大的需求，如对库存管理、物流系统设计的需求。发展中国家则主要集中于基本物流需求上，如干线运输、市内配送、储存保管等服务。

2. 物流需求的影响因素

现代物流产业的发展，主要取决于物流需求水平。物流需求受到多种因素的影响：

（1）价格。价格是影响物流需求量的一个重要影响因素。在其他因素不变的情况下，价格与物流需求量之间存在一种此消彼长的关系（见图4-2）：物流服务价格上涨，物流需求量减少；物流服务价格下降，物流需求量上升。

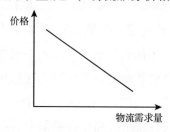

图4-2　价格与物流需求量的关系

（2）经济发展水平。物流作为一种现代服务方式，其发展与经济发展水平密切相关，是经济发展到一定阶段的产物。物流需求量和需求层次与社会经济发展水平有着相当密切的关系。一般而言，物流需求量受社会经济发展的影响，不同社会经济增长时期决定了物流需求的不同特点。社会经济发展水平相对发达的国家或地区，其物流需求水平相对也高一些，如一些进入后工业化时期的国家，对于多功能集成或一体化的物流需求就比较旺盛；社会经济发展水平相对落后的国家或地区，其物流需求水平也相对低一些，分散、非系统化的物流需求相对流行。

（3）市场环境。市场环境对物流有重要影响。国内统一市场的形成和市场范围的扩大可以促进物流活动范围的扩大，像全球一体化、区域一体化等市场环境的变化，使得物流需求的空间范围日益扩大。贸易的自由化和产品的地理分工推动着物流、资金流、信息流的迅速增长。此外，同行业的整体水平和市场内的竞争也对物流需求有着直接的影响：竞争越激烈，企业越要加强物流服务能力的建设，相应地，物流需求越旺盛，如图 4-3 所示。

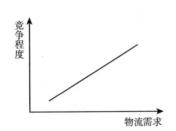

图 4-3　竞争程度与物流需求的关系

（4）物流供给。物流供给对于物流需求有实质性的影响。物流产业相对发达，物流供给较高的地区其物流需求相应地比物流供给较低地区高。这主要是因为物流供给能力强的地区除了可以满足现有的物流需求，还可以使更多潜在物流的需求得以释放。

（5）空间经济布局。空间经济布局的不平衡性（如自然资源禀赋、产业布局、生产力和消费群体分离等）导致"物"在空间和时间上发生状态改变，从而引起物流需求的变化。空间经济布局造成产业间的联系，会诱致出相应的物流需求。

（6）地理因素。地理因素是影响物流需求的外生变量。很多地理因素是人类无法控制的，例如可通航的水域等。不同地理的物流需求有很大不同，城市内物流和城际间物流就有很大区别；城市和农村的物流也有很大不同。例如城市物流需求强度和物流需求水平远高于农村物流需求的强度和水平。

（7）专业化分工。社会分工越细，对物流需求越大。地区间的专业化分工将会使地区间的贸易量增加，从而影响地区间的物流需求。即使各地的气候条件、土壤肥力、矿产资源及人口密度等都没有差别，从长期看，也仍会有地区之间的物流需求。这主要是由于专业化可以获得更高的效率，使得每一地区低成本地集中生产某种产品。这样，地区之间的贸易和物流活动就不可避免。

（8）技术因素。技术进步能够使物流需求量增加，使潜在的物流需求得到释放；而技术落后则会抑制物流需求。例如在欧美发达国家，集装箱的使用大大推动了集装箱多式联运的发展，其快速、安全、低成本很快诱致出诸多客户的物流需求。又如，现代通信技术和信息技术的发展，加快了订货需求的传输速度、生产进度、装运进度以及海关清关速度等，使国际物流作业周期大大缩短，提高了国际物流作业的准确性，大大刺激了全球范围的物流需求。

（9）制度因素。物流需求受制度的影响很大。例如，在发展中国家，由于物流市场的不完善以及存在地区之间的市场分割和行业进入壁垒，使得人们降低了对物流需求的预期。又如，计划经济体制条件下和市场经济体制下的物流需求无论从形式、内涵、质量等方面有很大区别。

（10）居民收入水平和消费结构。居民收入水平很大程度上决定了物品的购买种类和数量。居民的消费结构很大程度上决定着产品结构，从而最终决定了物流中"物"的数量和质量要求。可支配收入高的居民，他们的时间价值较高，因此对物流时效性要求也高。

4.1.2 物流供给及影响因素

1. 物流供给及特性

物流供给是与物流需求相对应的一个重要概念。经济学中的供给，是指在一定的价格水平下，企业愿意提供的产品的数量。从微观经济主体看，物流供给主要指在一定价格水平下，企业愿意提供的各种物流服务的数量。物流供给的实质就是物流服务的提供。物流供给主要有以下一些特性：

（1）个性化。个性化是现代物流服务与传统物流服务如运输、仓储最显著的区别，因为后者大都体现的是一种标准化服务，但物流供给的个性化并不排斥标准化。相反，它是标准化基础上的个性化。具体表现为：物流服务供给主体能够根据不同的需求主体提供"量身定做"的服务，既可以提供从供应商到消费地的全程一体化服务，又可以提供环节性服务。

（2）完整性。物流供给是通过协调一系列不同的功能活动（运输、仓储、包装、流通加工等），有效地满足客户需求。如果只是完成其中某一环节的功能，那么这种不完整的服务，也不是完整意义的物流供给。

（3）节约性。物流供给的节约性表现为通过现代管理和技术手段，实现物流在时间和空间变化方面的合理化，达到对空间和时间的节约，寻找把正确的物品以正确的方式送到正确地点的正确客户的手中。物流活动是一种降低总成本的活动，这种成本降低活动包括的内容是广泛的，即时间成本的降低、空间成本的降低、交易成本的降低等。

（4）网络性。一次完整的物流过程是由许多运动过程和许多相对停顿过程组成的。一般情况下，两种不同形式运动过程或相同形式的两次运动过程中都有暂时的停顿，而一次暂时停顿也往往联结两次不同的运动。物流过程便是由这种多次的运动—停顿—运动—停顿所组成。与这种运动形式相呼应，物流网络结构也是执行运动使命的线路和执行停顿使命的节点两种基本元素所组成。

2. 物流供给的影响因素

物流供给的状况决定物流产业的发展水平。物流供给受以下因素影响：

（1）社会经济发展水平。物流是经济社会发展到一定阶段的产物，物流供给受经济社会发展水平的制约。例如，原始社会经济社会发展水平很低，社会社会生产力低下，就不存在现代意义上的物流服务供给。随着经济社会发展，贸易范围不断扩大，分工进一步深化，特别是工业革命的发生，才使现代物流供给有可能大规模的发生和发展。

（2）价格。价格是影响物流市场上物流服务供给量的重要因素。如图4-4所示，在一定时期，其他因素不变的条件下，物流服务价格高，物流服务供给量就会增加；物流服务价格低，物流服务供给量就会下降。

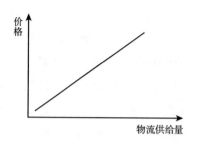

图4-4　价格和物流供给量的关系

（3）技术。物流技术和基础设施是物流供给的基础性条件。技术是物流供给的重要决定因素，物流技术与装备水平的提高对物流供给能力会产生革命性的影响。特别是工业革命后，蒸汽机的发明使得机械动力代替自然动力（人力、风力、畜力等），人类扩展空间范围能力迅速提高；进入20世纪中期，计算机的发明、信息技术的应用，使得人们能够以更加精确、迅捷的方式实现空间位移。正如美国著名经济史学家钱德勒在《企业规模经济与范围经济》一书中指出"交通和通信网络为分销过程中利用规模经济和范围经济奠定了技术基础和组织基础"[1]。

（4）物流需求。物流需求规模的大小和方向决定了物流供给的可能空间和发展方向。缺乏物流需求，则会使物流供给缺乏动力；物流需求旺盛，就会刺激物流供给的增加。如果存在潜在巨大的物流需求，则会对未来的物流供给有很强的诱导作用。

（5）工农业布局。工农业生产力布局对物流基础设施网络的形成和发展有决定性的影响。例如，中国的煤炭、铁矿资源主要分布在西部和北部，加工工业集中在东部沿海地区，因而在中国西部、北部和东部沿海之间建设了铁路、沿海航线，它们和长江、大运河等成为功能强大的运输干线。

（6）制度和政策。制度和政策是影响物流供给的重要因素。例如，市场准入条件决定了物流企业进入市场的难易程度，严格的市场准入条件将会提高企业从事物流服务的门槛，从而影响市场物流供给的总量。而消除一些制度壁垒，如近年来全球范围内放松运输管制，对全球贸易和全球物流产生了

---

[1]　钱德勒. 企业规模经济与范围经济 [M]. 北京：中国社会科学出版社，1999：55.

重大影响。

（7）管理、知识和人力资源。为了实现对各种分散物流功能、环节和资源的有效整合，管理者需要提高自己的知识水平，学习和掌握目前关于物流系统最优设计的知识。要提升物流效率，最重要的是拥有现代物流人才。不管物流设备和系统如何先进，物流节点和物流网络如何完善，如果没有高水平的物流人才加以经营、管理、统筹、计划，物流效率仍然难以保证。

4.2　技术条件——物流技术创新分析

物流技术，是指人们在物流活动中所使用的各种工具、装备、设施和其他物质手段，以及由科学知识和劳动经验发展而形成的各种方法、技能和作业程序等。正是劳动过程的技术基础的变化，促进了现代物流产业发展的物质基础。物流技术的改进和创新，是推动现代物流产业发展的重要动力源。

4.2.1　物流技术创新

物流技术是与物流要素活动有关的实现物流目标的所有专业技术的总称。现代物流技术不仅包括传统物流的物资流通与运输技术，而且包括装卸搬运、库存、分拣包装、配送调度、信息系统等技术。这些技术子系统有机组成物流技术系统，彼此相辅相成，共生协同。物流技术创新具有广义和狭义之分，广义的物流技术创新内容涉及物流的信息化、物流技术设备、物流技术专利、物流标准化等几个方面；而狭义的物流技术创新专指反映创新幅度的物流硬技术的研究与开发，是物流运输、装卸搬运、库存、分拣包装、配送调度、信息系统等技术的开发或应用创新，且创新实践模式往往表现为其他技术配合运输技术开展链条式集成创新。物流技术创新涉及的领域如图4-5所示。

技术变化有三个主要的原因：一是新知识；二是知识的改进应用，即学习；三是企业家和机构。这三者代表了通过社会调节的技术的"无形"部分，包括像大学和R&D实验室这样的机构、科技期刊和应用杂志这样的媒体以及像专利保护这样的激励制度。"有形"的（硬件）技术变化要发生，必

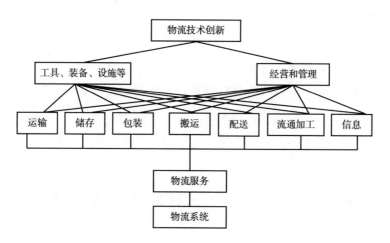

图 4 – 5　物流技术创新涉及的领域

须以这样的技术的"无形"部分（软件）的新发展为先决条件，尽管随后有形技术变化能够带来知识的进一步提升。新的科学知识带来新的技术，但科学也依靠技术来测量、检验与传播新的知识。

4.2.2　技术创新与现代物流产业发展

技术创新提供增长来源，为经济活动提供新的生产可能性边界，并对制度创新提出需求、为产业发展提供新的可能性。这是因为：（1）在过去两个世纪里，技术创新使产出在相当范围里发生了规模报酬递增，因此，使得更复杂的组织形式的建立变得有利可图。（2）作为规模经济的一个副产品，技术变迁产生了工厂制度，也产生了使当今城市工业社会得以形成的经济活动的凝聚。环境污染、生态破坏和交通拥挤只是这场集聚革命中较为明显的负外部效应而已，这些负外部效应又必然推动制度的创新。（3）技术创新不仅增加了制度变迁的潜在利润，而且降低了某些制度变迁的操作成本，特别是使信息成本（电报、电话、广播和计算机网络）迅速降低的技术发展，使得一系列旨在改进市场和促进商品流通的制度革新变得有利可图，促进了现代物流产业的发展。（4）技术、技术创新决定制度结构及其变化。（5）技术创新是产业创新的前奏，没有技术创新，就不可能有产业创新和产业发展。

　　从创新的视角看，产业发展是技术创新的扩散，是技术创新在一个行业乃至其他行业中的创新放大，是技术创新增长效应的放大。产业竞争力的提高必须通过创新手段才能实现，技术在产业发展中的应用，以及由此带来的经济增长，都统一于产业发展过程之中。新产业出现或产业发展意味着，一国工业化的过程正是产业层次技术创新持续活跃的过程。

如果说技术创新带来的是潜在收入流，那么产业发展就是对这种潜在收入流的放大及实现。潜在收入流为产业发展提供了可能性，如果技术创新带来了产业发展，则使这种可能性变为现实性。

现代物流产业的形成与发展跟技术创新密切相关，技术创新是现代物流产业形成的根本推动力，随着现代物流产业规模的不断扩大，其对技术创新的依赖和要求也越来越高。

4.3 竞争条件——现代物流产业核心竞争力的构建

4.3.1 现代物流产业发展的"钻石体系"

按照波特的国家竞争优势理论，一个国家的某个产业有没有可能在今天的国际竞争条件下脱颖而出，形成这个国家有竞争力的产业，取决于能不能打造一个具有竞争优势的"钻石体系"[①]。中国现代物流产业发展，要主动打造好形成"钻石体系"各项基础要素和条件：生产要素、市场需求要素、相关与支持性产业要素和企业自身的发展战略四项基要素。与上述四要素密切相关，使这些要素充分发挥作用的是一个国家的经济制度环境和可遇不可求的机会。

在经济全球化的推动下，资源配置已从一个工厂、一个地区、一个国家扩展到整个世界。随着全球产品共享程度的加强，产品生命周期的不断缩短，以及全球竞争激烈程度的加剧。这些都凸显了物流作为参与全球竞争的一项战略性资源优势。世界各国都在全力打造本国现代物流产业的"钻石体系"，如图4-6所示。

---

① ［美］迈克尔·波特. 国家竞争优势［M］. 北京：华夏出版社，2002：65.

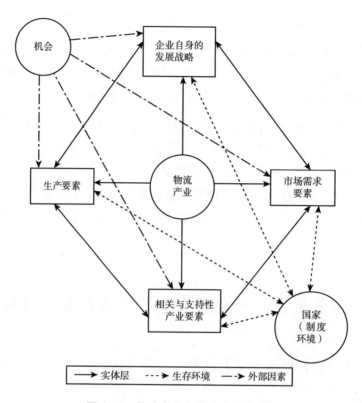

图4-6 物流产业完整"钻石体系"

在完整的钻石体系中，"机会"也是一个很重要的角色。作为竞争条件之一的机会，一般与产业所处的国家环境无关，也并非企业内部的能力，甚至不是政府所能左右的。可能形成机会、影响产业竞争的情况大致有以下几种情形：基础科技的发明创新；传统技术出现断层（例如生物科技、微电子科技）；生产成本突然提高（例如能源危机）；全球金融市场或汇率的重大变化；全球或区域市场需求剧增；外国政府的重大决策、战争。引发机会的事件很重要，因为它会打破原来的状态，提供新的竞争空间。这些事件使得原本的竞争者优势顿失，创造了新的环境。凡是能取代旧势力、满足新需求的厂商，就能获得现身的空间。①

在全球一体化的今天，由美国次贷危机引发的金融危机，对世界各国的实体经济都造成了不同程度的冲击，对世界已有的竞争格局将产生巨大的影

---

① ［美］迈克尔·波特. 国家竞争优势［M］. 北京：华夏出版社，2002：116.

响。这场世界性的金融危机将对世界需求产生重大影响，重创了世界生产体系和供应链体系，对受金融危机影响较小的国家来说，将面临新的发展机会。

引发危机的事件虽然会影响到产业的竞争优势，但是国家的角色并非完全消极被动。国家的"钻石体系"如果健全，往往能化危机为转机，原因是环境本身具有寻找资源、产生新优势的能力。这次金融危机将使各个国家更加重视产业发展与制度创新特别是制度监管体系的建设。学会在现实经济运行中，在保证市场公平、有序运作的同时，恰当地发挥政府的作用，通过市场这双"看不见的手"和政府这双"看得见手"的巧妙结合，共同促进产业的发展。

"钻石体系"中的每个关键要素都是相互依赖的。因为任何一项的效果都是建立在其他条件的配合上面。假如一个产业缺少充足的高级人才，空有挑剔型的本地客户，该产业也无法满足客户需求，市场本身也无法带动产业发展先进的产品或服务。我国现代物流产业发展就面临这样的境况，外资企业存在大量的物流服务的高级需求，而内资物流企业由于缺乏高级人才等原因无法满足客户的一体化物流服务，代表现代物流水平的第三方物流在我国规模很小，从而形成物流市场双重网络交叉格局。国内物流企业服务本国企业的低端物流市场，外资物流企业服务外资企业的与进出口有关的高端物流市场，很大程度上切断了本土物流企业进入全球供应链的机会，也抑制了中国物流产业的发展。同样地，如果竞争形态不健康、企业缺乏持续投资的目标时，环境中不利的生产要素就无法激励出创新的动力。在我国，不仅物流产业，其他产业也面临竞争形态不健康问题。一般而言，一个产业的任何一项关键因素出问题都将影响其升级和发展的潜力。"钻石体系"是一个互动的体系，它内部的每个因素都会强化或改变其他因素的表现。

从生产要素方面看，内部竞争激烈的产业集群会刺激生产要素的创造。如我国兴起的物流产业园区建设，在一定程度上刺激了所在区域的基础设施，IT 技术和信息平台、人才培养和引进等生产要素的创造；国内需求影响投资生产要素的优先顺序。如国内市场的发展、需求的快速增长、国内物流成本的提高将影响我国铁路、公路、航空等物流基础设施的建设；相关与支持产业创造或刺激出可转换的生产要素。当几种产业组成产业集群时，所形成共同的供应、技术和环境条件，也会促使政府、教育机构、企业和个人对生产要素和产业发展投入更多的投资，从而会培养出高级的供应链管理人才。

从市场需求要素看，激烈的竞争使国内需求增加，水平提高，众多的竞争厂商建立起国家的形象，并使该国被视为国际市场上主要竞争者。如新加坡现代物流产业的发展，受到国内需求水平的限制，促进了其物流产业国际化的过程，成为世界上物流绩效水平最高的国家，成为物流市场上的主要竞争者；在创造专精生产要素的过程中，不但吸引外籍学生，也引来国外厂商的参与，连带提高本国产品的地位；产业因世界级相关和支持性产业的形象而获益，在国际上成功的相关产业生产出互补产品，引来国外市场的需求。如海尔电器在大力拓展海外市场的过程中，建立起自己的供应链体系，从而形成我国物流发展过程中的一种模式，这是由生产企业的发展引发的对生产服务业的需求，成为现代物流产业的一种重要形式。

从相关与支持性产业要素看，众多国内竞争者鼓励发展更专业的供应商和相关产业；大规模或成长中的国内市场需求将刺激供应商的成长和深化；专业型市场要素可转移到相关和支持性的产业发展上。这些都是发展现代物流产业所必须的条件。

从企业自身的发展战略看，充沛的生产要素或专业型生产要素的创造机制吸引新人进入物流产业；从相关与支持性产业崛起的新进入者会进入物流产业；抢先推出产品或服务，扩张了市场，提供新产业进入的机会；世界级客户跨入上游的供应产业。这些都是物流产业发展的主要领域。

4.3.2 构建现代物流产业核心竞争力的要素分析

1. 生产要素——现代物流产业发展的基础

在物流领域里，生产要素是指交通运输基础设施、运输工具和设备、人员的教育水平、受专业教育程度和国民素质等。生产要素是在一定的经济基础上产生的，同时生产要素作用的发挥，也会受到社会文化和上层建筑的影响；而市场秩序方面的软环境要素，一定会受到市场机制和政府职能相结合的市场经济制度完善的程度的影响。

虽然我国的物流基础设施和装备条件已有较大的发展和改善，但与我国经济以及现代物流产业的发展要求相比，与发达国家相比仍然有较大的差距，在相当程度上影响着我国物流效率的提高，不利于现代物流产业竞争力的提升和快速发展。主要表现是：

第一，我国交通运输基础设施总体规模仍然很小。按国土面积和人口数量计算的运输网络密度，我国仅为 1344.48 千米/万平方米和 10.43 千米/万人、美国为 6869.3 千米/万平方米和 253.59 千米/万人、德国为 14680.4 千米/万平方米和 65.94 千米/万人、印度为 5403.9 千米/万平方米和 21.6 千米/万人、巴西为 1885.8 千米/万平方米和 118.4 千米/万人，我国不仅远远落后于欧美等经济发达国家，就是与印度、巴西等发展中国家相比也存在较大差距。[1]

第二，现代化物流集散和储运设施很少，发展水平低。长期以来，我国在交通枢纽、公共储运设施、各种现代化物流中心等物流集散设施建设方面明显滞后，各种工商企业内部仓储设施也难以构成企业投资发展的重点。目前，交通部的公路枢纽规划虽已形成，但是仅有上海、深圳等地的一级主枢纽开始投入建设；航空货运基地尚在规划之中。在我国经济系统中，能够有效连接不同运输方式的大型货运枢纽、服务于区域经济或城市内部的各种物流基地、物流中心还比较缺乏。这严重影响着物流的集散和运输效率的提高。

第三，各种物流设施及技术装备水平较低，物流作业效率不高。以货物运输和装备为例，铁路的货运重载、高速、自动化管理目前仍处于起步阶段；高速公路和高等级公路还比较少，汽车专用公路仅占公路总里程的1%，等外公路仍高达20%以上；公路运输中各种专用运输车辆的激励仅占全部货运车辆的3%。沿海港口装备水平参差不齐。近年来建设的北仑港、盐田港、秦皇岛港及大连、天津、青岛、上海等港口的集装箱码头的现代化程度比较高，相当于发达国家20世纪80年代的水平，其他大部分港口或港区的装备水平仅相当于发达国家20世纪六七十年代的水平，发达国家已极少采用的杂件、散货运输方式在我国港口仍普遍存在；民航货运业还很不发达，以客运飞机搭载货运仍然是主要的航空货运形式。

第四，设施结构不尽合理，不能充分发挥现有物流设施的效率。如在运输设施方面，表现之一，运输设施的区域布局不均衡，东部地区交通比较发达，而中、西部地区特别是西部地区交通设施比较落后；表现之二，各种运

输方式之间尚未形成合理分工关系，市场范围交叉严重，在同类货源上进行盲目竞争，使得各种运输方式不能合理地发挥各自的优势。

第五，物流设施和装备的标准化程度较低。物流设施和装备的标准化是物流产业发展中的一个关键问题，标准化程度的高低不仅关系到各种物流功能、要素之间的有效衔接和协调发展，也在很大程度上影响着全社会物流效率的提高。我国物流设施和装备方面的标准化程度的主要表现：一是各种运输方式之间装备标准不统一，例如海运与铁路集装箱标准的差异，在一定程度上影响我国铁海联运规模的扩展，我国海铁联运的集装箱运输在集装箱运输总量及铁路运输总量中的比例都较低，对我国国际航运业务的拓展、港口作业效率的提高以及进出口贸易的发展都有一定程度的影响；二是物流器具标准不配套，例如现有的托盘标准和各种运输装备、装卸设备标准之间缺乏有效衔接，降低了托盘在整个物流过程中的通用性，也在一定程度上延缓货物运输、储存、搬运等过程的机械化和自动化水平的提高；三是物流包装标准与物流设施标准之间缺乏有效的衔接，虽然目前我国包装已有国家和行业标准，但在与各种运输装备、装卸设施、仓储设施相衔接的物流单元化包装标准方面还比较欠缺。这对各种运输工具的装载率、装卸设备的负荷率、仓储设施空间利用率方面的影响较大。

第六，信息技术运用水平低。以信息系统建设之后为例，一是工商企业内部物流信息管理和技术后端还比较落后，如条码技术、全球卫星定位系统（GPS）、物料需求计划（MRP）和企业资源管理（ERP）等物流管理软件，在物流领域的运用水平较低；二是缺乏必要的公共物流信息交流平台，以EDI、互联网等为基础的物流信息系统在我国还没有得到广泛的应用。

第七，物流研究相对落后和物流专业人才短缺。我国现代物流发展和理论体系建设还处于较低水平，人才培养能力不足，产学研用研究不够，了解相关国家法律法规、通晓国际物流理论和规则的人才非常稀缺，制约了现代物流产业的发展。任何产业的发展都离不开高端人才和专业技术人员的支持，企业的竞争归根结底是人才的竞争，现代物流产业更是如此。

2. 市场需求要素——现代物流产业冲刺的动力

经济学中的需求是人类经济活动的出发点和归宿。物流需求即指对物流服务的需求。对物流服务的需求是指一定时期内社会经济活动对生产、流通、消费领域的原材料、产品和半成品、商品以及废旧物品、废旧材料的配置作用而产生的对物在空间、时间和效率方面的需求，涉及运输、库存、包装、装卸搬运、流通加工、配送以及与之相关的信息需求等物流活动的诸多方面。物流需求是一种引致需求。

其中，社会经济活动是产生物流需求的原因，包括农业生产及农产品消费，工业、建筑业生产，工业半成品、产品消费；从事相关社会经济活动的实体是物流服务产品的消费者，包括工农业产品的生产者、批发商、零售商及普通消费者等。

现代物流服务需求包括物流需求量和物流需求结构两个方面，即从物流需求规模和物流需求结构综合表示出物流需求。物流规模是物流活动中运输、包装、储存运输和流通加工等物流作业量的总和。

物流需求结构可以有不同的表述：第一，从物流服务内容上分，包括运输、仓储、包装、装卸搬运、流通加工、配送、信息服务等方面的需求。第二，从物流需求的形态来说，包括有形的需求和无形的需求。有形的需求就是对物流服务内容的需求；无形需求是指对物流服务质量的需求，如物流效率、物流时间、物流成本等方面的需求。

物流需求具有阶段性的特点。作为一种服务产品，物流服务具有服务产品共有的特点——阶段性。判别这种阶段性，既应从一个国家或一个地区的整体经济角度出发，也要根据经济发展过程科学地考察时间范围。物流服务商品需求的阶段性与物流业经济发展的阶段性和宏观经济发展的周期性是相互联系的，但也并非一一对应。

物流需求又与一般意义上的服务商品不同，它相对于一般服务商品具有较小的需求弹性。这是因为，物流日益渗透到生产、流通、消费整个社会经济活动当中，与社会经济活动有着密切的关系，是社会经济活动的重要组成部分。社会对于物流的需求有着价格的不敏感性。

物流需求的另一个特点是涉及面广、内涵丰富和无法进行单一计量。如前所述，物流服务是一个整合的概念，它包含了运输服务、仓储服务、包装服务、配送服务等多方面内容，这些服务都分别有各自的度量指标和标准，所以研究物流需求就面临一个统一度量的问题。

物流需求研究就是研究物流产业发展、核心竞争力的提升与物流需求的关系，包括经济发展的不同阶段对物流需求量和物流需求结构的影响，物流需求在不同经济发展阶段和不同经济环境下的规律和特点以及物流产业发展的内在规律。物流需求分析的目的在于，为社会物流活动提供物流服务供给不断满足物流需求的理论依据，以保证物流服务的供给与物流需求之间的相对平衡，使社会物流活动保持较高的效率与效益，促进现代物流产业的发展。在一定时期内，当物流服务供给不能满足这种需求时，将对物流需求产生抑制作用；当物流服务供给超过物流需求时，将不可避免地造成物流资源的浪费。

从宏观上看，物流需求是影响物流产业发展的重要因素，是构建物流产业"钻石体系"的核心内容，是国家制定物流产业发展政策和战略的重要参考。从微观上看，在市场经济条件下，建立现代物流体系是组建物流产业的过程，是市场行为，也是企业行为。只有能产生经济利益，才能驱动社会资金向其投入，进行市场运作，逐渐形成物流产业。

物流需求分析的内容主要有物流与经济发展的相关性分析、物流需求量与物流需求结构的估计与预测和物流需求空间分布研究等。物流需求量化指标构成：主要包括社会物流总成本、物流需求增长率、物流需求强度、物流需求弹性和综合货运量等指标。

（1）社会物流总成本是指一定经济时期内，一定经济区域内，物流服务消费者花费在物流服务上的总费用。包括消费者自己投入设施设备从事物流活动的费用，包括运输费用、仓储费用、代理费用和固定资产折旧等内容。社会物流总费用是表示物流需求量最准确的指标，它反映了物流服务消费者在过去一段时间内，实际实现的物流消费，但除去价格因素后，物流总成本的变化反映了物流需求的变化趋势。

社会物流总成本 =（农业生产者、工业生产者、建筑企业、流通企业产生的）运输费用
+ 仓储费用 + 代理费用 + 固定资产折旧 + 人员费用

或　社会物流总成本 = 农业总产出 × 农业平均物流成本率 + 工业总产值
× 工业平均物流成本率 + 流通企业营业额
× 流通业平均物流成本率

或　社会物流总成本 = 国民生产总值 × 社会平均物流成本率

（2）物流需求增长率是指 t_1 期物流需求量与 t_2 期物流需求量的差值与 t_1 期物流需求量的比，它反映了物流需求在一定时期内的增长程度。

物流需求增长率 = (t_2 期物流需求量 − t_1 期物流需求量)/ t_1 期物流需求量

（3）物流需求强度是物流需求总量与国民生产总值的比，反映单位国民生产总值产生的物流需求，表示国民经济发展对物流需求的强度。

物流需求强度 = 分析期物流需求总量/分析期国民生产总值

（4）物流需求弹性是指一定时期内物流需求增长率相对于经济总量增长率的比值的绝对值，它反映了物流需求增长相对于经济增长的变化强度或变化幅度。即国民经济单位增长率对物流需求的影响程度，或物流需求对国民经济增长的敏感程度。

物流需求弹性 = 分析期物流需求增长率/分析期国民生产总值增长率

（5）综合货运量。许多文献中很多定量分析引用的是地区综合货运量的数据，虽然运输需求只是物流需求中的一部分，但综合货运量能从一定程度上反映物流需求的变化规律。

3. 企业自身的发展战略要素——现代物流产业发展的原动力

企业自身的发展战略要素是指企业在一个国家的基础、组织和管理形态，以及国内竞争对手的表现。国家的宏观制度环境和市场经济的成熟程度影响企业的发展和竞争力。如企业能否拥有资源和技术以在产业中形成竞争优势；能否取得相关信息以捕获商机和趋势，并妥善运用本身资源和技术；能否建立管理者、经营者、员工的共同目标，并促使员工发挥竞争力；以及最重要的，推动企业持续投资和创新的压力。[①] 企业的战略条件是指在某一时点上，在企业内对财务、物质和人力资源进行分配的控制结构。战略条件决定了一家企业是否会针对竞争条件的改变作出创新或适应性的反应。企业的战略会受到认知条件和行为条件的影响。认知条件是指积累的知识和可以获得的技术基础。在这些知识和技术的基础上，企业在任何时点都可以开发和利用它的生产资源。行为条件是指在任何时点上都存在的、能够激发

---

① ［美］迈克尔·波特. 国家竞争优势［M］. 北京: 华夏出版社, 2002: 68.

企业的参与者使用其知识和技术来开发和利用生产资源的一套动机和激励。在企业中，体现这些组织条件的是一个层级和职能性的劳动分工，而这种分工本身又受到来自企业演变的产业和制度条件的共同影响。① 企业与产业结构的演变如图 4-7 所示。国内竞争者会创造企业进步和创新的压力。这种竞争更会使企业彼此竞相降低成本、提高质量和服务、研发新产品（新服务项目）和新流程。

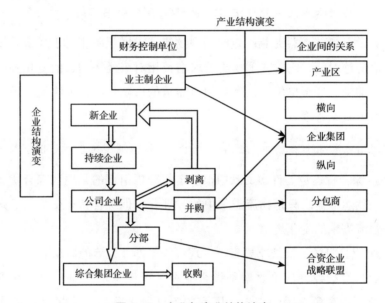

图 4-7 企业与产业结构演变

资料来源：[美] 威廉·拉佐尼克. 经济学手册 [M]. 北京：人民邮电出版社，2006：379.

　　波特理论从产业组织结构的角度，将企业自身的发展战略确定为形成国家竞争力的关键要素。企业自身的发展战略是对企业发展的谋略与筹划，是从长远的利益出发，分析和研究企业发展过程中所产生和发现的基本问题，确定长期的发展目标和近期的具体目标，寻求对策与措施。企业自身的发展战略在过去的 20 多年，随着市场经济环境的变化而有所发展，从以行业组织结构的经济理论为指导的竞争战略，到以资源配置优势的经济理论为指导的竞争战略。从企业为满足市场客户需求，针对行业内竞争，调整自身与市场环境的关系，到注重企业的核心竞争力，以及资源配置优势，通过供应链、

① [美] 威廉·拉佐尼克. 经济学手册 [M]. 北京：人民邮电出版社，2006：380.

价值链形成难以替代的资源配置优势，积极主动地为客户谋求利益，积极主动地影响市场环境，包括通过积极主动地与政府决策部门的对话，促使政府实施有利于行业发展的政策，从而形成可持续的企业经营发展战略①。

基于核心竞争力和资源配置优势的企业发展战略，为现代物流产业的发展提供了广阔的市场机遇。相应的，现代物流产业的竞争力一方面取决于物流产业本身的行业组织结构；另外，更多的还取决于现代物流产业中企业的发展战略。作为物流企业，需要审视自身的资源状况，确定在产业内或市场中的战略地位。制定企业在供应链管理服务，或第三方物流（3PL）服务等市场领域，进行市场营销和开发的战略、策略和措施。不同物流企业的主要特点及其竞争策略，如表4-1所示。

表4-1 **不同物流企业的主要特点及其竞争策略**

内容	综合型物流企业（大型物流服务商）	功能整合型物流企业（专业物流服务商）	利用运输业者（运输和货物代理商）	缝隙型物流企业（缝隙物流服务）
主要特点	功能整合程度高，物流服务范围广，综合服务能力强	功能整合程度高，物流服务范围广，专业领域服务能力强	功能整合程度高，物流服务范围较广，为供需双方提供服务	功能整合程度高，物流服务范围较窄，特定市场和特定功能
竞争策略	对国内外用户复杂多样的物流需求提供综合物流服务，实行先驱型（先导型）垄断经营策略。如美国的UPS公司	对专业性较强的经济领域提供全面的系统化物流服务。选择目标市场，实行专业化经营策略。如日本的NYK运输公司	在货主和承运人之间起桥梁作用，满足客户的需求，充分发挥多种运输方式的优势。有物流合作伙伴之称，实行个性化服务的经营策略	提供差别化、低成本物流服务，采取查漏补缺的细分市场经营策略。如搬家公司、送奶、送报上门、鲜花礼品速递服务等

资料来源：王国华. 中国现代物流大全——现代物流总论［M］. 中国铁道出版社，2004：458.

4. 相关与支持性产业要素——现代物流产业发展的内在推动力

在物流领域，相关与支持性产业是指上游的制造业和下游的商业；以及对物流、供应链管理和运输管理有重要影响的产业，如IT产业。相关与支持

---

① 索沪生. 提升我国物流业竞争力的基本要素与条件［J］. 公路交通科技，2006（11）：155 – 158.

性产业对物流发展的重要意义实质上与物流市场需求密切相关。正是制造业和商贸流通业在市场竞争的环境中形成的对降低成本和提高效率的驱动力，加上交通运输基础设施条件和管理技术的进步，使得通过"及时"运输和生产、控制库存的供应链管理，达到降低成本和提高效率的最终目的。这种行业之间的相互依存的关系和成本比较优势，促进了供应链、价值链、运输链管理的发展，促进了区域经济和全球经济一体化的发展。

5. 政府——现代物流产业发展的外在推动力

除上述 4 项要素之外，要构成一个完整的"钻石体系"，还有一个重要条件就是政府。对于政府来说，由于它的政策取向会影响上述 4 项要素，因此对形成产业竞争优势的影响非常重要。在促进物流产业发展过程中，政府有关部门的职能是，创造和维护一个统一、开放、竞争、有序的物流服务市场环境。在保证社会安全、环境和可持续发展的前提下，促进 4 项要素向积极的方向发展，使物流服务企业能以较低的成本和较高的效率运作，这样使企业能发展壮大起来，提高整个产业的竞争优势，这是政府的责任。为此，政府有关部门一直在对运输和物流服务市场的管制与放宽管制之间寻求一种平衡和最佳选择。近年来，政府有关部门为创造一个比较好的运输和物流服务市场环境，做了大量工作，除了对于公共基础设施建设的大力投入之外，在市场软环境的建设方面，也做了很多努力。包括取消和规范一些行政审批，出台行政许可法，整顿和治理公路超限超载运输，制定有关国家标准，推行有关的资质管理，以及着手在税收和规费征收方面进行的一些调整和改进等，这些政策有力地推动了现代物流产业的发展。

4.4   现代物流产业发展的制度因素

现代物流产业发展中的制度是促进和支持现代物流产业发展的一系列规则和物流产业发展能力的形成机制。制度通过一系列规则界定产业发展的选择空间，约束物流企业之间的相互关系，从而减少环境中的不确定性，减少交易费用，保护产权，促进现代物流产业的发展。

4.4.1 竞争性的市场制度

市场是一种通过把买卖双方汇集在一起交换物品的机制，是现代经济中一种非常主要的制度安排，通过价格机制、供求机制、竞争机制、风险机制及其相互作用协调着生产者、消费者及其活动。

对现代物流产业发展而言，竞争性的市场制度是一种实施费用低、效率高的激励制度。市场机制通过价格体系发挥着提供信息、经济激励和决定收入分配等功能，有利于促进现代物流产业的发展。首先，市场制度（包括一系列交换规则及其对违反规则的惩罚）本身就是一个创新过程。市场经济的参与者在交换规则的约束内，可自由选择生产方式和行为方式，但这种自由必须符合市场需要和消费者偏好。生产者，无论是模仿他人还是开发新的产品或服务，都必须了解消费者需求，进行学习和创新。市场把创新成功与否的裁决权交给消费者，这既达到使创新服务于消费者的目的，又达到引导创新的目的。消费者需求变化信息常常通过市场价格反映出来，使得创新会倾向于节省价格相对较高的生产要素。其次，市场制度通过竞争给企业巨大压力，迫使企业不断进行更新设备、更新工艺流程、更新产品或服务的创新。如果企业因循守旧、故步自封，就会在激烈的市场竞争中被淘汰出局。所以，优胜劣汰的竞争压力，会促使企业为维持自身的生存和发展而有效地利用资源。最后，市场制度能公平地决定创新者的所得，对创新活动具有激励功能，能够自动地使企业或个人甘冒创新风险，因为商品或服务的市场价格同供求关系有着极为密切的关系，在新产品出现的初期，市场价格通常较高，从而收益较大。因此，谁先生产出新产品，谁先涉足新行业、新部门，谁就能获得高收益。西方发达国家物流发展的历程表明：竞争性市场是现代物流理念得以产生的最主要的激励。20 世纪 50 年代，发达国家进入买方市场，竞争激烈，使得生产企业必须注意产品的生产和销售的观念转变到关注目标市场的需要，并能以比竞争对手更有效的方式去满足消费者的需求，实体配送就成了一种有效赢得消费者需求的重要手段。后来，随着竞争的进一步加剧，企业必须从物品的采购、生产、销售、顾客服务等全过程的视角考虑竞争力的提升，进货物流、出货物流、内外部物流一体化、供应链管理等现代物流理念相应得到重视和发展。

市场减少了物流技术创新的不确定性。不确定性是创新的内在属性，却也是制约创新的一大因素。市场经济允许多个企业进行竞争性的开发研究，这会形成一个竞争性环境，有助于尽快找到创新的途径，从而大大提高创新的效率。

市场制度还有助于培育创新主体——企业家，企业家是创新的组织者。在市场机制下，经过优胜劣汰，一些有才能的企业家才会脱颖而出。

可见，市场制度对现代物流产业的发展至关重要，它的最大功能就是形成一种有利于产业发展的竞争环境，造就了大批甘冒风险、勇于创新的企业家，从而自发地驱动现代物流产业的快速发展。这也是西方国家不断完善市场制度，采取各种措施清除阻碍竞争因素的重要原因。

4.4.2 明确的产权制度

从制度创新角度看，现代物流产业表现为产权关系新的组合变革。明晰的产权关系和完善的权利保障体系是产业发展的制度性基础。任何产业活动的经济目的都是为了获取创新带来的高收益，现代物流产业也不例外。创新主体最终能否有保障地得到这部分收益将成为创新收益的直接诱因。因此，有关产权关系新的组合变革中的产权制度自然成为现代物流产业发展的根本制度。

所谓产权，是一个社会强制实施的选择一种经济品的使用的权利，它包括由物的存在及物的使用所引起的人们之间相互认可的行为关系。而产权制度可以描述为界定每个稀缺资源利用方面的一组经济和社会关系。一个合理的产权制度包括三个方面：第一，产权的明确界定，即资源的产权属于具体的所有者；第二，产权可以在市场上自由交易，这种交易既可以是产权束中的全部权利的交易（买卖），也可以是部分权利的交易（租赁）；第三，产权所有者的权益得到法律的有效保护。这三方面是相互作用、缺一不可的。只有建立这种合理的产权制度，稀缺资源才可能达到优化的配置。

产权与所有制是一个随社会经济条件的变化而不断运动的范畴。随着经济关系的变迁和经济条件的变化，所有制及其产权关系也在不断变化和发展着；不同的社会生产方式，也要求不同的产权制度与其相适应。

4.4.3 有效的政府制度

政府会根据物流发展对于本国国民经济和社会发展的促进作用，发挥相应的职能：为物流产业发展确立法律框架、制定国家物流产业发展战略、制定物流产业政策、加强物流基础设施建设、对物流市场实施一定程度的宏观调控以及物流产业的管制等。

政府出于对国家利益的考虑，特别是认识到物流产业对于本国经济发展和提高国际竞争力十分重要的情况下，往往会制定相应的物流立法和制定国家物流产业发展战略，这方面最典型的例子是日本，如日本有专门的物流法案。另外，政府出于对国家利益的考虑，有时会采取促进物流产业发展的政策，但出于同样的目的，有时却会执行相反的政策。前者首先可以从世界上一些内陆国家发展海运业中得到印证。许多内陆国家，特别是一些小国，由于担心受到海运大国的支配，于是想方设法发展自己的海洋运输业。瑞士组建的商船队，以莱茵河巴塞尔港和意大利热那亚港作为其港口总部和训练培训有关人员的基地；捷克和斯洛伐克以及匈牙利都有自己的远洋船只，甚至玻利维亚和尼泊尔也以其独特的形式发展远洋运输业，以改变本国在世界远洋运输中的被动局面。正因为运输发展与布局对国家利益、地区繁荣关系重大，因而大多数政府都会把运输发展放在首位，并根据其政治意图布局运输路线。但是，也有由于国家与国家、地区与地区之间的相互防备而制约运输业发展的。

政府的建设目标和政策措施直接影响着物流基础设施，如运输线路的选址、规模和质量。政府往往是物流基础设施投资的一个重要来源，物流基础设施投资规模大，建设周期长，属于资本密集型行业，需要大量的资本投入，且投资形成生产能力和回收投资的时间往往需要许多年。这些特点决定了物流基础设施建设很难由个别企业的独立投资来完成，尤其是在经济起飞前期，没有政府的强有力支持，很难有效地推动基础设施的发展，这种情况使得几乎大部分运输线路的建设与维护都是由政府承担的。因而国家或各级政府的建设重点以及投资政策对运输线路的建设、选址、建设规模和质量起着决定性的影响。

政府在决定国家物流发展方向和模式方面起着关键的作用。政府尽管并不具备全面实施各种技术创新和扩散活动的能力，但政府却可通过政策调控促进现代物流产业发展和结构优化。政府这种重要作用是正面的还是负面的，是推动现代物流产业发展还是阻碍物流产业的发展，取决于政策正确与否，也取决于它是否符合经济发展的客观规律。发展中国家，由于人均收入水平和储蓄率低，所以积累资金不足。又由于金融机构不够健全和金融市场不够发达，致使在物流基础设施方面的投资不足。在这种情况下，只有通过政府采取积极的措施，实施必要的制度安排，鼓励民间投资，并积极吸引外资，才能推动物流基础设施的大发展。因此，发展中国家政府的制度安排对现代物流产业发展速度的快慢和成功与否起着至关重要的作用。

4.4.4 高效率的组织制度

物流活动范围广泛且跨度很大。因此，对于物流活动在经营中占有重要地位的企业而言，物流组织形式对于经营效率来说是至关重要的。企业需要一个有效的物流组织模式来适应市场竞争和客户需求变化。

从制度创新的角度看，现代物流产业是新的企业组织形式的总和。企业组织和技术创新之间的动态互动，无论是对于企业和产业的竞争力还是对于国民经济的发展都起到重要作用。在经济发展过程中，企业并不仅仅是对市场信号做出反应的被动体，同时也是通过自己的创新活动塑造市场结构的主动体。所以企业组织和市场结构之间是一种互动关系。企业组织对于经济发展的关键作用不是在给定的市场价格、技术和预算约束等条件下的"最大化"选择，而是通过管理活动开发出更多的生产性资源。这种生产性资源指的是组织的能力，尤其是劳动大军的技能，而组织协调和组织控制是开发出生产性资源的必要条件。因此，如果企业的投资能够产生净收益，就必须更多地依靠技术开发并提高生产率的组织能力，而不是被动地接受给定的市场价格结构。① 高效率的组织制度对现代物流产业的发展至关重要。

4.4.5　支持创新的企业治理制度

企业对于一个国家国民经济的运转和绩效十分重要，因为它们较多地控制着一国的资源配置。具体地讲，企业可以通过对物质资本和人力资本的投资，控制从事各种生产活动的人的配置以及开展这些活动所需的资金的配置。所以，企业大量地控制着一个国家的劳动力资源和资本资源这两种基本生产要素的配置。同时，作为必须使这些投资产生收益以生存下去的持续经营主体，成功的企业还可以较多地控制生产性活动所产生的收益的分配。

从制度创新角度看，现代物流产业表现为企业治理关系的新变化。因此，支持创新的治理制度也是促进现代物流产业发展的重要制度因素。

产生创新的资源配置过程具有开发性、组织性和战略性的特点。这意味着在任何时间，支持创新的公司治理体系都由以下三个条件构成的：资金投入、组织整合和内部人控制。这三个条件分别提供了以下制度支持：将资源投入到收益不确定且中途不能放弃的投资项目；将人力和物质资源整合到开发和利用技术的组织过程；将公司的战略控制权赋予有动力且有能力将资源配置于创新投资的人士。

第一个条件，资金投入是指这样一种制度支持，它使企业组织能够获得进行生产资源开发和利用的资金来源，并一直持续到可以产生收益、企业可以靠此种收益提供的财务流动性生存之时。资金投入不仅允许将资源战略性地配置于组织学习，而且允许创新企业占有产品销售收入。这些收入如何分配，尤其是成功的创新投资产生的收益在多大程度上被战略性地投入到将来的创新活动中，对支持不断创新的战略的持续性是至关重要的。只有持续不断地进行投资，现有生产资源、技能、知识和物质资源的损耗和废弃才能被新技能、新知识和新物质资源所弥补，企业的竞争优势才能得到保持。

第二个条件，组织整合是指这样的一种制度支持：它对置身于企业内部

---

① 威廉·拉让尼克，玛丽·奥苏丽文. 公司治理与产业发展［M］. 北京：人民邮电出版社，2005：2.

复杂劳动分工中的参与者提供激励，使他们放弃在公开市场出售其"人力资本"的打算，而将技能和精力投入企业目标的实现。在某种程度上，学习过程是集体和累积的这两个特点限制了个人将技能投入组织。但是，由于有望分享企业成功创新所带来的收益，这种前景甚至可以使那些流动性很高的参与者拒绝市场诱惑，而继续投身于组织目标的实现。

第三个条件，内部人控制可以保证公司资源配置和收益的控制权掌握在那些与发生创新的学习过程结为一体的决策者手中。这意味着，它保证那些资源控制者有能力和动力进行创新投资。

市场、政府、产权、意识形态和文化传统等制度因素对于一国或地区的物流发展有着直接或间接的重大影响。特别是发展中国家，由于制度的不完善，使得缺乏一种有效推动本国物流发展的激励，进而阻止本国的经济发展。许多发展经济学家在对发展中国家实践历程的回顾和反思的基础上，提出了新的发展观：不仅要注重资源配置，而且更注重有效地利用这些已有资源；不仅要制定出正确的政策，而且要注重构造出执行政策的恰当的制度安排。

第 5 章

现代物流产业发展的
动态过程与制度结构

现代物流产业发展表现为以第三方物流企业为核心，第三方物流企业之间、相关的运输企业、仓储企业、流通加工企业之间的并购式产业组织整合过程；以交通运输网络、仓储设施、信息管理网络为实体的集群式资源整合过程；以综合物流服务为主体，与运输、保管、仓储、配送、流通加工等为辅助的联盟式的产业功能整合过程。现代物流产业发展是以分工为基础，以协作和联合为主导，以内部的组织性和组织化程度的改善，外部的协调性和协调化程度的提高，产业组织的改造，产业在空间上的协调与空间布局的合理化等为目标的动态过程。为了促进这一动态过程顺利的实现，需要一系列制度安排形成的制度结构与之相适应。

5.1　现代物流产业发展动态过程的理论解释

现代物流产业发展的动态过程主要表现为并购式产业组织整合、集群式资源整合和联盟式产业功能整合。一方面是通过重新配置生产要素来获得优势主导产业和相应产业结构，提高产业集中度；另一方面是以合作型竞争方式形成产业内的有效协同，强调产业有序化。制度经济学从交易费用角度出发，认为物流产业整合有助于降低交易费用；管理学的价值链理论从核心竞争力的角度出发，认为物流产业整合能有效地提高服务水平，确保企业的可持续发展。

5.1.1 交易费用理论对现代物流产业发展动态过程的解释

科斯在其 1937 年发表的《企业的性质》一文中开创性地提出"交易费用"的重要概念，认为市场运行中存在着"交易费用"。科斯的理论发表后，作为这一理论集大成者的威廉姆森对交易费用的决定因素进行了区分和总结。威廉姆森认为，决定市场交易费用的因素划分为两组：第一组是交易主体行为的两个特征即有限理性和机会主义行为；第二组是有关交易特性的三个维度即资产专用性、交易不确定性和交易频率。从交易费用理论出发，企业之间的整合发生与否主要看是否节约了交易费用。企业之间的合并是为了降低企业外部的市场交易费用，企业之间的分离是为了降低组织协调的成本费用。因此在提供相同服务产出的前提下，企业合并的条件是："一个企业成本要小于两个企业的成本"，即：$C(q) < C_1(q_1) + C_2(q_2)$，其中 $q = q_1 + q_2$。相反，企业分离的条件是"一个企业成本要大于两个企业的成本"，即：$C(q) > C_1(q_1) + C_2(q_2)$，其中 $q = q_1 + q_2$。

下面运用威廉姆森对交易费用决定因素的划分结果对物流产业整合过程进行解释。从国内外物流产业整合的形成特点及其作业方式来看，这是物流企业间为实现作业效率的提高而在工艺分工的基础上进行优势互补的一种融合、一种寻求节约交易费用的制度安排。其目的在于稳定交易关系，降低交易费用。从交易的全过程来看，通过产业整合，有助于物流合作伙伴之间在交易过程中减少相关交易费用。由于物流合作伙伴之间经常沟通与合作，可使搜寻交易对象信息方面的费用大为降低；提供个性化的物流服务建立起来的相互信任和承诺，可减少各种履约的风险；即使在服务过程中产生冲突，也因为物流契约一般签约时间较长而可通过协商加以解决，从而避免无休止的讨价还价甚至提出法律诉讼而产生的费用。

从交易主体的行为来看，现代物流联盟的建立将促使伙伴之间的"组织学习"，从而提高双方对不确定性环境的认知能力，减少因交易主体的"有限理性"而产生的交易费用。从交易特性的三个方面来看，也促使现代物流企业进行产业整合。（1）资产专用性是其中最主要的因素。资产专用性越高，意味着投资所产生的固定成本和可变成本包含的"不可收回的成本"或"沉没成本"的比例越大，因而这对于交易双方的契约关系保持连续性具有特别重要的意义，通过产业整合以及对专用性资产的"共同占有"成为解决这一矛盾的有效选择。（2）交易的不确定性和市场的多变性与交易主体的有限理性和机会主义行为密切相关。由于交易双方都不可能对未来的一切明察秋毫，因而无法对将要发生的变故预先在契约中设置条款加以处理。（3）交易频率的提高意味着交易双方之间巨大的交易量以及经常性的交易过程，因而通常会产生较高的交易费用。通过寻求一种有效的组织形式消除因交易频率较高而带来的负面影响，通过并购、联盟等形式不失为一种可选的制度安排，可以极大地降低交易频率。

从交易费用理论来看，处在信息技术高度发达的市场经济环境下，现代物流产业在经营过程中资产专用性程度极高、交易频率极大、交易不确定性的特征也极其明显。根据威廉姆森的观点，这样的行业交易成本是很大的。因此，需要产业整合促进其发展。

5.1.2 管理学的价值链理论对现代物流产业发展动态过程的解释

哈佛大学教授迈克尔·波特在《竞争优势》一书中创建了价值链理论。波特指出：企业是一个综合设计、生产、销售、运送和管理等活动的集合体。其创造价值的过程可分解为一系列互不相同但又相互关联的增值活动，总和即构成企业的"价值链"。价值链由两种价值活动构成，即基本活动和辅助活动。基本增值活动是指一般意义上的生产经营环节，包括内部物流、生产经营、外部物流、市场营销和服务等。这些活动与产品的实体流转直接相关。辅助性增值活动包括企业基础设施、人力资源管理、科技开发和采购等[①]。

价值链各环节所要求的生产要素各不相同，任何企业只能在"价值链的某些环节上具有优势，而不可能拥有在全部增值环节的绝对优势"。因此，不同企业只能在具有比较优势的环节上发展自己的核心能力。要实现各个环节对价值链增值的最大贡献，就必须有各自成功的关键因素，在价值链的优

---

① ［美］迈克尔·波特. 国家竞争优势［M］. 北京：华夏出版社，2002：36-38.

势环节上展开合作，从而达到整体利益的最大化，这是企业建立战略联盟的原动力。

运用价值链理论分析考察现代物流（第三方物流为主）企业价值链构成可以发现，在辅助活动方面，第三方物流企业与一般企业并没有什么不同；在基本活动方面，第三方物流企业有其自身的特点，第三方物流企业一般不存在商品生产过程，只有流通环节的再加工过程，且不占主要环节，存储、运输、包装、配送、客户服务等环节成为现代物流企业的主要业务活动。分析第三方物流企业基本作业活动的各个环节，能够看出由于企业自身资源和能力的限制，任何一家现代物流企业都不可能在每一个环节中占有优势，任何企业都不可能具备所有的物流资源要素，穷尽所有的物流服务项目。如某个企业可能具有一个现代化的仓库并具有一流的管理技术，但可能在长途运输环节上缺乏管理控制能力。对我国第三方物流企业而言，这种在某些价值链环节方面的不足，造成了企业整体物流机能的不完备，缺乏相应的竞争力，使某些具有相对优势的价值链环节也因整体的不足而发挥不出应有的功效。因此，资源不同的物流企业应首先根据自身的资源、组织、能力、技术等因素决定定位，确定物流发展战略，发展自己的核心竞争力，构建一个把自己比较竞争优势与核心竞争能力融为一体的竞争性赢利模式。同时，在构建自身核心竞争力的基础上，加强物流业务的合作，弥补企业综合能力的劣势，形成一种联合的物流竞争优势。也就是说，第三方物流企业的产业整合，实现了各自核心物流技能的伙伴联合。这种合作可以增强第三方物流企业的竞争优势，有效地提高服务水平，确保企业的可持续发展。

5.2　并购式产业组织整合

在产业组织理论中，集中度是度量市场结构的主要指标。集中度的变化将直接反映市场的竞争状态的变化，并可通过综合分析，反映一个产业内企业的分布状况及显示产业内市场竞争或垄断的程度。通过并购式产业组织整合，可以重新配置生产要素来获得优势主导产业和相应产业结构，有利于行业内的大型优势企业的形成，以带动整个现代物流产业快速发展。

5.2.1 并购式产业组织整合的动因分析

马歇尔（Marshall，1890）认为，企业横向整合一般都伴随技术和组织结构的调整，最终表现为一定程度平均成本曲线的改变和单位生产成本的降低。尤其是技术创新和制度创新的加速发展拓展了企业的经济规模。同时，也增加了企业实现规模经济效应的可能性，规模经济的追求是企业扩张的直接原因。斯蒂格勒提出，公司间的并购可以增加对市场的控制力，主要表现在两个方面：一是通过并购同行业企业以减少竞争者，扩大了优势企业的规模，增加了优势企业对市场的控制能力；二是由于并购扩大的规模效应成为市场进入的壁垒，从而巩固企业对市场的控制能力。并购活动发生的原因，在于企业生存的外部环境剧变对企业并购内在动机的普遍刺激，企业并购是在内因和外因的交互作用下产生发展的。

获取规模经济是企业并购的主要动因。企业为了获得规模经济就有动力扩大企业规模，而扩大企业规模速度较快的方法就是进行企业并购。首先，如果企业尚未达到规模经济的产量，通过并购扩大企业规模，可以使企业迅速达到规模经济；其次，并购后两家企业相同的管理职能可以合并，使得管理、营销、研发等费用得到节约，可以进一步降低单位产品的成本；再其次，并购往往带来产品和服务质量的提高，增强企业的市场竞争力，这一点对于物流企业体现得尤为显著；最后，横向并购能够扩大并购企业的市场份额，提高产业集中度，进一步产生市场势力，获取垄断利润。

5.2.2 并购式产业组织整合的规模经济分析

1. 单一企业的情况

首先考虑现代物流产业业内单一企业的情况。为简化分析过程，考虑物流企业投入两种生产要素 L 和 K 进行生产，L 代表可变生产要素，K 代表固定生产要素。短期内，企业的产量可以用科布—道格拉斯生产函数 $Q = L^a K^b$ 表示，其中，$0 < a < 1$，$0 < b < 1$。

我们用 p 代表市场上的产品价格，w 和 r 分别代表可变生产要素 L 和固

定生产要素 K 的单位成本。那么在不考虑企业资本结构的情况下，短期内企业的利润函数可以表示为：$R = pL^aK^b - wL - rK$。短期内，由于企业固定生产要素的投入量和其单位成本一般认为是不变的，企业只能调整可变要素的投入量进行生产，以得到最大利润。通过对 L 求偏导，不难得到最优产量下的可变要素投入量为 $L^* = \left(\dfrac{abK^b}{W}\right)^{\frac{1}{1-a}}$。于是，将得到的 L^* 代回利润函数，即可得到短期内可变要素最优投入状态下的利润：

$$R^* = (a^{\frac{a}{1-a}} - a^{\frac{1}{1-a}}) \times p^{\frac{1}{1-a}} \times w^{\frac{-a}{1-a}} \times K^{\frac{b}{1-a}} \qquad (5-1)$$

需要说明的是，在科布—道格拉斯生产函数中，生产要素的指数 a 和 b 具有特定的经济意义，它们分别表示 L 和 K 两种生产要素获得总产出的相对份额，也可以理解为两种要素对于总产出的投入弹性。由于行业技术水平和劳动生产率在短期内不会发生很大变化，一般认为企业生产函数生产要素的指数在短期内是不会变化的，这为我们下面的讨论提供了基础。

2. 两家企业的情况

现在考虑业内两家企业的情况。在完全竞争市场中，企业的技术水平相似，向顾客提供同质的产品和服务，所以两家企业生产函数中生产要素 L 和 K 的指数相同，企业根据要素投入量的不同分别在不同的产量水平下进行生产。于是，我们得到两家企业的生产函数分别为 $Q_1 = L_1^aK_1^b$ 和 $Q_2 = L_2^aK_2^b$。两家企业均面对行业内相同的产品价格和可变要素成本，根据式（5-1）得出的结论，得到两家企业可变要素最优投入状态下的利润分别为：

$$R_1^* = (a^{\frac{a}{1-a}} - a^{\frac{1}{1-a}}) \times p^{\frac{1}{1-a}} \times w^{\frac{-a}{1-a}} \times K_1^{\frac{b}{1-a}} \qquad (5-2)$$

$$R_2^* = (a^{\frac{a}{1-a}} - a^{\frac{1}{1-a}}) \times p^{\frac{1}{1-a}} \times w^{\frac{-a}{1-a}} \times K_2^{\frac{b}{1-a}} \qquad (5-3)$$

3. 两家企业合并的规模经济分析

第三方物流业内上述两家企业进行横向合并后，两家企业诸如物流网络、大型物流设备、建筑及附属设施等固定生产要素纳入合并后的企业。合并后企业根据固定生产要素的规模调整可变生产要素的投入量进行生产。所以，合并后企业的生产函数变为 $Q_{合并} = L_{合并}^a(K_1 + K_2)^b$。由于完全竞争市场中两家企业的合并不会带来市场势力，合并后企业仍然是产品价格 p 和生产要素价

格 w 的接受者。所以，根据式（5-1）得出的结论，我们得到合并后企业可变要素最优投入状态下的利润为：

$$R_{合并}^* = \left(a^{\frac{a}{1-a}} - a^{\frac{1}{1-a}}\right) \times p^{\frac{1}{1-a}} \times w^{\frac{-a}{1-a}} \times (K_1 + K_2)^{\frac{b}{1-a}} \qquad (5-4)$$

于是，用合并后企业的利润减去合并前两家企业的利润之和，就得到由于企业合并产生的规模经济所带来的利润的变化，用 S 表示，即：

$$S = R_{合并}^* - (R_1^* + R_2^*) = \left[\left(a^{\frac{a}{1-a}} - a^{\frac{1}{1-a}}\right) \times p^{\frac{1}{1-a}} \times w^{\frac{-a}{1-a}}\right]$$
$$\times \left[(K_1 + K_2)^{\frac{b}{1-a}} - \left(K_1^{\frac{b}{1-a}} + K_2^{\frac{b}{1-a}}\right)\right] \qquad (5-5)$$

对式（5-5）进行分析，由于 $0 < a < 1$，产品价格 p 和生产要素价格 w 都是正数，可知上式的第一个中括号内的各部分的乘积是正数，合并后企业利润的变化情况由 $(K_1 + K_2)^{\frac{b}{1-a}} - \left(K_1^{\frac{b}{1-a}} + K_2^{\frac{b}{1-a}}\right)$ 数值的正负决定。进一步分析可知，由于企业的固定生产要素一般情况下是一个大于 1 的正数。所以，根据 a 和 b 的取值不同（$0 < a < 1$，$0 < b < 1$），企业合并后的利润变化 S 会出现如下三种情况：当 $\frac{b}{1-a} > 1$，即 $a + b > 1$ 时，$(K_1 + K_2)^{\frac{b}{1-a}} > K_1^{\frac{b}{1-a}} + K_2^{\frac{b}{1-a}}$，$S > 0$，可知合并后企业的利润比两家企业单独存在时的利润之和要大，这就是企业合并产生的规模经济所带来的好处；当 $\frac{b}{1-a} = 1$，即 $a + b = 1$ 时，$(K_1 + K_2)^{\frac{b}{1-a}} = K_1^{\frac{b}{1-a}} + K_2^{\frac{b}{1-a}}$，$S = 0$，并购没有给两家企业带来收益，也没有带来亏损；当 $\frac{b}{1-a} < 1$，即 $a + b < 1$ 时，$(K_1 + K_2)^{\frac{b}{1-a}} < K_1^{\frac{b}{1-a}} + K_2^{\frac{b}{1-a}}$，$S < 0$，合并后企业的利润小于两家企业单独存在时的利润之和，不但没有带来好处，反而引起收益的损失。

可见，科布—道格拉斯生产函数中生产要素的指数 a 和 b 的取值，对于企业横向并购是否可以获得规模经济有着至关重要的意义。这是因为它们的取值直接决定企业规模报酬的变化情况。在新古典经济理论中，行业规模报酬可以用计量经济学的办法来确定。但就一个具体企业来讲，根据技术状况，在扩大生产规模的过程中一般都需要依次经历下述三个阶段：（1）规模报酬递增阶段，对应上述 $a + b > 1$ 的情况；（2）规模报酬不变阶段，对应上述 $a + b = 1$ 的情况；（3）规模报酬递减阶段，对应上述 $a + b < 1$ 的情况。结合

我国第三方物流企业粗放式经营的发展状况来看，我国的第三方物流业目前正处于规模报酬递增阶段。通过上述分析可知，处于这一阶段的物流企业运用横向并购的方式，可以在短期内迅速改变固定生产要素的数量，实现规模经济，得到横向并购带来的好处。①

需要特别指出的是，生产函数是在假定企业已经达到技术有效状态的前提下得出的。由于种种原因，我国许多中小物流企业的物流资源一直处在小规模和低效率的运行状态，许多物流企业的可变生产要素和固定生产要素的投入比例未能达到优化配置。在这种情况下，优势物流企业并购那些具有良好物流网络、大型物流设备，但未能充分利用的物流企业，调整可变生产要素与固定要素至匹配，就可以进一步激活存量资产，获得更大的经济效益和社会效益。

5.2.3 基本结论

在我国经济对物流服务需求不断提高，外资物流企业激烈竞争的环境下，我国第三方物流业当前高增长率、低集中度和粗放式经营的特点，决定了其完全竞争的市场结构。并购，可以扩大物流企业规模、降低运营成本、扩展业务经营范围、满足顾客日益提升的物流需求。欧美物流市场在经历了规模化和专业化的并购之后，已经催生出德国邮政集团、FedEx 等知名的跨国并购企业，凭借其庞大的物流网络和高质量的服务参与全球范围的竞争。它们的发展过程值得我国物流企业借鉴。作为企业跨越式发展的一种方式，并购可以对现有存量资产迅速进行调整，是我国物流企业扩大规模、增强实力的必然选择。结合现代物流业的特点和我国的发展现状，并购可以为企业带来规模经济，应该是我国第三方物流企业现阶段整合的主要方式。

并购是一项复杂的活动，往往对企业影响巨大，需要在明确的企业战略框架下审慎考虑，细致实施。我国第三方物流企业在并购决策时，应该做好内部条件和外部环境分析，着重于物流核心资源，使目标企业的资产与现有资产形成良好的匹配。做好并购后整合，充分发挥资源的协同效应，真正通

---

① 李航. 我国第三方物流企业横向并购动因研究 [J]. 物流技术，2006 (12)：14 – 15.

过并购实现企业的高成长。在并购过程中，企业产权制度的明晰是成功实现并购的制度基础。

5.3 集群式产业资源整合

集群式产业整合表现为不同类型物流企业（包括非物流企业的独立物流部门）和物流基础设施在空间上的集聚，从而形成在一定区域内物流资源的高度密集和专业化经营程度很高的物流经营场所。其最主要表现形式是各类大小不同的物流园区。在我国颁布的《中华人民共和国物流术语》（GB/T18354）中，对物流园区的概念解释为：物流园区是为了实现物流设施集约化和物流运作共同化，或者出于城市物流设施空间布局合理化的目的而在城市周边等各区域，集中建设的物流设施群与众多物流企业在地域上的物理集结地。

5.3.1 集群式产业资源整合的优势及条件

物流企业集群形成单个物流企业和区域物流产业的双层竞争优势，具体表现在：（1）节约成本效应。集群内的第三方物流企业可充分利用物流基础设施等公共产品的规模经济优势，降低公共基础和服务的平均使用成本；集群内的物流企业提供的服务具有明显的互补性和配套性，可以满足不同层次客户的物流服务需求，节约工商企业搜寻物流服务的成本。（2）竞争与合作效应。集群重塑竞争形态，把竞争从单个物流企业之间提升到了更大的群体之间。这样集群内第三方物流企业容易加强集群内部的纵向和横向合作，同时又保证了足够的竞争动机。（3）创新与扩散效应。集群不但易于通过合作形成一种新的区域创新系统，而且由于集群内信息沟通的便捷性和频繁的正式的、非正式的联系，使公共的乃至隐含的先进物流理念、经营技术的外溢将更加迅速，更加彻底。

物流是一个运输、仓储等多功能为一体的综合性活动。物流节点是各种功能对接的合理场所，只有重要的物流节点才能成为物流企业的集群区。因此，交通区位是物流企业集群的首要条件。物流企业发展以物流需求为前提，物流集群的产生必须以大规模的物流服务需求为前提。因此，某一地区的商品需求量、货物周转量、工商企业物流需求和业务外包等将决定着集群的形成及其规模。从国内外物流产业集群发展来看，缺乏政府的支持和引导，特别是基础设施平台的提供，物流集群难以形成。因此，政策、体制等因素是促进集群形成和发展的重要条件。

5.3.2 物流园区的功能与发展模式

不同的物流园区，因其功能配置不同、承担的物流业务也不同，物流园区所完成的物流作业应根据物流园区的作用、物流特征、地理位置等因素合理规划物流园区的各种物流作业。物流园区一般都具备以下功能或功能组合。它有九大功能：仓储中心区、加工中心、转运中心、配送中心、公路货运集散中心、现代物流中心、公铁联运物流中心、港铁联运中心、公港联运中心。

物流园区发展的主要模式如下：

（1）经济开发区模式。物流园区的经济开发区模式，是将物流园区作为一个类似于目前的工业开发区、经济开发区或高新技术开发区的项目进行有组织的开发和建设。它是在特定的开发规划、政策和专门开发部门的组织下进行的经济开发项目。

（2）主体企业引导模式。在宏观政策的引导下，利用物流技术进行经营的企业和在供应链管理中具有优势的企业率先在园区内开发建设，逐步实现物流产业的聚集。然后，引进依托物流环境进行发展的工业、商业企业，达到物流园区发展和壮大的目的。

（3）工业地产商模式。物流园区的工业地产商模式，是将物流园区作为工业地产项目，通过给予开发者适宜的土地政策、税收政策和市政配套等相关政策，由工业地产商主持进行物流园区的道路、仓库和其他物流基础设施及基础型装备的投资、建设；然后以租赁、转让或合资、合作的方式进行物流园区的经营和管理。另外，政府也可进行物流园区相关基础设施的投资、建设，然后委托给一个或多个物流管理能力强的企业，在优惠政策的框架下进行经营管理。这种开发模式的目的在于建立良好的物流运作与管理环境，为工业、商业以及物流经营企业创造提高物流效率、降低物流成本的条件。

（4）综合运作模式。综合运作模式是指对上述的经济开发区模式、主体企业引导模式和工业地产商模式进行混合运用的物流园区开发模式。物流园区项目一般具有建设规模大和经营范围广的特点，既要求在土地、税收等政策上的有力支持，也需要在投资方面跟上建设的步伐，还要求具备园区经营运作能力。因此，单纯采用一种开发模式，很难达到建设好园区的目的，必须对经济开发区模式、主体企业引导模式、工业地产商模式等进行综合使用。

5.3.3　现代物流园区建设的原则

现代物流园区建设的原则主要有七个方面。

1. 坚持科学选址的原则

现代物流园区以现代化、多功能、社会化、大规模为主要特征，其选址主要遵循：（1）位于城市中心的边缘地区，一般在城市道路网的外环线附近；（2）位于内外交通枢纽中心地带，至少有两种以上运输方式连接，有利于多式联运的开展，特别是铁路和公路；（3）位于土地资源开发较好的地区，用地充足、成本较低；（4）位于城市物流节点附近，现有物流资源较好，一般有较大物流量产生，有可以利用和整合的物流资源；（5）有利于整个地区物流网络的优化和信息资源利用；（6）拥有数量充足、素质较好的劳动力条件；（7）考虑与主要货物流向之间的关系。物流园区的营运效率与进入园区的货物处理量有直接关系。如果物流园区设在主要货物流向上，则能最大限度地吸引货流，提高物流设施的利用率。这也是实现集约化运输的基础。

2. 坚持统一规划的原则

建设综合物流园区必须按照社会经济发展的需要和现代物流发展的规律，在全国运输大通道的格局下，按照区域经济的功能、布局和发展趋势，依据物流需求量和不同特点由政府统一规划，尤其要打破地区、行业的界限，按照科学布局、资源整合、优势互补、良性循环的思路进行规划，防止出现各自为政、盲目布点、恶性竞争的情况，避免走弯路、耽误时间、浪费资源。

3. 坚持市场化运作的原则

规划建设综合物流园区，既要由政府牵头统一规划和指导协调，又要坚持市场经济运作的原则。在政府搭台、企业唱戏、统一规划、分步实施、完善配套、搞好服务精神指导下，在园区的功能开发建设、企业的进驻和资源整合等方面，都要靠园区优良的基础设施、先进的物流功能、健康的生活环境、优惠的各项政策和周到有效的服务来吸引物流企业和投资者共同参与，真正使园区成为物流企业大展宏图的舞台和成长壮大的摇篮。

4. 坚持现代化的原则

规划建设综合物流园区，必须瞄准世界物流发展的先进水平，以现代化物流技术为指导，坚持高起点和现代化。物流园区必须要以市场为导向，高度重视物流信息系统的建设。

5. 坚持柔性化原则

针对本区域现代物流产业发展还不够完善，人们认识还不够深入的情况，现代物流园区的规划应采取柔性规划，突出规划中持续改进机制，确立规划的阶段性目标，建立规划实施过程中的阶段性评估检查制度，以保证规划的最终实现。

6. 坚持风险预防原则

由于现代物流园区的建设投资大、周期长、效应慢、风险大，因而必须有合理的"风险评估报告"，通过定性与定量相结合的风险评估机制，提高规划的科学性和可行性，起到风险预防的作用。

7. 坚持人才优先原则

物流园区的建设规划是一项非常复杂和庞大的工程，涉及的专业领域广泛，必须有各种类型的专家型人才参与。

5.4 战略联盟式产业功能整合

物流联盟是由若干具备专业特色和互补特征的物流组织，通过契约关系结成的物流作业联合体。联合伙伴之间互相信任，共担风险，共享收益，在物流业务领域进行物流业务资源的优势互补，实现物流要素的双向或者多向流通，最终达到节约交易费用和优化物流组织结构的目的。

5.4.1 物流联盟的发展趋势与特征

从目前发达国家的物流发展方向来看，物流联盟发展呈现以下趋势和特征：

（1）关系契约化。物流联盟不仅通过契约规范物流供需关系，按规定提供多功能全方位一体化物流服务，并以契约来管理所提供的物流服务过程，还通过契约明确联盟参与者的权责利。

（2）业务一体化。业务一体化的核心是物流需求计划（Logistics Requirement Planning，LRP）。它将供应物流、生产物流、销售物流与商流、信息流和资金流进行整合，使现代物流在商品数量、质量、种类、价格、交货时间、地点、方式、包装及物流配送信息等方面都能满足顾客的要求。一体化联盟关系，强化各节点间联系，使联盟成为企业的核心竞争力。

（3）服务个性化。其一，第三方物流企业应根据不同物流需求者提供符合其企业形象、产品特征、顾客需求特征等要求的针对性强的个性化物流服务和增值服务；其二，第三方物流企业自身也要强化所提供物流服务的个性化和特色化，以增强其核心竞争力。因此，不同的联盟体将因提供服务的不同而各具特色。

（4）功能专业化。第三方物流所提供的物流设计、物流操作过程、物流技术工具、物流设施到物流管理，必须体现专门化和专业化。物流联盟中各经济实体将会是各自提供专业化系统化服务的、对市场快速响应而缔结的稳定的联合体。

（5）信息网络化。信息化、网络化成为物流企业实现快速反应、准时化战略等先进物流管理方式必不可少的条件。企业通过互联网进行管理，降低流转、结算、库存等成本。物流信息系统增强了物流信息的透明度和共享性，使第三方物流企业与上下游节点企业或其他物流企业间形成紧密的物流联盟。

5.4.2　物流联盟方式的选择

物流企业组建战略联盟有多种形式，不同的企业间既可以根据自身资源特点和核心能力的优势选择，也可从业务环节和组织形式等方面选择。

从业务环节角度组建联盟，可以选择的方式有三种：

（1）纵向联盟。纵向联盟是指在物流业务系统中的第三方物流企业，因所从事的物流业务不同，而与上游或下游企业之间不存在同类市场竞争的合作经营关系。例如，核心竞争力为陆路运输的企业可以和在海运、空运等方面有优势的企业联盟，彼此实现运输的紧密合作，达到多式联运的无缝连接。更典型的有专门从事运输业务的企业和专门从事仓储业务的企业之间的合作。这种联盟方式是基于供应链一体化的基础形成的，即从原材料到产品生产、销售、服务形成"一条龙"的合作关系。垂直一体化能够按照最终客户的要求为其提供最大价值的同时，也使联盟总利润最大化。但这种联盟一般不太稳固，主要是在整个供应链上，不可能每个环节都能同时达到利益最大化。因此，打击了一些企业的积极性，使它们有随时退出联盟的可能。

（2）横向联盟。横向联盟是指彼此相互独立地从事相同物流业务的第三方物流企业之间的合作经营关系，由处于平行位置的几个企业结成的联盟。这种联盟不仅能使分散物流获得规模经济和集约化运作，降低了成本；并且能够减少社会重复劳动。如"海元模式"由31家具有专线运输优势的中小型民营物流企业自发整合、资产重组、资源共享，依靠其自身各种优势，在短时间形成一种合力和核心竞争力。此外，以连锁加盟形式创建企业品牌的"锦程物流"也以不断扩大的物流规模获得人们的关注。目前，日本流行的共同配送也是横向联盟的一种形式。但横向联盟也有不足之处，如它必须有大量的商业企业加盟，并有大量的商品存在，才可发挥它的整合作用和集约化的处理优势。此外，配送方式的集成化和标准化也不是一个可以简单解决的问题。

（3）混合联盟。发展中的第三方物流企业不可能在物流的各个区域和领域方面都独占鳌头，合作不可避免。不同的物流企业同时在纵向和横向开展合作，就形成了混合型的物流联盟。这样的联盟一般是在实力较强的大中型物流企业之间进行，要求各方都具有完善的物流网络和一体化的服务功能。

从物流联盟的创建方式，有两种形式可以选择：

其一，股权式联盟，是指国外物流公司进入国内市场时，与国内物流企业共同出资，建立合资企业，以弥补自身某些方面的不足；或者国内物流企业出于某种战略考虑，各出一部分资金组成合资企业。通过股权式联盟业将各自不同的资产组合在一起，共同经营、共担风险和共享利益。

其二，契约式联盟，是指当物流企业联盟内各成员的核心业务比较雷同，合作伙伴又不愿建立独立的合资公司来实现规模扩张或范围延伸时，为了实现更加灵活的市场运作而产生的。契约式联盟并不需要联盟企业互相持股或创建合资企业，而是选择功能性协议的方式，即两个或两个以上公司在一个或几个具体领域内进行局部合作。契约式联盟不必创立新的经济实体，合作范围也是有限的，比合资式联盟更具弹性，更能对物流市场需求做出迅速反应。

这两种形式各具优势，物流企业可以根据自身的特点进行选择，如表5-1所示。一般而言，采用股权式战略联盟需要该物流企业具有相当的资金投入能力和管理能力；而契约式战略联盟的采用则相对容易得多。因此，国内少数实力相对较强的物流企业可以根据自身需求情况选择股权式战略联盟，而对于国内大多数物流企业而言，由于企业资金投入实力和经营管理能力的相对缺乏，契约式联盟作为其迅速有效地获得规模经济的途径更为合适。

表5-1　　　　　　　　　　股权式与契约式联盟的特征比较

内容	股权式联盟	契约式联盟
联盟实体	组成具有法人地位的经济实体	无须组成经济实体和固定的组织结构，结构较松散
联盟地位	各方按出资比例有主次之分，且对各方的资金、技术水平、市场规模、人员配备有明确规定，股权大小决定发言权大小	各方一般都处于平等和相互依赖的地位，相对保持经营上的独立性
利益分配	按出资比例分成	各方可以根据自己的情况，在各自承担的工作环节上进行经营活动，取得自己的利益
风险性	初始投入大，转置成本高，撤离难，灵活性小，风险大，政府政策限制严格	投入小，灵活性强，可以避开政府的政策限制
联盟效率	有利于扩大企业资金实力，并通过部分"拥有"对方的形式，增强双方的信任感和责任感，合作能更持久	联盟中的企业对联盟的控制力差，松散的组织缺乏稳定性和长远利益，联盟内成员的沟通不充分，组织效率低下

5.5　现代物流产业三种整合模式
比较与相应的制度结构

现代物流产业发展的动态过程表现为三种整合模式得以顺利进行。并购、联盟和企业集群是物流产业整合的三类典型模式。它们在现代物流产业内不同的行业、不同地区、不同的企业间表现出各自的优势，互为补充，共同发展，使现代物流产业的整合模式呈多元化发展趋势，以此促进现代物流产业发展。现代物流产业发展需要有相应的制度结构与之相适应。

5.5.1　现代物流产业三种整合模式的比较

目前大规模并购已经成为全球物流市场整合的主要特征。在我国也有不少物流企业并购实施的案例，但是近期尚不会成为我国现代物流产业整合的主导模式。并购是产业发展到一定程度的产物。这就决定了我国现代物流产业整合是先从传统的大型运输、货代、仓储等企业中展开，然后一批新发育的现代物流企业逐渐进入并购领域。现代物流产业的并购整合受企业自身因素（如规模、物流管理水平、企业发展战略等）以及外部因素（政策、法规、产业发展状况、竞争态势等）诸多方面的影响，实施起来困难较多、风险较大。我国现代物流产业并购整合的重点是大型物流企业（包括国有企业、民营企业）对传统储运企业的横向兼并。

物流联盟式整合是物流企业利用外部资源集约化发展的一种新模式。它比较灵活方便适用各类大、中、小物流企业和非物流企业，应该成为目前我国现代物流产业整合的主要模式。但是往往因为联盟的松散性，而整合的效果不显著。本书前述的参股式联盟，由于其增加了联盟的程度和稳定性，而企业又各自保持独立性，是第三物流企业与生产流通型企业合作的较好方式。

集群式整合是现代物流产业空间结构调整的重要模式，对我国现代物流产业布局、地区现代物流产业的发展，以及形成以物流节点为依托的全国物流体系具有重要作用，是发达国家重点推进的物流整合模式之一。从地区来看，它特别适合于交通枢纽城市、经济中心城市、物流节点城市等；从企业来看，它主要适合于中小型第三方物流企业。

5.5.2 现代物流产业发展所需的制度结构

不论是从现代物流产业内的并购、联盟和企业集群的整合模式，还是从整体产业所表现的技术主导、需求诱致和制度推动的发展路径，都需要形成一个能促进现代物流产业发展的制度结构，通过发挥制度的协同作用，形成高效的制度环境。

1. 制度结构的内涵

对制度的构成或制度结构的剖析，是制度分析的基本理论前提。制度作为一种行为规则，涉及社会、政治及经济等方方面面。

新制度经济学把制度划分为三种类型：第一，宪法秩序。宪法是用以界定国家的产权和控制的基本结构。它包括确立生产、交换和分配基础的一整套政治、社会和法律的基本规则，它的约束力具有普遍性，是制度规则的基础。第二，制度安排。这是指约束特定行为模式和关系的一套行为规则。制度安排实际上是在宪法秩序下界定交换条件的一系列具体的操作规则，它包括成文法、习惯法和合同法以及自愿性契约等。第三，规范性行为准则。这是构成制度约束的一个重要方面。它来源于人们对现实的理解（意识形态）。一致的意识形态可以替代规范性规则和服从程序，降低交易费用。

宪法秩序和行为的伦理道德规范一旦形成，在相当长一段时间里是不易显著变动的，可把它们视作外生变量影响制度创新以及制度的需求和供给。把制度安排看作是内生变量，是因为在现有宪法框架内，在制度的成本与收益发生变化的条件下，制度安排是一个相对活跃、相对"革命"的因素。在这种分析模式内，研究制度及其运作规律是新制度经济学的一个基本任务。

按照新制度经济学的观点，制度包括正式制度安排（也称正式约束或正式规则）和非正式制度安排（也称非正式约束或非正式规则）。

相对于正式制度安排，非正式制度安排具有自发性、非强制性、广泛性和持续性的特点。自发性是指非正式制度安排的相当部分是由文化遗传和生活习惯累积而成的，并非理性设计安排，人们遵循某种非正式制度安排常常是出于习惯而非理性的计划。非强制性是指它不像正式制度那样必须遵守，并有一套强制性的实施机制，而主要是靠主体内在的自觉或良心来维持的。广泛性是指它渗透到社会生活的各个领域，调节人们行为的大部分空间，其作用范围远远超过正式制度安排。持续性是指一种非正式制度一旦形成就将长期延续下去，其变迁是渐进缓慢的，在变迁中先前非正式制度的许多因素也将在新规则中"遗传"下来。

非正式制度安排在社会生活中起着重要作用。从历史上看，在正式制度产生之前，人们之间的关系就是靠非正式制度安排来约束的。即使在现代社会，如诺斯所指出的正式约束也只占整个社会约束的小部分，人们生活的大部分空间还是由非正式制度来约束的。非正式制度可以是正式制度形成的基础，一些成文法是在风俗习惯基础上形成的，一定的意识形态可以成为正式制度安排的指导思想。一定的正式制度安排只有与相应的非正式制度安排协调起来时，才能有效地得到实施，减少摩擦，达到制度均衡，实现其预期效益。非正式制度安排对社会经济发展的作用是双重的，当它与经济发展的客观要求相适应时，可以降低交易成本，强化激励机制，提高经济绩效，而当它与经济发展的客观要求不一致时，它可以干扰经济的正常运行，阻碍制度的变迁与创新，从而影响经济发展的速度和效益。

正式制度安排包括如下规则：（1）界定两人在分工中的"责任"的规则。用亚当·斯密著名的制针例子来说明，就是要约定哪些工作由哪些人做，所有的工人一起来完成针的制作。也可用市场的例子来说明，就是约定哪些商品由哪些人生产。从微观经济学视角理解，就是为人们给出行动的目标。（2）界定每个人可以干什么、不可以干什么的规则。因为每个人追求以最小的努力（或成本）换取约定的好处的行为可能会危害他人的利益，例如制造假、冒、伪、劣产品。从微观经济学视角理解，就是为人们定出"选择空间"的边界。（3）关于惩罚的规则。约定对（2）中规则的违反要付出什么样的代价。（4）"度量衡"规则。交换的各方需要约定如何度量每个人的物理投入与物理产出，在此基础上才可能确定交换的价值量。

分析正式制度安排与非正式制度安排的关系，本书发现：第一，从变革的速度看，正式制度安排可以在一夜之间发生变化，而非正式制度安排的改变却是长期的过程。第二，从可移植性看，一些正式制度安排尤其是那些具有国际惯例性质的正式规则是可以从一个国家移植到另一个国家的，如我国在发展现代物流产业过程中，就移植了许多西方国家的规则，大大降低了正式制度创新和变迁的成本。但是，非正式制度安排由于传统文化和历史积淀的内在固化，其可移植性就差得多。一种非正式规则尤其是意识形态能否被移植，其本身的性质规定了它不仅取决于所移植国家的技术变迁状况，而且更重要的取决于后者的文化遗产对移植对象的相容程度。第三，正式制度安排只有在社会认可即与非正式制度安排相容的情况下，才能发挥作用。事实上，在实际社会经济生活中，很难将二者对经济发展的"共同影响"分割开。

2. 现代物流产业发展所需的制度结构

现代物流产业发展是由经济技术水平和相应的制度结构所组成的。它既表现为经济技术水平的飞跃，又表现为人们"游戏规则"即制度结构的变革。与现代物流产业发展相关的制度，既包括技术制度、教育制度、融资制度、政府制度、产权制度、企业制度等正式制度规则，又包括意识形态、社会文化、政治法律等非正式制度规则，如图 5 - 1 所示。在我国的制度供给与创新过程中，政府是关键的主体，政府对制度安排具有决定性的作用。因此，我国制度创新的路径应该是政府主导型。

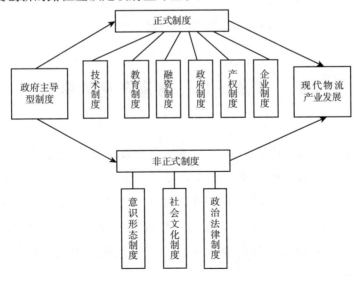

图 5 - 1 现代物流产业发展的制度结构

第 6 章

现代物流产业发展的
环境与制度创新

随着现代科学技术的发展，作为现代经济的重要组成部分和分工进程中的一种经济合理的服务模式，现代物流产业在全球范围内得以迅速发展。在国际上，现代物流产业被认为是国民经济发展的动脉和基础产业之一，其发展程度已成为衡量国家现代化程度和综合国力的标志之一。同时，现代物流产业也是降低流通成本，提高流通效率的重要利润源泉。现代物流产业的发展不仅受到所处的经济制度环境的影响，而且需要具备基本的物质基础和经济基础。本章结合现代物流的发展趋势，分析推进现代物流的基本条件，强调制度创新对中国现代物流产业发展的重要作用。

6.1 环境对现代物流产业的影响

环境是整个区域或某一地区经济和文化发展情况的总称。具体到现代物流的产业环境，则是指与现代物流产业相关的区域或是行业的发展情况。如本地区经济发展水平、经济规模及特点、所处地理位置的优势及缺陷、政府效率、作为现代物流产业构成部分的各行业的基本情况、与现代物流产业相关的各行业（金融、交通运输、电信、信息技术等）的基本情况。

6.1.1　物流与经济环境的关系

在经济高速增长时期，现代物流产业的发展与经济的发展有紧密的联系，这时物流产业的发展并不注重对消费者需求的满足和对环境的保护。而在当前的社会经济条件下，由于买方市场的成熟，现代物流产业的发展在与国民经济发展相互促进的同时，不可避免地要迎合并满足消费者的需求。在未来的物流产业发展过程中，我们更应强调物流产业的可持续发展，即物流产业与环境的共生作用，如图6-1所示。

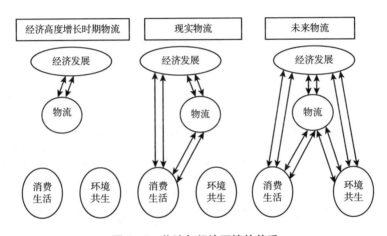

图6-1　物流与经济环境的关系

6.1.2　环境变化对现代物流产业的影响

任何事物的发展都与周围的环境发生着千丝万缕的联系，并与周围的环境相互作用、相互影响，现代物流产业亦是如此。物流虽然早已存在，但作为一个产业则是随着经济的发展和分工的深化而建立和发展的，它必须有适当的经济环境。它要求与之相关的其他领域有一定的发展并达到一定水平、具备一定的规模，还要求与之相关的其他领域有一定的发展并达到一个较高的技术水平。否则，物流环境不仅不会支持现代物流产业的发展，还会对其产生阻碍作用。环境变化对物流产业的影响如表6-1所示。

表 6 - 1　　　　　　　　　　　环境变化对物流产业的影响

环境分类	总体环境变化	市场趋势	对物流产业的影响
经济环境	经济增长缓慢，消费行为改变，城乡发展差距大，国际化与自由化，信息化时代	原有各种市场渐趋饱和，食物支出比例下降，通信、交通支出比例上升，进口商增加、外资技术引进，市场高度集中中心城市	土地成本上升导致库存由零售商转移到制造商，零售商竞争激烈，商品配送要求少量，引进国外物流技术
社会文化	休闲活动的内容及其时间的变动，追求时尚、讲求速度便利的次文化	休闲娱乐需求的增加，产品以客户导向的推出，通信、交通支出比例上升，进口商增加，外资技术引进，产品生命周期缩短	产品多样性使得物流从业者必须拥有多项商品服务能力才能，符合用户需求，中心城市的交通问题，商品滞销问题
政治法律	产业经济政策、商业法规以及政府效率均欠佳，强制第三人责任险的推行	法令成为企业的阻力或助力，政府部门与企业的合作效率较低，消费者意识高涨、环保观念兴起	法令未对物流从业者明确定义，强制责任险造成流通业者成本上升，交通管制对物流业务的影响
技术水平	自动化，计算机化，网络化发展，新技术引进	企业内广泛运用计算机建立标准作业提升效率，信息大量流通、成为市场的重要推动力，提高自行研发的意识	自动化设备及网络，减少了物流产业的人力需求，提升了从业者的服务质量，增加了上下游联系的时效性和准确性

资料来源：帅斌. 物流产业经济［M］. 北京：科学出版社，2006：94.

6.2　现代物流产业发展的环境分析

物流产业的发展需要具备必须的基本条件，物流产业的发展趋势对其生存的环境提出更高要求，分析物流产业环境现状并找出差距，进一步推进中国物流产业发展基本条件改善，是物流产业发展的重要内容。

6.2.1　现代物流产业发展的基本条件

从世界各国现代物流产业发展的具体情况看，现代物流产业的发展必须具备以下几个基本条件。①

（1）较大的物流市场需求。从需求上看，只有经济发展到一定的水平，市场和制造技术等方面有所提高，大多数企业利润空间有限时，现代物流产业才会有一个比较大的市场需求。

（2）完善的市场经济制度条件。物流产业本质上是商品经济发展到一定阶段的产物。成熟的市场经济制度条件则是现代物流产业兴起和发展的前提，它包括独立自主的物流产业主体、统一完善的物流市场体系和健全的物流法制环境。在市场经济制度下，成本的约束和利润最大化的动力机制确保了物流产业尤其是第三方物流（现代物流）成为"第三利润源泉"，从而使这一独立产业始终保持着健康成长的生命力。

（3）高度系统化、集约化和高效率的管理体制。物流产业的健康发展、高效率运作必须要有系统化的现代管理技术、管理手段及相应的管理机构来支持。依靠职责分明的物流主管部门采用先进的管理技术和科学手段对物流产业进行指导和规范，从物流管理体制上确保物流产业规范、有序发展。

（4）完善发达的基础设施。现代物流包括仓储、运输、配送、采购、管理等多种活动。因此，发达的现代交通运输网络和必要的仓储设施是现代物流产业发展的基础条件。基础设施对物流的发展有着重要的影响，物流产业是以让客户满意为核心的生产服务性行业，企业为了能准时把货物送到客户手中，不仅需要便捷的运输设备，还需要有相应的基础设施。可以说，基础设施是物流产业发展的必要条件。

（5）现代化的信息管理网络。现代化的信息管理网络是物流产业的中心环节，是现代物流与传统物流的根本区别所在。现代物流利用先进的信息技术提高整个物流的流通速度和国民经济的运行效率。在全球经济一体化的背景下，激烈的国际竞争要求企业必须降低成本、缩短仓储和运送过程中的时间、要求企业及时掌握准确的信息、增强整个供应链流程的可视性，这就需要物流产业运用现代信息技术如互联网等信息网络来有效解决这些问题。现代物流是物流与信息流的有机结合，尤其是与电子商务的结合是物流产业发

---

① Gooley Toby B. Mass Customization：How Logistics It Happen［R］. Logistics Management & Distribution Report，1998（4）：49－54.

展的最佳途径，支撑着国民经济与社会的发展。因此完善的信息网络是现代物流产业发展的中心环节。

6.2.2 中国推进现代物流产业发展的基本条件分析

1. 物流基础设施分析

基础设施网络日趋完善。2018 年，全国铁路营业里程 13.17 万公里，其中高速铁路 2.99 万公里；全国公路总里程达到 484.65 万公里，其中高速公路 14.26 万公里；内河航道通航里程 12.71 万公里；全国民用航空航线里程 837.98 万公里，全国民用运输机场 193 个。输油（气）管道里程 12.23 万公里。[①] 2017 年，全国港口拥有万吨级及以上泊位 2366 个，其中沿海港口 1948 个、内河港口 418 个；[②] 全国营业性库房面积约 13 亿平方米，各种类型的物流园区 754 个。[③]

技术装备条件明显改善。信息技术广泛应用，大多数物流企业建立了管理信息系统，物流信息平台建设快速推进。物联网、云计算等现代信息技术开始应用，装卸搬运、分拣包装、加工配送等专用物流装备和智能标签、跟踪追溯、路径优化等技术迅速推广。

从总体上看，我国物流基础设施相对滞后，不能满足现代物流发展的要求。现代化仓储、多式联运转运等设施仍显不足，布局合理、功能完善的物流园区体系尚未建立，高效、顺畅、便捷的综合交通运输网络尚不健全，物流基础设施之间不衔接、不配套问题比较突出。

物流基础设施具有较强的公益性和效率性，各级政府管理部门应加强和重视物流基础设施的建设和管理，引导物流基础设施的建设与国家或区域物流发展规划相衔接，积极支持建设发展现代物流所必需的基础设施和公共信息平台。这对整个国民经济有着很强的带动作用。根据国家振兴物流产业计划要求，重点扶植符合国家统一规划的大型物流园区、大型物流中心和公共

---

① 国家统计局. 中国统计年鉴（2019）［M］. 北京：中国统计出版社，2019：516－530.
② 《中国交通年鉴》社，中国交通年鉴（2018）［M］. 北京：《中国交通年鉴》社，2018.
③ 中国物流与采购联合会. 中国物流年鉴（2015）［M］. 北京：中国财富出版社，2015：13.

物流信息网络平台建设及处于地方或部门边缘区的"节点"建设。政府应该通过引导资金等适当方式参与前期投资，然后采取租赁、承包、入股、分期付款等形式，通过市场招标的办法交给企业经营管理。大力支持现代物流企业应该采取多种途径筹集资金，鼓励、引导多元化市场主体投资建设物流基础设施，以扩大资金来源，发展现代物流产业。

政府管理部门还应为既有物流资源的整合创造条件。对于物流基础设施整合与综合利用的项目，应该给予较为优惠的土地、贷款、税收及相关政策。打破部门分割和行业界限，为跨部门、跨行业、跨地区物流企业参与物流基础设施整合和综合利用创造环境和条件。在资源整合和合理利用中，要充分考虑物流的合理化，积极制定既有利于城市道路交通，又便于高效率组织物流的城市交通管理机制，缓和城市交通阻塞、提高货运汽车装载率、减轻城市负荷，促进物流友好。

总之，物流基础设施条件的改善依赖于政府管理制度、投资制度和产业发展政策的创新。

2. 物流产业信息化分析

据中国仓储协会公布的调查结果显示：在中国物流企业信息系统中，作为物流信息化进程核心的物流信息系统日益成为社会物流企业的发展"瓶颈"，我国只有39%的物流供给企业拥有物流信息系统，并且大多数的信息数据系统都是相互孤立和处于静态的。一些现代化的物流手段，如计算机网络、机电一体化、语音识别、全球定位系统、电子交换数据、管理信息系统等技术的使用还很不广泛。这直接影响了物流中心与用户的沟通和协作，阻碍物流服务质量的提高，严重影响了我国物流企业的竞争力。

另据《来华跨国公司物流服务需求调查报告》显示，接近调查的近百家来华外商投资企业中，高达80%的企业对目前国内物流服务商的评价为"一般满意"。受访企业认为物流服务商需要改进的方面依次为信息传递效率、运作成本、满足需求的波动能力、作业态度、服务态度等。中国物流环境的调查结果显示，仅有不足2%的企业采取"机械化作业、信息化处理"的作业方式。

面对我国物流信息化的现状，应从以下几方面提高我国物流信息化水平，实现传统物流向现代物流的转变，进一步提高我国现代物流产业的竞争实力。

一是加快建设中国特色的现代物流信息处理通用平台。通过这个平台整合产业原有资源，利用公共平台在运输、仓储、装卸、加工、整理、配送、车辆调度路径选择和在途商品监控等方面深入开发各种相关的信息资源，并在流通领域及其相关领域确实做到信息资源共享，充分发挥物流产业的整体优势。

二是以客户为中心建设信息系统。在进行信息化的过程中，应注重信息系统的建设并发挥人在整个信息系统中的积极作用。货主对物流的"及时性"要求越来越高，特别是作为客户的企业大力引进信息技术，建立信息系统后，要求物流产业从业者的信息技术应用水平也要不断提高，与客户同步发展，适应信息化进程。

三是信息化要与流程再造相结合。物流的信息化是一个流程再造的过程，物流的成功必然伴随着业务和管理流程再造，不能局限在一个纯技术范围研究。为更好地解决整个产业系统的优化、流程改造、经营管理理念等问题，需要集成信息系统。

总体来看，物流产业的信息化取决于生产企业和物流企业的发展动力，取决于对潜在利润目标的一致性，取决于现代企业制度的完善和创新。

3. 物流产业标准化分析

物流是跨地区、跨行业的运作系统，标准化程度的高低不仅关系到各种物流功能、要素之间能否有效衔接和协调发展，也在很大程度上影响全社会物流效率的提高。目前，我国物流的标准化还相当滞后，主要表现在以下四个方面：

一是缺乏有关的标准和规章制度，同时在执行标准方面也缺乏必要的力度。例如，各种运输方式之间的装备标准不统一，海运与铁路集装箱标准存在差异，在一定程度上影响我国海铁联运规模的扩展，对我国国际航运业务的拓展、港口作业效率的提高以及进出口贸易的发展也起着阻碍作用。

二是物流器具的标准不统一。例如，我国现有的托盘标准列入了国际标准中的所有规格，这样就等于没有标准。托盘标准与各种运输装备、装卸设备标准之间都有衔接关系，这就影响了托盘在整个物流过程中的有效使用。

三是产品包装标准与物流设施之间缺乏有效衔接。虽然目前我国对商品包装已有初步的国家和行业标准，但在与托盘及各种运输装备、装卸设施、仓储设施相衔接的集装单元化包装标准方面还比较欠缺。这对各种运输工具的装载率、装卸设备的负荷率、仓储设施的空间利用率等方面的影响较大。

四是信息系统之间缺乏接口标准，工商企业内部物流信息系统与第三方物流企业信息系统之间缺乏有效衔接，运输信息系统、仓储信息系统、物流作业信息系统之间互不沟通。由于没有公共物流信息交流平台，以 EDI、互联网等为基础的物流信息系统难以得到实际应用。

针对当前我国物流标准化中存在的问题，根据国际物流标准化的发展方向，我们应该加快标准化建设步伐。在做好物流术语、计量标准、技术标准、数据传输标准、物流作业的服务标准等基础工作的同时，更要加强标准化的组织协调工作。在对各种与物流活动相关的国家标准，行业标准进行深入研究的基础上，全面梳理现行标准。对已经落后于物流发展需要的标准应予以淘汰，并代之以新型标准；对部分不符合实际需要的标准，进行修订完善；对尚未制定的标准，要抓紧制定，以使各种相关的技术标准协调一致，与国际标准接轨，提高货物和相关信息的流转效率。

标准化过程的推进，需要各部门之间的组织协调与创新，并与相关的管理体制和制度的完善与创新密切相关。

4. 物流人才教育因素分析

人才是发展现代物流产业的重要因素之一。现代物流是随着现代信息、通信、交通运输等高新技术的发展产生新兴产业，涉及仓储运输、信息技术、流程设计、政策法规等广泛内容，需要大批各个层次的受过专业训练的从业人员。因此，需要大力培养具有专业素质的物流人才。

这几年，我国加大了物流人才的培养力度，包括开展多层次的物流学历教育、物流在职培训以及物流从业资格培训。尽管如此，在物流产业对人才的需要方面，我国和发达国家相比还有很大差距。在物流发达国家，有关物流的教育和培训相当发达，形成了比较合理的物流人才教育培训体系，不少学府设置了物流管理或供应链管理专业，如美国哈佛大学、宾夕法尼亚大学沃顿商学院、麻省理工学院基隆管理学院、宾夕法尼亚州立大学和迈阿密大学等共计约 50 所学府。一些商业院校还设置了物流方向的研究生课程和学位教育，形成了具有一定规模的研究生教育体系。另外，在各国物流行业协会的倡导和领导下，全面开展了物流管理和职业教育。许多国家的物流从业人员必须接受职业教育，获得从业资格后才能从事物流方面的工作。

相比而言，我国刚刚形成以物流科技创新和知识型人才为核心的物流教育目标体系。设置物流管理专业的高等院校较少，而研究生层次的教育也刚刚起步，职业教育贫乏，通过委托培训发生培训员工的企业也不多。物流人才的紧缺已成为制约现代物流产业发展的重要因素，因此要求相应的教育体系和教育制度需要相应的调整和创新，形成新的物流人才培养模式。

5. 物流市场需求主体分析

在我国的物流市场中，需求主体呈现的特点主要表现为目前在华外资企业比我国国内企业对现代物流的需求强烈；而在国内企业中，民营企业对现代物流的需求又比国有企业强烈。

目前，在我国大概有40万家外资企业。这些企业对物流市场的需求强烈最根本的原因在于，物流在发达国家已经成为成熟或比较成熟的产业，为这些企业带来巨大的经济效益。这些企业较早地认识到现代物流对企业的重要性，并在实践中把企业的有关物流业务外包，专心经营运作企业的核心业务。而在我国，很多企业特别是国有企业在计划经济时期形成的"大而全、小而全"的企业经营组织模式，决定了从原材料的采购到产品的销售中的一系列物流活动主要依靠企业自我服务完成，即自营物流。同时，由于物流理念在我国大多数企业中还未普及，一些企业还没有认识到物流对企业自身发展的重要性。

从全球范围看，当企业自营物流时，物流平均成本将占到商品总成本的30%～50%。这一比例在我国更高。例如，美国该比例为10%～32%，而在我国经济最发达地区的珠江三角洲该比例高达50%～60%，西部地区更高。因此，企业通过外包物流来降低企业的成本空间很大，经济效益明显。例如在德国，企业通过物流外包，物流成本可以下降到商品总成本的10%。因此随着现代物流产业在我国的发展及物流理念在国内企业中的普及，越来越多的国内企业认识到外包物流的重要性与紧迫性，并逐步对物流服务外包服务产生巨大的需求，物流外包逐渐成为我国物流市场需求的主体。

大部分民营企业靠自身的力量无法满足企业对物流的需求，客观上迫使民营企业选择第三方物流（现代物流），降低企业的物流成本。而国有企业特别是大中型国有企业自身拥有物流设备、自营物流。从长远的角度看，随着国有企业的改革和现代企业制度的建立，利润目标和效率要求将使国有企业在自营与外包之间进行经济选择，国有企业对现代物流的需求也将是我国物流市场中的主体。所以说，国有生产企业制度创新也将是影响物流需求的重要制度因素。

6. 我国经济体制与政策分析

我国现代物流产业发展的最大瓶颈是经济体制问题，而经济体制问题的核心就是政府、行业协会、企业各自应承担的职责、享有的权利和利益如何划分和平衡。

我国的物流产业与物流发达国家一样，具有跨部门和跨行业的产业特征。但是，由于经济利益部门化和地区化弊端的存在，目前我国在现代物流产业管理体制上和机制上的协调能力较差，是我国现代物流产业发展的最大"瓶颈"。

物流管理部门较多但协调性差。现代物流产业涉及交通运输、经贸、外经贸、城市管理、公安、税务、海关、商品检验检疫等多个部门，而这些部门的管理职能、管理方式和制度体系等存在较大差别。在对现代物流产业实施管理的过程中，因各部门之间的管理体制和机制不同，造成管理环节多、管理差异性大、执法宽严尺度不一、加之协调性差，使得物流管理效率难以提高。

物流管理的条块分割，政出多门。由于现行的管理体制及机制脱胎于计划经济体制，许多部门的政企尚未真正分离，从而形成了各部门基于部门利益长期处于条块分割状态，使得管理的能力受到局限和制约。同时，有相当部分的物流政策法规之间存在矛盾、重复之处。这造成了现代物流产业管理水平的落后，并使企业增加了大量的协调成本。

地方保护主义严重。由于中央与地方以及不同地区间经济利益矛盾，地方管理注重该区域的经济和政治利益，助长了地方保护主义。目前我国相当一部分省市间的市场壁垒较高，使网络化物流服务企业的成长变得相对困难。现代物流产业内部从业企业规模较小，地域化经营特征明显的顽症，均可以在严重的地方保护主义中找到答案。

面对以上问题，各级政府应该加强对发展现代物流产业的统一领导，建立政府各部门间的综合协调机制，研究、制定发展现代物流产业的规划方案，协调现代物流发展中的相关政策措施，为构建高效的全国统一现代物流体系创造体制环境。制度创新是解决上述问题的根本途径。

第 7 章

现代物流产业发展与制度
创新的国际比较分析

发达国家现代物流产业发展的蓬勃发展，有一些相似之处：现代物流设施的现代化程度高，物流产业社会化、组织化程度高，物流服务供需双方面临各种相似压力，较好整合社会存量资源等。各国在现代物流产业的发展方面也形成了各自的特点，制度创新的侧重点也不尽相同。发达国家物流产业发展与制度创新的成功经验将给中国物流产业的发展与制度创新带来启示。

7.1 美国现代物流产业发展与制度创新

7.1.1 美国现代物流产业发展的主要特点

美国在经济发展中不强调政府的管制作用，而要求企业按照市场化运作模式发展。现代物流产业（主要指第三方物流，下文同）的兴起就是市场化运作的核心体现。执行第三方物流的企业利用本公司或其他公司的物流资源，提供的物流服务除仓储和运输配送外，还有：物料管理、直拨、库存管理、货物组配、干线运输、及时交货、运费协商、国际多式联运等。它们的经营职能包括作业、管理、工程技术等。物流活动的领域有供应、制造、销售和回收等。以上诸要素相互组合，构成各种第三方物流服务。物流服务既有简单的服务，也有需要丰富知识、经验及复杂技术的服务。最简单的服务是物料管理、拣选、运输、配送、运费支付；复杂性的服务是多点库存及物流管理，甚至是全球性网点的库存及物流管理。这对管理技术的要求很高。据美国供应链管理专业协会发布的《第26次美国物流年报》显示，2014年美国第三方物流收入达1987亿美元，占全球收入比例的28%，收入增长7.3%。物流行业最初的功能是提供仓储、配送服务，面临全球同质化竞争日益加剧，美国第三方物流企业不断拓展服务领域，有效地提升了其国内第三方物流收入的增长水平。2005~2014年，美国第三方物流的收入年均增速为16.7%，远高于全球10.6%的平均水平。[①] 美国第三方物流的迅速发展，主要得益于完善的制度。政府对物流产业采取不干预的态度，主要是工商企业用户与物流服务提供者签订合作合同，不用顾虑物流市场的运作和商业秘密的泄露问题。用户将货物集运、库存管理、条码标签、分拣挑拣、订单执行等业务，包括售后退货、修理更换、货物回收销毁、网络订单执行以及电脑装配等销售渠道完全交付给物流合作户，为物流产业发展提供了巨大的空间。此外，先进科技手段和广泛配送网络使自动化分拣、存取系统等大型配送运输技术和先进的技术管理的使用成为可能。美国现代物流产业最主要的特征是技术主导的企业物流，服务领域广泛的市场化运作模式，主要有以下特点：

一是形成了综合的物流体系。20世纪90年代以后，美国新成立了100多家物流企业，这些公司可以向客户提供物流总需求的全部或重要部分的综合服务。综合服务内容包括接受顾客的订货、提取和包装该商品，然后完成递送任务；之后，为了取得共同成功，美国物流企业之间逐步发展伙伴关系和联盟关系。这些综合物流服务公司起源于承运人、仓储、货代、信息和顾客型企业5种类型；同时，发展多式联运。在美国可利用的运输基础结构优于世界上的任何国家，尽管各种运输方式之间存在种种问题，但是托运人对两地之间的运输有多种选择。各物流企业通过联合运输协议，解决航空、铁路、水运和管道运输可达性问题，这样可以减少与各运输企业的洽谈，无须准备多种运输单证，充分运营各种运输方式来降低物流成本。

二是发展第三方物流，优化供应链管理。1985年以后，美国出现了独立于生产商、批发商和零售商的物流企业，为生产商、批发商和零售商提供专业化

---

① 张素勤. 美国第三方物流的发展与借鉴 [J]. 对外经贸实务，2016（1）：88-91.

的物流服务。从发展趋势上看，买卖双方愈来愈转向由专业人员来承担主要的增值服务。因为他们具有灵活性，能够把精力集中到所提供的物流服务上。

三是致力于信息技术的升级和利用。美国物流信息系统延伸到包括交易、需求计划、管理控制和决策分析等方面，并且与配送渠道的其他成员连成一体。这样，可以减少延迟、错误、人员需求和降低仓储成本，从而提高物流效率，降低物流总成本。20 世纪 80 年代后期，美国将物流信息系统作为现代物流产业的支柱，电子数据交换（EDI）、个人电脑、人工智能、卫星通信和条形码 5 项新信息技术在物流领域得以广泛应用。

四是政府通过规划和法规来引导和培育现代物流产业的发展。美国的运输规章经历了 110 多年的历史。目前，已经形成了五种运输方式齐全的法规体系。此外，政府对物流的行政管理机构设置和管理智能都是依法确定的。

7.1.2　美国的物流管理体制与制度创新

美国是物流概念和物流技术的起始国。早在第二次世界大战期间，美国军队为了卓有成效地调运军用物资，运用运筹学的理论方法，统筹安排人力运力，高效地完成了物资的调运和支援任务，被概括为"后勤供应"，后演变为现在的物流概念。第二次世界大战后，这种组织管理手段被应用于企业的生产管理。

20 世纪 70 年代末，美国物流在"放松管制"经济管理政策的影响下，得到了迅速发展。1977～1978 年《航空管制缓和法》的实施，拉开了物流管制放松的序幕，加速了航空产业的竞争。1982 年通过了《汽车运输法案》和《铁路法案》，根据这两项法案，运输公司可以灵活地决定运费和服务。1984 年《海运法案》的通过，标志着运输市场的全面自由化。80 年代后期，电子计算机技术和物流软件的发展推动了美国物流的现代化。

美国的物流管理体制健全，联邦设有多种管制委员会。例如海运委员会负责国内沿海和海洋运输，联邦能源委员会负责州际石油和天然气管道运输，联邦法院宪法及运输管制法律的解释、执行、判决和复查。联邦交通、商务、能源、国防等行政部门负责运输管理的有关行政事务。联邦物流机构与洲际物流机构一起构成美国的物流管理体系。美国物流产业发展一般来说得益于计算机技术的商业化应用、信息技术革命、质量创新理念和企业联盟竞争战略，但最主要的是得益于制度创新与制度环境的优化。1980 年通过的《汽车承运人规章制度改革和现代化法案》，即通常所说的《MC - 80 法》和《斯塔克司铁路法》，大大减少了联邦法规对运输业的管制，使作为物流服务重要手段之一的运输业更为接近自由竞争的市场体系，进而使运输费率总体下降。据美国物流管理协会（CLM）统计数据显示，2014 年物流成本占 GDP 的比重已降至 8.5%。1991～2003 年，这一比重为 10.6%；2004～2013 年，这一比重为 9.24%。相比之下，我国物流成本远高于美国，2014 年为 16.9%。①事实上，美国物流业发展较早，已成为其经济发展中不可或缺的行业，近年来更是引入了先进装卸、运输设备，使物流成本得到有效降低。同时在政府层面，通过刺激供给、放松管制、减轻税负、鼓励创新等政策支持，使市场更接近充分竞争，为物流产业的发展创造了良好的制度环境。

7.2　日本现代物流产业发展与制度创新

7.2.1　日本现代物流产业发展的主要特点

日本政府非常重视物流产业的发展，拟定了《仓库业法》。在《商法》《民法》中也有关于仓库的消防法及一系列的法规和法令。1997 年，日本政府提出"综合物流对策"，目标是在亚洲建立最先进的物流体系。2002 年，日本政府又出台了一个 5 年计划，通过利用数字化来推动物流业的发展。所谓数字化目标，即用具体的数字来衡量物流的全过程。例如，从产品进入港口到报关再到买方手中，限期为 2 天。目前，日本物流公司的经营职能不如美国公司全面。日本很多公司都有自己的物流子公司为母公司服务。现在的第三方物流客户包括：尚未形成自身物流网络的外资公司、对物流网络建立及运营所需资源投入不足的公司、战略性地对重新构筑的物流体系进行外包

---

①　张素勤. 美国第三方物流的发展与借鉴［J］. 对外经贸实务，2016（1）：88 - 91.

的公司等。基于日本第三方物流存在的问题，改变途径主要是两方面：一方面第三方物流提供者需要在实践中不断进取，另一方面政府行为的空间较大。日本政府的主导作用，主要体现在以下三方面：

一是规划优先。由于日本国土面积小，国内资源和市场有限，商品进出口量大，政府采取"流通据点集中化"战略，在大中城市的郊区、港口、主要公路枢纽区域规划建设物流配送中心。同时，提倡发展"城市内最佳配送系统"，即围绕某个标准轴心，将城市内无规则的货运要求加以汇总，实现混载配送，提高配送效率。

二是政府加大资金投入。在科学规划的基础上，日本政府制定了《综合物流实施大纲》作为改革国家经济进程的重要一环，并提出了"综合物流管理"的观点，即把生产以及生产以前的过程、物理性的流通过程、售后服务、销毁回收等全过程，设定为一个系统过程进行综合管理，使日本物流业的现代化进程更进一步。该大纲对主要的物流基础设施，包括铁路、公路、机场、港口、中心基地建设，提供强大的资金支持。

三是出台相关政策，鼓励现代物流产业发展。在完善道路设施、改善城市内河运输条件、缓解城市道路阻塞、发展货物联运等方面，日本政府出台了许多放松政府管制、建立政府部门协调促进机构、提供政府援助等可行的鼓励政策。日本现代物流产业的主要特征是政府主导的系统化物流产业运作模式。

7.2.2 日本的现代物流管理体制与制度创新

现代物流的理念虽然起源于美国，最近几十年来却在日本获得了飞速发展。总体来看，在现代物流方面，日本走出了一条既符合国情又能与欧美等先进国家并驾齐驱的发展道路。日本现代物流的发展是其特定的经济社会状况、产业格局和具体国情的综合反映，它不仅是为了降低生产成本、开辟新的利润源，更是出于本国经济社会发展的战略考虑：日本是一个资源和产品"两头在外、大进大出"的加工贸易型国家，发展现代物流有助于"贸易立国"和"海运立国"思想的确立。与此同时，日本以制造业为主的产业格局也需要高度发达的物流产业为其提供强有力的支撑，需要运输方式和仓储业的革命性变化来提高经济效率，形成政府主导的物流管理体制。

日本从政府层面到行业层面再到企业层面全面构建物流系统。在政府层面，由通产省负责生产商、服务商的物流系统建设，由运输省负责运输系统化和交通基础设施系统化工作；在行业层面，20 世纪 70 年代成立的日本物流管理协会（Japanese Council of Logistics Management，JCLM）和日本实体配送管理协会（Japan Physical Distribution Management Association，JPDMA）于1992 年合并为日本物流系统协会（Japan Institute of Logistics Systems，JILS），突出"物流系统"的观念；在企业层面，日本企业高度重视物流，积极投资物流体系的建设，构筑与大量生产、大量销售相适应的物流设施。例如，20世纪 70 年代，日立、松下等一些大型厂商纷纷设立了独立的物流中心、配送中心，这些中心逐渐向第三方物流企业转型；80 年代，通运、大和运输等一些较大物流企业都在全国各地设立了分公司、子公司，面向国内外开展第三方物流业务，形成了多渠道、多层次、多形式的综合物流网络体系。与美国和欧洲各国不同，日本有专门的行政部门，即原来的通产省和运输省来行使物流行政管理职能，制定物流政策和法令。日本政府在 1997 年 4 月召集有关省、厅联合制定并于内阁会议中通过了《综合物流政策大纲》，明确了在物流领域进行经济结构改革的一系列措施。2001 年 7 月，内阁会议通过的《新综合物流政策大纲》，延续旧大纲的计划，在 2005 年要建立适合日本经济社会的物流体系；改善物流成本，建立具有国际竞争力的物流市场；建立符合生态环境的物流体系，对环保型社会作贡献。这些都足以看出日本政府推动物流发展的强烈政策意向。

7.3   欧洲现代物流产业发展与制度创新

7.3.1   欧洲现代物流产业发展的主要特点

在欧洲的物流观念中，始终强调综合的观念。重视发展社会化的、专业化的物流，提倡第三方物流服务的理念。成本中心观念带来欧洲供应链管理的盛行，供应链理论和技术应用相当出色，提高采购、生产、销售各个环节之间的效率成为欧洲现代物流产业发展的重点。欧洲的许多企业通过直接控制供应链降低物流成本，提高物流效益；通过把供应链上的物流和其他企业经营管理要素纳入一个整体进行系统规划，促使"功能性"的物流系统成为重要部门，大大提高了物流一体化程度；通过打造企业"价值创造链"的核心信念，强化供应链竞争力的物流因素的作用性。物流产业在欧洲是一个正在快速发展的新兴服务领域，对欧洲各国经济发展产生了重要影响，呈现出以下特点：

一是政府的参与和政策支持。为保证物流活动在洲际顺畅流动，政府推进物流产业标准化进程：针对物流基础设施、装备而制定基础性和通用性标准；针对安全和环境而制定强制性标准；为支持行业协会而针对各种物流作业和服务制定行业标准。支持物流知识和技术的创新与推广，加快物流产业的现代化进程。制定必要的导向性政策，引导和鼓励物流产业健康发展。

二是发挥物流行业协会的作用。为了促进整个欧洲物流产业的发展，行业协会发挥至关重要的作用，主要表现为：第一，引导和促进作用。如欧洲物流协会组织的物流企业问卷调查。跟踪和分析整个欧洲物流产业发展状况，结合世界物流产业的发展趋势，引导和促进整个产业的发展。第二，咨询服务作用。如荷兰物流配送协会，专门提供配送中心选址、规划、经营等方面的咨询和信息，帮助成员减低成本、提高效率，以促进成员企业的发展。第三，教育和培训作用。目前，欧洲各物流协会的物流课程设置和教学大纲基本上采用的是欧洲物流协会开发和制定的物流教育培训标准，并形成了相应的物流从业资格制度。第四，行业规范作用。如欧洲物流协会与欧洲标准化委员会及各种标准化研究机构合作，参与制定了多种物流行业标准，并合作编写了物流词典，规范物流用语。第五，联络和交流作用。利用研讨会、组织专项研究活动等，促进物流产业内部的交流与合作；建立欧盟组织和各国政府的对话机制和交流渠道，反映行业的呼声和利益要求，积极寻求政府对物流产业发展的支持。

三是重视信息在现代物流产业发展中的作用。"信息"是区别传统物流与现代物流的重要因素之一。信息使管理简约化，同时通过信息网络将世界各地的业务伙伴联结起来，置于同一个信息平台上，相互间的信息交流非常方便，确保了物流信息快速、可靠的传递，大大提高了工作效率。例如，德国申克公司基于互联网的现代物流管理系统，任何一个会员单位（客户）都可以通过系统查询到申克公司的服务内容、服务方式及价格。客户只需在计算机上填好委托单，通过内部网络发送出去，申克公司就会按要求完成服务。同时通过卫星定位系统，申克公司掌握了公司每辆车、船、飞机等运输工具的具体位置，可以进行有效调遣和管理。

四是综合物流成为物流产业发展的重要特点。优质物流是物流企业的重要竞争手段。"高质量管理＋优质服务＋高效、快速、安全"是欧洲物流企业赖以生存的基石，优质的物流服务增强了物流企业的核心竞争力。例如，英国的企业采用综合物流观念强调总体战略目标，致力于发展综合物流体制，全面规划流通业务，为顾客提供综合物流服务①。英国建设的综合物流中心为社会提供的服务项目有：建设配送中心、办理海关手续、提供保税和非保税仓库、货物担保、医疗服务、消防设备、道路和建筑物的维修、铁路专用线、邮政电信系统、代办税收、就业登记等。多功能综合物流中心的建设模式对整个欧洲物流产业发展影响很大，"综合物流"成为欧洲物流产业发展的重要特征。

7.3.2　西欧发达国家的物流管理体制与制度创新

在西欧，由于欧盟在经济活动中的特殊作用，物流管理政策包括以下几个层次：一是欧盟在促进欧洲统一市场形成的过程中，制定并大力推行的统一贸易政策、运输政策、关税政策、货币政策等。这些政策构成了欧洲物流产业得以快速发展的制度基础，进而有力地促进了货物在全欧洲范围内的自由流动。二是西欧各国政府积极为本国物流产业发展营造良好的制度环境。三是打破垄断，减少政府干预，创造充分竞争的市场环境。近年来，欧洲各国政府实施了一些打破垄断、放松管制的政策措施，对促进各国的物流产业发展有着积极的影响。四是基础设施投入，为物流产业健康发展提供运行平台。这方面的政策包括：首先是以最大限度地发挥各种运输方式效率为中心的基础设施协调发展政策；其次是促进大型货运枢纽、物流基地、物流中心

---

① 综合物流服务是指物流企业不仅向顾客提供和联系铁路、公路、水运和空运等交通运输工具，而且还向顾客提供仓库出租等其他配套服务。

和公共配送中心等新型物流基础设施发展的政策。欧洲各国的物流管理体制基本上是采取政府监督控制、企业自主经营的市场运作模式。

英国的物流管理体制与美国有相似性，但集中管理的程度要比美国高。20 世纪 60 年代后期，由经济发展部和管理协会共同创建了物流管理中心。该中心最初以工业企业高级管理顾问委员会的形式出现，积极协助制定物流人才培训计划，组织地区性、全国性物流专业会议。在此基础上，英国于 70 年代后期正式成立了物流协会。英国物流协会的会员主要是从事进出口业务和货物流通、运输、装卸等部门和企业的管理人员。协会的工作范围包括举办年度巡回讲座、设置物流管理奖、出版发行物流管理通信刊物等，以提高物流管理的专业化程度。

西欧的其他一些国家，如德国、意大利、荷兰等国物流管理体制各有特色。在荷兰，政府运输部门对分散的、按不同运输方式管理的政府职能进行调整，按照货运和客运的要求分别组建了货运管理司和客运管理司，并把由不同运输方式管理的基础设施投资职能全部集中在基础设施投资与管理司，便于政府按照物流产业发展的要求制定相应的运输管理和基础设施投资政策，形成了高效的物流管理体制，荷兰的物流绩效指数在欧洲国家是也是最高的。自 20 世纪 80 年代中期以来，西欧各国政府也实施了一些打破垄断、放松管制的政策措施，对促进各国物流产业发展有积极的影响。在运输领域，英国铁路方面的私有化改革是相当有影响力的。随后，意大利等国家放松了对运输价格的管制，荷兰、德国等国家也减少了承运人资格的管制，这些放松管制措施直接推动了欧洲运输业自由市场体系的形成。同时，各类运输企业和"第三方物流"企业也获得了竞争发展的宽松环境，不断延伸与扩展物流服务，促进了整个欧洲物流绩效指数的提高，大大提高了物流产业的竞争力。

7.4　新加坡现代物流产业发展与制度创新

7.4.1　新加坡现代物流产业发展的主要特点

自 20 世纪 90 年代以来，现代物流产业在全球连续 10 年保持 20%～30%

的高速增长，使其与高科技、金融业被并称为三大朝阳产业。新加坡凭借得天独厚的地理优势和政府的政策引导，目前已发展成为全球公认的物流中心之一，2007 年物流绩效指数在全球 150 个国家中排名第一。

新加坡具有发达而完善的海空交通和电信通信网络，所以现代物流产业近年来发展迅速。另外，世界知名物流企业，如敦豪、联邦快递、辛克都在新加坡设立了区域总部。现代物流产业成为新加坡的支柱产业之一，呈现以下六大特点：

一是集中度高。新加坡政府在樟宜国际机场附近设立物流园，吸引数十家物流公司进驻，达到了较好的规模经济效果。新加坡物流产业高度集中，极大地方便了客户联系业务，使其在物流园内就能找到运输、仓储、配送等各个环节的专业物流商。

二是专业性强。新加坡境内的物流公司有明显的共同特点：它们要么专门为某一行业的企业提供全方位的物流服务，要么为各行业的客户提供某一环节的物流服务，例如需求链服务。服务的专一性是新加坡物流企业能够提供高质量服务的重要原因。

三是实力雄厚。新加坡的物流企业普遍实力雄厚，这主要得益于新加坡政府提供了良好的发展制度环境，吸引了众多国际知名物流公司把亚洲总部设立在新加坡，其中包括全球物流业巨头美国联合包裹公司和联邦快递公司。这些全球物流巨头在资金、运输工具、管理水平等方面的雄厚实力推动了新加坡本地物流产业的迅速发展。

四是效率极高。新加坡的物流企业充分体现了"高效"的含义，这不仅仅是由于新加坡物流园的优越地理位置（与机场毗邻，交通四通八达），还在于其各环节畅通无阻。以通关程序为例，新加坡政府使用"贸易网络"，实现了无纸化通关。新加坡以转口贸易为主，这意味着新加坡港口、机场等国际交通枢纽的货物并非新加坡进口，而仅稍做停留，然后转运到其他国家。在这个过程中，这些交通枢纽就成了物流的重要场所。因此，很多物流公司在机场内部设立了专用仓库，对于需要在新加坡运转的货物，公司就在机场仓库内当场理货运转，既提高了工作效率，又节约了运输成本。

五是服务周全。随着现代物流产业的发展，物流产业的服务范围不断扩大，服务质量不断提高。以前，新加坡物流公司为客户提供某种固定模式的服务；现在，这些公司已经向"量身定做"的个性化服务，以满足客户需要为出发点和最终归宿点，由物流公司和客户共同研究选择一种或几种最理想的服务方式，最终找出能够最大限度地为客户提供低成本的解决方案。

六是技术强大。新加坡的物流公司基本实现了整个运作过程的自动化，它们都设有高技术仓储设备、全自动立体仓库、无限扫描设备、自动提存系统等现代信息技术设备。可以说，以网络技术为核心的高新技术是新加坡物流产业的主要支撑力量之一。网络技术主要包括政府的公众网络系统和物流企业的电脑技术平台。新加坡政府启动"贸易网络"系统，实现企业与政府部门之间的在线信息交换。通过这个技术平台，客户不但可以进行下订单等商务活动，而且在托运的货物进入公司运行以后，还随时可以通过公司的网络实时了解所交运货物的空间位置、所处的运送环节和预计送达的时间，极大地提高了物流系统的可预测性。现代科技还保证了货物的安全性，在各个物流公司具体的操作过程中，条形码和无线扫描仪对货物的安全提供了保障，使每天多达数千万份的货物运送准确率超过99%。这也是新加坡的物流绩效指数居世界第一位的重要原因。

7.4.2　新加坡的物流管理体制与制度创新

新加坡政府重视现代物流产业的发展，依据本国的自然资源优势，通过制度创新，走出一条独具特色的现代物流产业发展道路，使新加坡的现代物流产业走在世界的前列。

在政府层面全面规划现代物流产业的发展。新加坡政府规划物流产业发展最早可追溯到1997年。1997年7月，新加坡政府物流倡导委员会制定发展纲领；同年，新加坡发展局联合13个政府机构，其中包括海关、经济发展局、民航局、生产力及标准局、海事及港务管理局等，展开"1997年物流业提升及应用计划"。在该计划成功之后，新加坡政府又先后推出了"1999年物流业提升及应用计划"以及2001年物流业提升及应用计划。这一系列计划成功地将运输、仓储、配送等物流环节整合成一体化物流服务体系。

制定新加坡物流产业发展战略。新加坡依托现有的自然条件，发挥独特产业优势，与知识密集型的需求链管理技术和技能相结合，建设世界顶级的自然物流中心和为亚太地区内陆贸易区提供一体化服务的虚拟物流中心。物流工作组制定了以下发展战略：（1）建设世界顶级的自然物流中心。将自由贸易区范围扩大，从原来指定位置拓展到各公司内部；对于物流服务供应商在雇佣外籍员工方面，给予更大的弹性政策；审查原有各项规章制度，适时修正完善并简化手续。（2）建设虚拟物流中心，为亚太区内陆贸易提供一体化服务。主要包括：建设"伦敦型"发展框架；建设服务于物流产业的 IT 板块；建设需求链管理指挥中心；建设完全可靠的运输和物流港口；建设多式联运中心；进行财税改革，提供具有竞争力的税收制度。

在微观企业层面，进行物流企业制度创新，实现货运业务公司化。以航空货运为例，航空货运以提供高效、准时、灵活、周到的货运服务为追求目标，在日益复杂化的现代物流中起着愈来愈重要的作用。2001 年 7 月 1 日，新加坡航空货运从新加坡航空中独立出来，成为新加坡航空公司的全资子公司。新加坡航空货运公司作为一家独立经营、自负盈亏的独立法人正式挂牌成立，以更好地根据物流市场的特点，更好地满足航空货运的需求而提供最佳解决方法。

对于航空货运公司化的原因，除了要适应现代物流的发展特点和运营要求外，还有物流产业的发展需要相应的制度创新需求。

从经济学的角度看，当一个企业实体内出现不同的业务和产品后，即发生不同的利益追求取向后，为确保各个利益中心的优势的有效发挥，应当在企业组织上进行创新，成立不同的利润中心。独立的利益中心最根本的目的和任务是追求其自身利润最大化。围绕这一目的，它将竭力改善和提升自己以适应市场的要求。循着这样的发展方向，企业才有可能创新，才能把业务做大、做活，在市场的引导下形成规模经营和规模效益。也只有这样，公司作为一个利益共同体，其积极性才容易调动起来。正因为独立的利益中心基于不同的产品和业务，涉及专门的技术和能力，这种良性运行机制的结果才可能会使企业走向产业化和集约化的发展道路。

新加坡航空货运公司化验证了这一理论。将货运从航空公司的客运主业中剥离出来，成立独立的航空货运公司，就是将货运和客运两个不同的，甚至存在矛盾和冲突的业务和产品分离。分立为两个独立的利益中心，从组织结构上防止二者在业务运营、市场开拓和未来发展上相互影响，便于二者集中力量寻求并拓展各自的发展空间。货运公司对货机的运营有独立的控制权，可以不受母公司约束，直接控制货机网络的安排和运营。

从物流企业发展角度看，航空货运公司化其本质是建立规范有效的法人治理结构，即建立现代企业制度。建立现代企业制度主要包括三方面的内容：一是建立现代产权制度，即根据公司制度的内容明确企业的产权，使得公司产权明晰化；二是建立现代企业的组织制度，即根据公司制度的内容明确企业的责、权、利；三是建立现代企业的管理制度，即根据公司制度的内容对企业实行管理创新，实现科学管理的要求。

建立现代企业制度的目标是把企业改造成真正自主经营、自负盈亏、自我发展、自我完善的具有竞争力和创新力的经济实体和市场主体。航空货运作为现代物流中的一个重要环节，现代企业制度在其发展运营过程中作用巨大。随着航空货运的日益增长，通过建立具备现代化的组织结构和企业制度的航空货运公司，将航空货运由原来"车间式"的部门运作改变为市场经济下规范的公司模式，明晰其产权，确保实现企业的法人财产权，将航空货运企业全面推向市场，使其真正成为适应市场的法人实体和竞争实体。正因为有了这样的制度创新，建立了具有灵活性的独立法人运作机制，航空货运在技术和经营上的创新才能得到保证，其结果是企业的资源得以整合并得到最有效的利用。

新航货运正是通过企业制度的创新，建立了面向市场、面向客户的灵活运作机制，形成了具有团队精神的企业文化，实现了企业资源的有效合理利用，成为具有一流的管理、一流的人员和一流的服务的富有竞争活力的货运航空公司。

7.5 发达国家现代物流产业绩效的比较分析

一个企业在哪个国家设立，从哪个供应商购入原材料，进入哪个消费市场，在这些决策的确定过程中物流整体竞争力起到很重要的作用。对于总体物流成本较高的国家来说，很有可能错失经济全球化带来的机遇。提高物流绩效已经成为一个重要的经济发展政策目标。研究发达国家提高物流产业绩效的成功经验，对促进中国现代物流产业发展和绩效的提高有重要现实意义。

7.5.1　发达国家现代物流产业绩效指数及相关指标

物流绩效指数是世界银行创建的用于评价一个国家物流供应链绩效的工具，涉及 150 个国家和地区。2007 年典型发达国家现代物流产业绩效指数及相关指标如表 7-1 所示。

表 7-1　　　　2007 年典型发达国家现代物流产业绩效指数及相关指标

相关指标		新加坡	荷兰	德国	英国	日本	美国	中国
物流绩效指数	排名	1	2	3	9	6	14	30
	得分	4.19	4.18	4.10	3.99	4.02	3.84	3.32
海关效率	排名	3	1	4	13	11	19	35
	得分	3.90	3.99	3.88	3.74	3.74	3.52	2.99
基础设施	排名	2	1	3	10	6	7	30
	得分	4.27	4.29	4.19	4.05	4.11	4.07	3.20
国际运输	排名	2	1	4	6	9	20	28
	得分	4.04	4.05	3.91	3.85	3.77	3.58	3.31
物流竞争力	排名	2	1	3	7	5	13	27
	得分	4.21	4.25	4.21	4.02	4.12	3.85	3.40
追查与跟踪能力	排名	1	4	5	6	7	10	31
	得分	4.25	4.14	4.12	4.10	4.08	4.01	3.37
国内物流成本	排名	113	120	135	143	148	144	72
	得分	2.70	2.65	2.34	2.21	2.02	2.20	2.97
及时性	排名	1	5	8	11	6	19	36
	得分	4.53	4.38	4.33	4.25	4.34	4.11	3.68

资料来源：Connecting to Compete 2007：Trade Logistics in the global economy ［R］. Washington, DC：World Bank，2007：26-27.

货运代理商和快递承运人很容易获取不同的国家物流绩效信息。它们通过管理从工厂到仓库再到港口，从港口再到内陆转运站的运作，跨越一个个边境最终到达目的地，每一个连接都能够检测一个国家的物流基础设施的表现。

该指数描述了被调查国家的贸易物流情况，并且指出是哪些因素导致了不同国家间物流表现的巨大差异。LPI 得分高的国家，其贸易成本较低，与全球价值链的衔接也更完美。

在全球 150 个国家或地区的物流绩效指数排名中，进入物流绩效指数 20 强的国家中，新兴的经济体新加坡排名第一位；欧洲的荷兰排名第二位、德国排名第三位、英国排名第九位，共有 12 个国家进入 20 强；日本排名第六位；美国排名第十四位。

7.5.2 发达国家现代物流产业绩效高的原因分析

1. 制度环境分析

在物流绩效高的这些国家中，无一例外都进行了不同程度的适应物流产业发展的制度创新，国家在物流产业中起到核心领导者或者重要参与者的作用。

根据 2007 年《营商环境报告》，通过对开办企业、办理建筑许可证 、雇用员工、登记财产、获得信贷 、保护投资者、纳税 、进行跨国贸易、执行合同法、关闭企业得出的营商容易程度指标，这些物流绩效比较高的国家营商容易程度指标也比较高。2007 年典型国家在 181 个经济体中营商容易程度名次如表 7 - 2 所示。

表 7 - 2　　　　2007 年典型国家在 181 个经济体中营商容易程度名次

国家	新加坡	美国	日本	英国	德国	荷兰	中国
名次	1	3	12	6	25	26	83

资料来源：Doing Business 2007 ［R］. Washington, DC：World Bank, 2007：6.

2. 物流成本分析

国际物流包含一系列的活动，包括从运输、货物的整理、仓储和清关到国内配送、支付系统等。提高物流绩效已经成为一个重要的经济发展政策目标。海关的服务效率、贸易相关的基础设施、内陆运输、物流服务、信息系统和港口运转效率，这些对于一个国家能否及时并以低成本的方式进行货物贸易和物流服务起到至关重要的作用。贸易竞争力对于一个国家能够很好地利用全球化的机遇发展经济又将起到很重要的作用。

拥有良好物流绩效的发达国家的引致成本比物流绩效表现较差的国家的引致成本要低得很多，这个差距可以决定一个产品的国际市场上的竞争力。相反，各个国家的和具有不同物流绩效水平的国家间的直接物流成本则表现得相对来说比较接近。引致成本与可预测性成反向相关关系，且不断下降的物流绩效使得引致成本迅速上升。

在发展中国家，物流绩效与不断增长的贸易量密切相关。企业的竞争力对所在的物流环境相当敏感，企业的竞争力取决于物流成本和供应链效率以及总体的经济环境，更重要的物流体系的稳定性和可预测性。直接物流成本包括货物运输费、港口装卸费、保证金等手续费、代理费、赔偿性支付等，还要支付由于供应链缺乏可预测性和稳定性而形成的引致成本。[①] 它们必须承担更高的供应或生产的存货投资、或使用费用更高的运输方式以保证按时交货。[②] 直接运输费用与引致成本的比如图 7 - 1 所示。

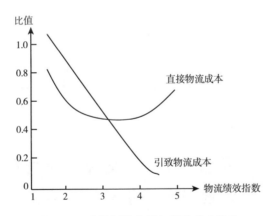

图 7 - 1　直接运输费用与引致成本的比

例如，在意大利面对同一个汽车生产商的供应商需要维持 7 天的库存水平，但是在摩洛哥却需要 35 天。在非洲的一些国家需要维持 3 个月的库存水

———————————

　　① Arvis, Jean-Francois, Gael Raballand, and Jean-Francois Marteau. The Cost of Being Landlocked: Logistics Costs and Supplychain Reliability [R]. Policy Research Working Paper 4258. Washington, D. C.: World Bank, 2007.

　　② Guasch, J. and Joseph Luis Kogan. Just in Case Inventories: Across Country Analysis [R]. Policy Research Working Paper 3012. Washington, D. C.: World Bank, 2003.

平或者更多。在孟加拉国，服装产品有 10% 通过空运来满足它的欧洲购货者的时间要求。

处于中等发展水平的国家如果它们的物流绩效水平较低，其竞争地位往往容易受到削弱，因此也会产生较高的引致成本。物流绩效表现最差的国家中的企业利润进一步恶化，因为它们需要担负很高的运费以及较高的引致成本，如图 7 - 2 所示。

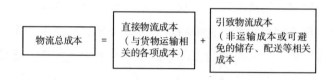

图 7 - 2　贸易方支撑下的物流成本结构

以上发展趋势表明，处在较差物流环境中的贸易商带来的较高的物流成本，其中只是部分与货物运输相关。由于物流成本的内生性质，也可以通过国内物流系统和政策的改善而降低。

不同国家之间的巨大差距可以由以下事实来解释，即一个国家的总体物流表现很大程度上受到供应链上最薄弱环节的影响。即使只是在一两个方面表现较差，也能够对一个国家的总体表现造成强烈的影响。这个发现对于有效的制度创新的设计同样重要。

7.6　发达国家现代物流产业发展与制度创新带给中国的启示

现代物流产业在美国、日本和欧洲为首的发达国家呈现出不同的发展轨迹，其特征与风貌各有千秋。其中，发展中国家借鉴启示的经验主要有三方面：一是现代物流体现的是系统化的思想，追求的是系统最优，实现的是企业效益和社会效益；二是现代物流活动是企业行为，第三方物流成为现代物流产业发展的动力；三是在现代物流发展过程中政府的作用举足轻重，政府的物流发展政策措施成为现代物流发展的方向。

发达国家物流管理体制与制度创新带来的启示更具有借鉴意义。对于现代物流的管理，分为宏观、中观和微观三方面。在宏观方面，政府对现代物流的管理强调计划性、整体性与协调性；在中观产业层面，发挥以行业自律为宗旨的物流管理中介组织的作用；在微观方面，企业需要现代管理理念的支撑，尤其是供应链管理理念，要应用现代的物流管理方法与技术。

7.6.1 在宏观层面构建和形成具有协调功能的物流产业管理机构

现代物流涉及的领域和范围较广，很难想象有一个部门能进行各个环节的管理。经济发达国家物流发展的实践也充分说明，现代物流发展产业的统一性虽高，但主要是通过国家的发展战略和相关各部门的管理活动协调性实现的。因此，从国外物流产业的管理体制现状分析，主要具有宏观调控、管理分散、组织科学、协调统一等方面的特点。同时，管理体制在分散的情况下仍然保持了较高的效率。从发展现状看，经济发达国家物流发展达到了较高水平，但这种高水平的物流产业是经济发展诸因素共同作用的结果，各国对物流产业未进行集中管理，而是根据其经营的具体内容，通过物流各个环节的不同政府部门管理协调配合，形成全国、地方通畅的物流管理系统，共同管理物流活动。如美国，物流涉及的安全、航空、公路、铁路、水运、工农业产业、商业贸易、海关等多个部门，从基础设施建设、运营、通关、运输组织、仓储管理、安全管理等，均由相关的部门统辖管理，各司其职，表现出了很高的效率。总之，迄今为止，国外物流管理部门的管理活动大多如此，除部分国家之外。如日本是在国家制定的宏观发展战略的指导下进行，并在物流基础设施的规划建设方面给予政府扶持外，各相关部门并未有特别管理方法，而且政府干预不很明显，美国更是因在20世纪80年代中期放松运输管制，促进了物流产业的快速发展。

7.6.2 在产业层面建立以行业自律为宗旨的物流管理中介组织

大量物流管理中介组织的存在是物流产业迅猛发展的产物，在现代物流管理中扮演着不容忽视的角色。美国物流管理协会（CLM）就是典型。其主要任务是：通过发展、创新和传播物流知识为物流行业服务；举行年会、研讨会则是其传播和创新物流理论的主要途径。通过这种方式，该协会将遍布于国内外各大物流公司中的美国物流协会成员组织起来，讨论现代物流的发展趋势，交流物流的新理念，促进物流理论的新发展。日本物流协会（JILS）与美国物流管理协会（CLM）相比，在政府与企业间的行业管理功能更趋明显。日本物流协会是经通产省和运输省认可，由政府、企业界和学术界三方共同组成的专门从事物流发展研究的全国性行业机构。其主要任务是：学术研究、在政府引导和授权下参与物流管理工作，并由此成为政府对物流管理的有力助手。例如，它可以对有关组织创立的物流系统进行调查，可配合政府拟订有关日本物流产业系统标准的草案，可以对物流设备的生产和配送活动进行数据统计，还可以向政府提出制定有利于现代物流发展的政策建议，并通过这类建议的形式在实质上参与国家对物流的管理。可见日本政府参与和组织物流行业协会，并通过这一中介渠道对物流产业进行较为集中的管理，效果非常明显。

7.6.3　在企业层面加强企业内部的物流管理和外部的供应链管理

企业是现代物流产业发展的主体。对于企业而言，现代物流管理观念要求对企业供需物流所涉及的原材料与配件采购环节的采购、储运与保管，生产环节中的半成品/成品入库与储存、出库，批发与销售环节的货物配送，售后技术服务环节的配件及备件储运管理，以及物流废弃物的回收及退货处理等进行全过程的系统管理。它要求企业建立专门的物流管理体系并实现面对物流流程对象的管理。在这个过程中，现代物流管理方法的应用是至关重要的。

物流供应链管理是指将上下游企业的产品或服务联接起来提供给最终消费者的网络，涉及从供应商到顾客最终产品生产与交付的一切行动，具体包括原材料、零部件和中间产品的采购、产品的制造和装配、包装与储存、产成品的运输与配送、分销与销售以及交付用户、售后服务及废弃物回收等环节。供应链管理是一种集成的管理思想与方法，它执行供应链中从供应商到最终用户物流的计划与控制职能。它将物流的各项功能有机地结合起来，形成上下游无缝链接。这个链没有开始，没有结束，循环过程是个圆圈。在这个循环中任何节点都可作为开始，由节点到线条形成网络体系。这样，利用信息网络技术，在供应商、制造商、分销商与客户间实现资源共享，对物流各环节进行实时追踪，有效控制与全程管理，可极大地提高现代物流的效率，促进现代物流产业的发展。不论是在美国还是在日本，其物流管理体制都是建立在这样市场化运作的、具有现代经营理念的企业基础之上的。

7.6.4 在政策层面积极发挥政府的引导作用

迄今为止，虽然各国尚未制定针对物流的专门法规，但政府方面都在采取相应的政策促进本国物流产业的发展。如把现代物流产业发展纳入国家经济发展体系，制定相关的扶持政策和积极创造良好的物流产业发展环境等适应物流发展方向和目的方面是一致的。对物流产业的管理，经济发达国家和市场经济类型的国家和地区，如美国和欧洲均倾向于主要依靠市场机制的调节功能。而后起市场经济类型的国家和地区，如日本等则更倾向于通过政府的适度干预实现对物流产业发展的规划和引导。从物流产业发展的实际情况看，这两种政策取向在促进物流产业发展和提高物流产业的竞争能力方面，均能发挥很好的作用。美国和日本的物流发展实践都分别证明了管理方法和体制对物流的发展并不是决定性的，管理政策的及时调整和管理部门的良好配合，才是取得预期物流产业发展的经济效益和社会效益的保障。在现代物流产业宏观管理方面，我国各级政府部门应学习国外经验，积极制定物流产业发展规划，并赋予规划应有的法律地位，在高度重视物流产业建设的同时，对现代物流产业要在税收、贷款等政策方面进行导向扶持，促进中国现代物流产业的发展。

第 8 章

中国现代物流产业发展
模式与制度障碍

中国现代物流产业是在国民经济高速发展、社会主义市场经济体制逐步建立、科学技术水平不断提高、社会分工日益深化以及经济全球化浪潮等宏观经济背景下得以形成和发展的。目前，物流产业发展的制度障碍主要是模糊的市场需求约束、模糊的交易主体约束和尚待健全的制度安排约束。分析制约现代物流产业发展的关键因素，进而阐明中国现代物流产业发展与制度创新应采取的主要模式是本章的核心内容。

8.1 中国物流产业发展的基本情况

从总体上讲，现代物流的产业地位在国家规划层面得以确立，物流产业增加值占服务业的比重不断提高，社会物流总费用与 GDP 的比重继续下降。但物流产业发展仍处于初级阶段，粗放经营的格局还没有从根本上得到改变，在国际市场的竞争力还较弱，物流产业的绩效指数同发达国家和地区相比还有很大差距。

8.1.1 物流产业发展规模

1. 社会物流总费用

2018 年，社会物流总费用略有上升。2018 年，全年社会物流总费用约为

13.3 万亿元，同比增长 9.8%，增速较上年提高 0.7 个百分点。其中保管费用和管理费用是推高物流总费用的重要因素，保管费用比上年增长 17.5%，管理费用比上年增长 13.45%（见表 8-1）。

表 8-1　　　　　　　2018 年我国社会物流总费用

项目	金额（亿元）	比上年增长（%）	比重（%）
社会物流总费用	132980	10.10	100
运输费用	69351	4.95	52.15
保管费用	45958	17.50	34.56
管理费用	17671	13.45	13.29

资料来源：中国物流与采购联合会. 中国物流年鉴（2019）［M］. 北京：中国财富出版社，2019：108.

2003～2018 年物流总费用与 GDP 比率呈现逐年降低态势，2018 年比 2010 年降低 3 个百分点，比 2003 年降低 4.1 个百分点，从中可以发现我国物流运行质量逐步提高的趋势（见表 8-2）。

表 8-2　　　　　　　2003～2018 年物流总费用与 GDP 比率　　　　　　单位：%

年份	运输费用	仓储费用	管理费用	社会物流总费用
2003	10.40	5.90	2.60	18.90
2004	10.60	5.60	2.60	18.80
2005	10.20	5.80	2.50	18.50
2006	10.00	5.90	2.40	18.30
2007	9.15	5.53	2.13	16.81
2008	8.98	5.93	2.18	17.09
2009	9.64	5.74	2.07	17.45
2010	9.30	5.83	2.09	17.22
2011	9.10	6.04	2.10	17.24
2012	9.13	6.12	2.15	17.40
2013	9.06	6.05	2.16	17.27
2014	8.73	5.77	2.02	16.52
2015	8.41	5.27	1.98	15.66
2016	8.05	4.95	1.94	14.72
2017	8.05	4.77	1.90	14.72
2018	7.70	5.10	2.00	14.80

资料来源：根据 2004～2019 年《中国物流年鉴》物流统计章节和 2004～2019 年《中国统计年鉴》中国民经济核算章节中数据整理。

2. 物流产业发展与经济发展的关联度

如表 8 - 3 所示，2018 年，我国社会物流总额约为 283.1 万亿元，按可比价格计算，同比增长 6.4%，增幅较上年回落 0.2 个百分点。且下半年增速明显低于上半年，需求规模保持适度增长，增长压力有所加大。当年 GDP 总量与物流总额相比的物流需求系数为 3.14，即我国每单位 GDP 产出需要 3.14 个单位的物流总额来支持。

表 8 - 3 　　　　　　　2018 年我国社会物流总额

项目	金额（亿元）	同比增长（%）	比重（%）
社会物流总额	2830726	6.4	100
工业品物流总额	2567998	6.2	90.72
进口货物物流总额	140812	3.7	4.97
农产品物流总额	38683	3.5	1.37
再生资源物流总额	13035	15.1	0.46
单位与居民物品物流总额	70198	22.8	2.48

资料来源：中国物流与采购联合会. 中国物流年鉴（2019）[M]. 北京：中国财富出版社，2019：108.

从构成看，工业品物流总额约为 256.8 万亿元，按可比价格计算，同比增长 6.2%，增速与上年同期持平；进口货物物流总额约为 14.1 万亿元，同比增长 3.7%，增速比上年同期回落 5 个百分点；农产品物流总额约为 3.9 万亿元，同比增长 3.5%，增速比上年同期回落 0.4 个百分点；再生资源物流总额约为 1.3 万亿元，同比增长 15.1%；单位与居民物品物流总额约为 7 万亿元，同比增长 22.8%。

3. 交通运输和仓储服务

2018 年，全国完成货运总量约为 515.3 亿吨，同比增长 7.24%，增速较上年下滑 2.2 个百分点。其中，铁路货运量完成约为 40.3 亿吨，同比增长 9.15%，继续保持较高增长速度（见表 8 - 4）。

表 8 - 4 　　　　　　　2018 年我国货运总量

项目	2018 年（万吨）	同比增长（%）	比重（%）
货运总量	5152732	7.24	100
铁路货运量	402631	9.15	7.81
公路货运总量	3956871	7.32	76.79

项目	2018 年（万吨）	同比增长（%）	比重（%）
水运货运总量	702684	5.22	13.64
民航货运总量	738.5	4.62	0.01
管道货运总量	89807	11.46	1.74

资料来源：国家统计局. 中国统计年鉴（2019）［M］. 北京：中国统计出版社，2019：520.

2018 年，全国货物周转量约为 20.5 万亿吨公里，同比增长 3.71%（见表 8 - 5）。

表 8 - 5　　　　　　　　　　　**2018 年我国货物周转量**

项目	2018 年（亿吨公里）	同比增长（%）	比重（%）
货物周转量	204686	3.71	100
铁路周转量	28821.0	6.89	14.08
公路周转量	71249.2	6.71	34.81
水运周转量	99052.8	0.45	48.39
民航周转量	262.50	7.78	0.13
管道货运周转量	5301	10.81	2.59

资料来源：国家统计局. 中国统计年鉴（2019）［M］. 北京：中国统计出版社，2019：520.

总体来看，铁路运输持续高位运行，航空货运量增速提高，水运及港口货物和集装箱吞吐量保持平稳增长，多式联运、甩挂运输、江海直达运输等加快发展，主要港口集装箱铁水联运量增长超过 10%，装卸搬运费用占比连续两年小幅回落，比 2017 年下降 0.1 个百分点。2017 年在去产能的大背景下，我国社会库存整体保持较低水平，库存周转效率保持高位。全年中国仓储指数中的平均库存周转次数指数平均为 52.1 点，均处在扩张区间，表明仓储物流企业周转效率持续保持较快增长。

8.1.2　物流产业基础设施和技术装备

2018 年，我国物流相关固定资产投资结构质量不断提升，围绕促转型、补短板等方面有效投资保持稳定增长。全年交通运输、仓储和邮政业完成投资 6.1 万亿元，比上年增长 3.9%，增速比上年提高 5.3 个百分点，全年均保持在 10% 以上的增长速度。

一是物流运输设施网持续优化。2018 年，铁路里程达 13.17 万公里，比 2003 年增长约 5.87 万公里；公路总里程达 484.65 万公里，比 2003 年增长约 303.67 万公里；内河航道条件持续改善，通江达海干支衔接的航道网络进一步完善，民航运输机场达 229 个。各种运输方式一体化衔接协同性改善，综合货运枢纽、物流园区、港口集疏运铁路公路系统建设积极推进。

二是物流基础设施短板进一步补强。从重点区域看，中、西部铁路建设有所加快，郑万、银西、杭温铁路等建设稳步推进；农村物流基础设施明显改善，新改建农村公路 20 万公里。从重点领域看，冷链物流发展迅速，2018 年，全国冷库总容量达 5238 万吨，折合 13095 万立方米，同比增长 10.3%；全国冷藏车保有量为 18 万台，同比增长 28.6%。①

三是交通运输网络发展迅速，物流用主要设施持续增加（见表 8 - 6）。

表 8 - 6　　　　　　　　　2003 ~ 2018 年物流用主要设施　　　　　单位：万公里

年份	铁路里程	公路里程	内河航道里程	民用航空航线里程	输油（气）管道里程
2003	7.30	180.98	12.40	174.95	3.26
2004	7.44	187.07	12.33	204.94	3.82
2005	7.54	334.52	12.33	199.85	4.40
2006	7.71	345.70	12.34	211.35	4.81
2007	7.80	358.37	12.35	234.30	5.45
2008	7.97	373.02	12.28	246.18	5.83
2009	8.55	386.08	12.37	234.51	6.91
2010	9.12	400.82	12.42	276.51	7.85
2011	9.32	410.64	12.46	349.06	8.33
2012	9.76	423.75	12.50	328.01	9.16
2013	10.31	435.62	12.59	410.60	9.85
1014	11.18	446.39	12.63	463.72	10.57
2015	12.10	457.73	12.70	531.72	10.87
2016	12.40	469.63	12.71	634.81	11.34
2017	12.70	477.35	12.70	748.30	11.93
2018	13.17	484.65	12.71	837.98	12.23

资料来源：2004 ~ 2019 年《中国统计年鉴》。

①　根据中国物流与采购联合会冷链物流工业委员会和中国物流与采购网数据整理。

8.1.3 物流产业园区及其分布

《物流业发展中长期规划（2014－2020 年）》中提到，在严格符合土地利用总体规划、城市总体规划的前提下，按照节约、集约用地的原则，在重要的物流节点城市加快整合与合理布局物流园区，推进物流园区水、电、路、通信设施和多式联运设施建设，加快现代化立体仓库和信息平台建设，完善周边公路、铁路配套，推广使用甩挂运输等先进运输方式和智能化管理技术，完善物流园区管理体制，提升管理和服务水平。结合区位特点和物流需求，发展货运枢纽型、生产服务型、商贸服务型、口岸服务型和综合服务型物流园区，以及农产品、农资、钢铁、煤炭、汽车、医药、出版物、冷链、危险货物运输、快递等专业类物流园区，发挥物流园区的示范带动作用。中国物流与采购联合会和中国物流学会先后于 2006 年、2008 年、2012 年、2015 年和 2018 年组织了五次全国物流园区（基地）调查。据调查数据显示，近年来，我国物流园区数量稳步增长。2018 年全国包括运营、在建和规划的各类物流园区共计 1638 家，比 2015 年的 1210 家增长 428 家。3 年间，我国物流园区个数年均增长 10.7%。此外，2018 年全国物流园区在营状态数量、在建状态数量、规划状态数量均有较大提升。数据显示，在 2018 年全国 1638 家物流园区中，在营的有 1113 家，占 68%；在建的有 325 家，占 20%；规划的有 200 家，占 12%。分省区来看，物流园区总数最多的前三名分别为山东（117 个）、江苏（102 个）和河南（97 个）；运营园区数量最多的前三名分别为江苏（91 个）、山东（86 个）和浙江（70 个）；而海南、西藏、青海等省区的物流园区总数在 10 家以内。①

8.2 中国现代物流产业发展面临的制度障碍

现代商业的发展和流通领域的改革开放，为各种形式的交易活动提供了

---

① 根据中国物流与采购联合会和中商产业研究院提供数据整理。

广阔空间。市场经济制度的逐步确立，市场体系的进一步完善，使流通产业走向空前繁荣。随着国民经济的不断增长，产业结构调整的日益深入，现代物流产业的健康发展已经成为提高我国经济运行效率的关键因素。

用制度的观点来考察，物流产业的发展不仅要有充分的市场需求基础、活跃的市场主体以及完善的物流设施，更为重要的是要有适应物流产业发展的制度环境，以保证市场机制能够充分发挥作用并使各种物流活动规范有序地进行，从而促进物流产业健康有序发展。由于我国物流市场交易制度尚需完善，我国物流产业在面临前所未有发展机遇的同时，也受到制度安排不成熟所造成的制度障碍。

8.2.1 模糊市场需求的约束

不管是具体的客观事物还是社会现象，当我们能够清楚地描绘，并用科学的方法来考察时，我们才能够真正认识到它的主要作用和社会意义。物流关系着国民经济的方方面面，涉及流通领域的诸多环节，是提高整个国民经济运行效率的重要途径。

物流需求是指社会对物流服务的有支付能力的购买数量。物流需求随时随地可以发生，小至订购牛奶、邮寄包裹，大到西气东输、国际贸易，都涉及物流需求问题。如何界定其中的物流需求，弄清物流需求的规模、成本、效益和质量，是关系到如何在市场上实现这些需求的根本问题，也是物流产业中需要迫切需要解决的基本问题。"物流"概念引入中国只是最近 20 年左右的事情，对物流的研究也只是断断续续、没有深入，物流产业一直呈现比较落后的局面。人们对物流需求的界定还十分模糊，物流需求被分割在单一的运输、仓储、装卸搬运等有限的物流功能上，而这些功能又仅限于一些简单的机械作用和大量的人工劳动方面，对物流需求的理解和认识简单、片面，缺乏系统性。

受传统计划经济的影响，国民经济中的物品采购、销售、运输、存储等环节都依靠计划进行支配和实施，没有自发的物流需求。国民经济中重生产、轻流通，重商流、轻物流，重产值、轻效益的观念根深蒂固。传统工商企业大都是国有企业，商品的进出靠国家调配，很少关心包括运输、储存、搬运等在内的物流成本，对于物流费用和物流成本方面的分析和管理也没有引起足够的重视，企业自身的物流需求也就无从界定和剥离出来，成为企业管理中的一个薄弱环节。

随着现代企业制度的实施，物流的核算也成为企业经营管理的一个重要手段。但受传统工商业经营管理模式的影响，诸多的企业虽然开始对仓储、运输、库存控制、拣选、加工、及时配送等有关物流管理的活动和服务给予一定的关注，然而对物流成本的认识还大多局限于物流活动的个别环节，没有形成系统而全面的物流供应链的理念，对于市场化的物流需求还不能进行客观的统计核算和准确的界定，对于合理规划物流系统所带来的整体经济成本的节约还缺乏足够重视。许多企业目前还只是看到了物流成本的"冰山"一角，真正产生于自身，可以进行市场化交易的物流需求，还没有清楚的界定和自然的形成。

被长期作为生产或流通附属物看待的分散的物流活动，地位很低，缺乏有效的整合，从而形成了制约现代物流产业发展的历史基础。条块分割的管理体制，客观上阻碍了市场经济的进程；运输、仓储、物流信息等物流功能曾一度被认为部门内或行业内的从属物而存在，人为地割裂了物流的整体性，形成重复而分散的物流组织和物流活动。物流需求被模糊地当成内部管理的费用而被人们忽视了，形不成有效的市场需求刺激，严重影响了现代物流产业规模的扩大。

8.2.2　模糊交易主体的约束

市场经济的交易主体是企业，市场需求的满足靠自主经营而有活力的企业主体来完成。因此物流需求的满足要靠物流企业主体来完成，物流企业是物流交易活动的交易主体。从目前物流交易的市场进程来看，我国物流市场的交易主体还不够成熟，需求一方和供给一方都还不能清楚地界定其市场定位，都需要不断的发展、规范，不断的创新、完善，形成产权清晰的市场主体。

一方面，传统的工商企业正面临建立现代企业制度的改造。现代企业制度所要求的科学的管理素质将使企业内部核算体制更加合理，对于企业在物流方面的记录、分析、监督、管理、控制将会更加细致、客观、有效。物流将成为衡量和制约企业经济效益的一个重要指标。企业在自主经营的原则下，有压力和动力进行必要的物流核算。企业会主动地利用科学的方法和手段界定物流需求，通过系统的经济分析把一定规模的物流需求分离出来，进入市场交易的范围。企业通过弄清内部交易和外部交易的费用关系，摆脱企业内部管理交易的模糊性和主观性，充分利用市场资源，根据客观的经济情况自主决定采取何种交易制度安排，控制物流交易成本，就可以避免不必要的浪费并通过成本节约形成自己的竞争优势。

另一方面，传统物流企业也面临转化为现代物流企业的考验。我国目前的大多数物流企业是传统的物资和商业储运企业、各部委所属储运基地以及港口、码头等运转代理据点转变过来的，还有一些新成立的运输、仓储民营小企业。随着近年来国民经济的快速发展，产业的不断更新换代，对物流服务提出了许多新要求。物流企业的从属地位，以及在转制过程中模糊的市场定位，阻碍了它们在市场交易中发挥的主动作用。它们迫切需要进行产权制度的创新，塑造明确的市场主体形象，主导物流交易活动的正常进行，促进现代物流产业的发展。

企业家作为物流企业管理者，从事的是高度复杂化、不确定性很大的经营管理决策活动。作为企业的核心生产要素，人力资本产权制度的缺陷也严重抑制了交易主体主动作用的发挥，其市场化的配置也存在严重的制度障碍。

从产权归属看，人力资本产权的归属仍未复位，人力资本载体远未成为独立的产权主体。作为异质型人力资本的企业家不具有"异质型人力资本"的所有权，包括财产资本所有权、技术资本所有权、创新资本所有权和信息资本所有权，无论是"异质型人力资本"的占有权、使用权、处分权，还是凭此获取收入的收益权制度，均存在一系列的障碍①。而大量非国有企业员工则谈不上人力资本产权，物质资本所有者根本就不承认员工人力资本产权的存在，导致人力资本产权主体虚置。

从产权主体间的权、责、利关系来看，权、责、利仍极不对称。人力资本使用权行使过程中权、责关系不清，人力资本载体与物质资本互相侵犯现象较为普遍。如物质资本所有者对人力资本的过度使用，不合理加班加点，

---

① 丁栋虹. 制度变迁中企业家成长模式研究［M］. 南京：南京大学出版社，1999：74.

在恶劣环境下工作对人力资本只支出、不投入，剥夺其受培训、进修的权利，很多企业缺乏对人力资本载体培训费用的投入。这种对人力资本掠夺性的使用，严重损害了人力资本载体的权益，作为对物质资本所有者的一种"回报"，人力资本载体自行关闭或部分关闭人力资本的支出，最终落得两败俱伤的结局，严重影响企业的活力和交易主体作用的发挥。这主要是人力资本所有权界定不清的必然结果。建立有效的人力资本产权收益制度，其目的并非是要激励人力资本产权主体的分配性的努力，而是要最大限度地通过收益权的制度化（契约化、法律化），去鼓励人力资本产权主体的生产性努力，努力把企业做大做强，并使在生产性努力中贡献越大的人力资本所有者获得最大的收益，从而更好地发挥交易主体的作用。

8.2.3　尚待健全的制度安排约束

市场经济以市场作为交易双方进行买卖交易的制度安排基础，除了应具备有效、合理的交易需求，合法、独立的交易主体之外，规范的交易制度、完善的交易市场、良好的交易秩序等都是市场化交易必不可少的重要条件。物流市场交易制度安排的落后，客观上对现代物流产业的快速发展形成了一定程度的制约。

1. 物流市场不完善导致物流市场交易的局限性

最常见的现象是物流市场的保守和封闭，物流市场被限定在相对的地域范围之内。这种做法常常给跨地区的物流组织活动造成不必要的影响，妨碍物流合理化的社会进程，造成物流资源的大量闲置和物流需求无法得到满足的状况同时并存。

规模化经营、网络化发展是物流企业的基本要求，各地不符合物流发展的"土政策"需要进一步清理整顿。有的地方规定，物流企业设立分支机构要在当地找"挂靠单位"，必须进入指定经营地点，硬性规定车辆台数，不分企业状况缴纳押金等。许多出于地方利益考虑，要求物流连锁经营单位在当地重新登记注册，不允许注册非独立核算的分支机构，严重制约了全国性物流企业的集团化和规模化进程。一些地方对过境车辆乱罚款、乱收费问题还没有彻底解决。

诚信度缺失对行业整体形象造成损害。2006 年，一些地区频发"公路货运蒸发"事件，导致整个行业的诚信危机。2006 年 4 月初，位于长春市珠江路的六家公路货运企业相继"蒸发"，牵涉的货款达几千万元。其他许多地方也连续发生多起较大规模的公路货运企业逃款事件。一些企业打着"低价"的旗号，挪用代收货款进行投机活动，一旦资金链断裂，就"一走了之"。由于近几年不断发生类似事件，引起了社会上对物流产业整体信用情况的普遍担忧。在物流绩效指数评价指标中，诚信度缺失及欺诈是形成物流系统恶性循环的诱因之一。

不正当竞争扰乱了正常的市场经营秩序。如企业之间的恶性竞争、打"价格战"；招标中的不规范、"暗箱操作"等问题比较严重。①

此外，物流服务产品单一、服务功能原始也是物流市场不完善的因素之一。

2. 物流服务不规范制约了物流交易效率

受传统轻视物流思想的影响，物流市场缺乏正确、客观的物流服务标准，而代之以较多的主观衡量因素。同样是送货上门，有的企业能做到零差错、无投诉；有的企业则是无保障、随时动，这就造成了物流服务质量的千差万别。因为缺少相关的市场规则、法规和法律约束，物流产品难以形成统一的评定标准。物流服务没有形成相关的制度规范，缺乏约束的制度基础。

原来从事单一的物流服务的企业，如运输公司，对于运输的服务要求也许可以用运输距离、物品在途保养、时间要求、交接货物质量等方面的量化指标加以考核和控制，并用明确的合同条款进行规定，达到一定的物流服务标准。但转型以后，企业物流业务的纵向拓展，涉及与之相关联的装卸搬运、库存控制、分拣配送、风险管理、信息处理等诸多功能，需要一整套的物流作业规范。企业在短时间内还难以形成系统而具体翔实的条文规定和制度规范，这不单是社会对物流的认识不够，也是由于物流产业本身不够发达，物流服务不规范所造成的。

3. 物流信息不对称制约了物流交易的规模和水平

各种商品市场、各类消费对象之间的物流需求，分散在各个工商企业内部，由各自独立的经济体进行核算和决策，封闭经营的模式使物流信息局限

---

① 中国物流与采购联合会. 中国物流年鉴（2007）［M］. 北京：中国物资出版社，2007：79.

在一定的范围内，不能进行充分的交流和有效的沟通。迂回运输、重复作业、空载行使等物流资源浪费现象屡见不鲜。市场上缺乏一个统一有序的物流信息沟通平台和信息交换机制，物流信息经常在狭窄的地域范围、有限的组织个体间不同程度的重复，而达不到信息资源的共享，达不到更广泛和有效的交流。真正符合市场需求的有效物流信息无法正常传达到供需双方，严重地制约了物流资源的配置效率，影响交易活动的有效扩张。不对称的信息必然会带来不正当的竞争和流通秩序的混乱，物流交易进行的程度、规模、水平必然受到一定的限制。

4. 物流秩序的混乱制约着物流产业的发展

在产业管理方面，暂时还没有全国统一的指导物流产业发展的战略政策，同时各行政区域已分别开始对物流产业进行规划和治理，造成既缺乏统一的产业监管部门，又存在管理主体多、政出多门的现象。

第一，条块分割的管理模式对物流产业发展的影响和制约。由于历史原因，中国至今没有统一的物流发展主管部门，缺乏全国性的交通运输、仓储管理、信息网络等总体规划，国家未能有效地对物流网进行统一布局，地区之间、部门之间协调困难。条块分割、部门分割、地区分割的状态依然存在，物流管理权限被划分为若干个部门，涉及多部门的参与和管理。

由于体制没有理顺，各具体行业主管部门之间分工存在交叉，造成物流行业管理难以协调。在目前实行中央和地方的"分灶吃饭"的财政体制下，各地经济、社会的发展规划自成一统，地区封锁、市场分割成为限制物流发展的重要障碍。这种体制弊端是与现代物流应有的开放、跨区域、跨部门、网络化的特征格格不入，它直接导致了各种存量的物流要素的分散和难以整合，影响了物流服务一体化，使得各种基础设施的规划和建设缺乏必要的协调，形成大量的重复建设和过度竞争。例如，在运输管理体制上，我国实行的是按照不同运输方式划分的分部门管理体制；同时，从中央到地方也有相应的管理部门和层次。这种条块分割式的管理体制，不仅使部门之间、地区之间的权力和责任存在交叉和重复，难以有效合作和协调；而且各部门、各地区各管一块，将全社会的物流过程分割开来，实行一种分段式的管理模式。这种条块分割的体制，不仅无法适应和满足现代物流产业发展的要求，而且在相当程度上影响和制约着现代物流产业的发展。一方面，影响各种物流服务方式的协调发展。例如，由于各种运输方式的多头管理和相互分割，长期以来呈现分立发展的局面，不同运输方式在运输组织方式、服务规范、技术及装备标准等方面存在较大差距，使物流企业很难根据市场需要选择合理的运输服务方式，许多企业只能利用单一的运输方式来开展物流服务，而以多式联运为基础的许多现代化物流服务方式还难以开展。另一方面，造成物流资源的浪费。在条块分割、多头管理的模式下，各种基础设施的规划和建设缺乏必要的协调。一是导致大量重复建设和过度竞争，例如公路主干网络与铁路网络的平行发展，各地争相建设港口、机场等现象。二是涉及各种运输方式之间、国家运输系统与地方运输系统之间、不同地区运输系统之间相互衔接的枢纽设施和有关服务设施建设方面缺乏投入，对物流产业发展有重要影响的各种综合性货运枢纽、物流基地、物流中心建设发展十分缓慢。这种"重线路、轻节点"式的发展，既造成了资源的极大浪费，也影响着整个物流系统的协调发展。三是存在部门、行业和地方保护现象。各管理部门、地方政府制定政策法规多从本部门、行业和地方利益出发，致使许多从事物流服务的企业想方设法寻求部门或地方政府的保护，在有保护的情况下开展物流服务活动，造成一种不正常的、不公平的竞争格局，不利于形成社会化的物流系统和跨区域、跨行业的物流网络。

第二，政企不分现象依然存在，不利于物流产业规范有序发展。政府部门直接或间接参与企业经营活动的现象依然存在，除铁路系统政企合一的体制外，其他行业存在不同程度的政企不分现象。例如港政管理和码头经营合一，这一方面影响政府公正地行使政府职能，另一方面也影响企业市场竞争能力的提高，同时也不利于港口的建设和发展。

5. 物流产业政策滞后和实施不利影响物流产业发展

自 2009 年国务院发布《物流业调整和振兴规划》以来，促进物流发展的相关政策不断出台。虽然这些政策对推动我国物流业健康发展有的已起到实效，但仍有不少政策有待落实，应以落实现有政策为突破口，加强政策、部门间统筹协调，为物流业发展创造更好的环境。2014 年，《物流业发展中长期规划》出台，贯彻落实《物流业发展中长期规划》，要以促进现代物流发展为着力点，从物流业与制造业联动发展、协调发展的高度，充分发挥物流提高效率、降低费用的作用。已出台的政策措施需进一步落实，体制政策环境还需进一步改善。

一是物流产业发展的政策环境问题。从长远来看，应该从经济协调发展的角度考虑，形成相应的产业政策体系；把国家物流产业政策落实到经济管理的各个层面，并在此基础上为物流立法创造条件，改革必须是全面的，并发挥不同改革部门的协同作用。

二是税收方面问题需进一步完善。2013 年 8 月，"营改增"在全国铺开，部分物流企业整体税负水平不降反升。其中对于从事仓储、货代等"物流辅助服务"的物流企业而言，其税收负担基本持平或增加不多。然而，货物运输服务作为物流企业最基本的服务，实际可抵扣项目较少，导致税改后部分企业实际税负大幅增加。一方面，具有一定规模的物流企业，长时间未有大额资产购置，因此实际可抵扣的固定资产所含进项税很少；另一方面，过路过桥费、房屋租金、保险费等占比较大的费用不在抵扣范围，加重了税负。

三是配送车辆进城通行停靠及干线公路货物运输问题。在物流产业链条中，最重要的是物流服务质量和稳定性，这主要由物流过程的可预测性和运输车辆、船只能否及时抵达目的地来衡量。这方面的制度约束主要体现在：相当部分城市的物流企业送货车辆进城配送需要货车通行证，通行证的发放和货运车辆进城没有统一明确的标准。高速公路通行费及过路过桥费标准仍然偏高，国家对于集装箱运输车辆通行费的优惠政策在部分地区不能落实，造成部分区域的高速公路运能闲置。走普通公路不仅长距离干线公路运输能耗高，环境污染问题严重，还会遇到乱收费、乱罚款等问题，货物安全也存在很大隐患。

8.3　中国现代物流产业发展与制度创新的模式

发展现代物流产业，提高物流绩效已经成为一个重要的经济发展政策目标。海关的服务效率、与物流相关的基础设施、内陆运输、物流服务、信息系统和港口运转效率，这些对于一个国家能否及时并以低成本的方式进行货物贸易和物流服务起到至关重要的作用，而且现代物流产业的竞争力对于一个国家能够很好地利用全球化的机遇发展经济也将起到很重要的作用。

8.3.1 发展中国现代物流产业的关键因素

1. 物流绩效指数和主要指标

发展现代物流产业，提高物流产业的国际竞争力，就应该通过改革和制度创新，大幅度提高我国物流产业的绩效水平。

由世界银行每两年发布的物流绩效指数（LPI），是基于对全球货运代理商及快递公司在内的物流运营商的调查，对全球 155 个国家与地区的物流能力进行数值评分得出的。LPI 包括国际物流绩效指数和国内物流绩效指数两个方面。国际物流绩效指数的调查对象为跨国货运公司，主要从海关、基础设施、国际运输、物流能力、货运追踪和及时性六个方面综合评价各国的物流绩效表现。国内物流绩效指数的调查对象为各国当地货运公司（仅在国内设点运营的货运公司）及跨国货运公司，包含物流服务收费水平、基础设施品质、物流能力及服务品质、流程效率、重大延误缘由，以及自 2007 年以来物流行业环境变化等方面。

2. 物流绩效中的主要因素

（1）基础设施的质量。通信和 IT 设备是当代国际贸易的核心组成部分，货物的实体运动（运输）需要及时有效的信息交流。LPI 指数排名最高和次高的 1/5 国家，物流运营商很少出现通信设备和 IT 设备问题，但有将近一半的运营商表示了对物流绩效表现一般和较差的国家的担忧。在泛撒哈拉非洲的 43% 的受访者认为这是一个问题。运输设施的质量仍然是物流绩效表现一般和较差的国家密切关注的一个主要问题。这个问题甚至也是物流绩效高的国家所关注的。这也反映了维护基础设备使之保持在一个稳定的水平，从而能够满足不断增长的物流服务需求。

（2）私营和公共物流服务提供商的竞争。供应链的绩效主要是依赖于私有部门的海关经纪人和陆路运输运营商所提供的物流服务的质量上，以及政府公共代理机构在出入境管理上的工作能力。对于绩效较差的国家，私营和公共物流服务部门的贸易物流服务获得认可度较低（客户不满）。对于物流绩效较高的国家，私营物流提供商获得的客户满意度比公共物流服务提供商要高。通常在发展中国家，尤其是在非洲，规章的欠缺、竞争的不足，导致了腐败的产生以及较差的服务质量。

（3）海关以及其他边境代理机构。边境清关不仅仅是海关勤奋工作的事情。法律执行机构和农业、工业部门也会牵涉其中。海关的表现通常要比其他的边境代理机构要好；一般来说，清关大概要占进口所花费时间的 1/3。这也强调了重视协调边境代理机构的重要意义，尤其是在那些已经取得了快速清关能力的国家。

（4）腐败和透明度。物流绩效表现同样依赖于更宽泛的政策维度，包括总体商业环境，物流服务规章管制的质量，更为重要的是政府治理的总体情况。当地物流服务市场治理的方式直接影响着一个国家使用实体网络连接全球市场的能力。政府采购的透明度、货物（防盗）的安全性、宏观经济情况、体制的潜在力量都是物流绩效的决定性影响因素。

（5）贸易系统和供应链的稳定性。对处于供应链最上游和最下游的贸易商来说，最重要的是物流服务的质量及其稳定性，这些主要通过清关过程的可预测性及运输船只能否及时抵达目的地来衡量。在物流绩效表现较高和较低的国家关于这个问题满意度的差距相对于调查中的其他问题来说更大。

（6）国内物流成本和当地物流企业竞争力。国内物流成本由直接成本和引致成本两部分构成。在发展中国家，国内物流成本与不断增加的贸易量密切相关，而物流企业的竞争力对它所处的物流环境的质量相当敏感，物流企业的竞争力受国内物流成本、供应链绩效和所处的整体物流环境多方面的影响，但主要受物流系统的可预测性的影响。

在以上所有指标中，可预测性对物流绩效指数的影响巨大，是影响物流活动总成本的中心指标，也影响其在全球供应链中的竞争力。

3. 发展中国现代物流产业的关键因素

从衡量物流产业发展水平的指标物流绩效指数来看，居高不下的国内物流成本是影响我国物流绩效指数的核心因素，而影响国内物流成本的最重要因素是中国经济的管理体制和制度因素，要促进我国现代物流产业发展，提高物流绩效水平，就必须通过制度创新，创造有效的物流产业发展的环境。

2018 年，从世界范围看，我国的物流绩效指数在 163 个国家与地区中排名第 26 位，得分为 3.61，与高收入的发达国家存在一定差距。

从区域范围看，在亚洲，日本排名第 5 位、新加坡排名第 7 位、韩国排名第 25 位，均高于中国的物流绩效水平。

2018 年，从收入水平看，中国在中高收入组国家中排名已经跃居第 1 位，处于领先水平，如表 8 - 7 所示。

表 8 - 7　　2018 年按收入分组，前 10 名国家的物流绩效指数排名和得分

中高收入组			中低收入组			低收入组		
国家	排名	得分	国家	排名	得分	国家	排名	得分
中国	26	3.61	越南	39	3.27	卢旺达	57	2.97
泰国	32	3.41	印度	44	3.18	贝宁	76	2.75
南非	33	3.38	印度尼西亚	46	3.15	布基纳法索	91	2.62
巴拿马	38	3.28	科特迪瓦	50	3.08	马里	96	2.59
马来西亚	41	3.22	菲律宾	60	2.90	马拉维	97	2.59
土耳其	47	3.15	乌克兰	66	2.83	乌干达	102	2.58
罗马尼亚	48	3.12	埃及	67	2.82	科摩罗	107	2.56
克罗地亚	49	3.10	肯尼亚	68	2.81	尼泊尔	114	2.51
墨西哥	51	3.05	老挝	82	2.70	多哥	118	2.45
保加利亚	52	3.03	约旦	84	2.69	刚果	120	2.43

资料来源：Connecting to Compete 2018：Trade Logistics in the Global Economy [R]. Washington, DC：World Bank，2018：12 - 13.

从物流绩效指数的评价指标体系看，2018 年，我国物流绩效指数在 160 个国家与地区中排名是第 26 位。其中海关效率得分 3.29，排名第 31 位；基础设施得分 3.75，排名第 20 位；国际运输得分 3.54，排名第 28 位；物流竞争力得分 3.40，排名第 27 位；追查和跟踪能力得分 3.65，排名第 27 位；货物运输及时性得分 3.84，排名第 27 位。我国与物流绩效指数较高的发达国家还存在一定差距。

从中国社会物流总费用占 GDP 比例看，2018 年中国社会物流总费用占 GDP 比例为 14.8%，而同期发达国家的数值低于 10%，还有很大的降低空间。

8.3.2　发展中国现代物流产业的突破口

创造一个高效的物流环境需要持续的制度创新以及利益相关者持续的参

与，这些利益相关者需要看到具体的、实际的绩效改进。解决这些问题的能力主要依赖于一个国家的政府治理和体制的总体环境。发展中国现代物流产业的突破口就在于冲破物流非友好的恶性循环，实现物流环境从恶性循环向良性循环的转变。

较差的物流环境通常包括寻租现象，这种活动创建强大的既得利益集团的工作以维持现状，使所在国家陷入了一种不适当的市场结构导致较差的物流服务，通常会导致寻租行为和商业欺诈，引起各种规章逐渐增加以及各种不友好的执行程序。这就导致了抑制投资和具有低效的物流服务提供商的结果，导致了物流环境的恶性循环和较差的物流绩效。

降低物流成本、提高物流绩效水平需要拥有能够把握良性循环的能力，连接物流服务、技术设施投资、更有效率的行政办事程序。这将技术能力融合进正在进行的每个分领域的改革，克服政治上制约的能力，从而开展有效和全面的改革，制度创新需要各个层面支持，实现物流环境由恶性循环到良性循环的转变，使所在国家进入一种良性循环下的开放市场中的高质量的物流服务，形成激励投资、实现规模经济的制度环境，完善市场秩序并减少不必要的各种规章，最终实现物流友好。恶性与良性物流循环如图8-1所示。

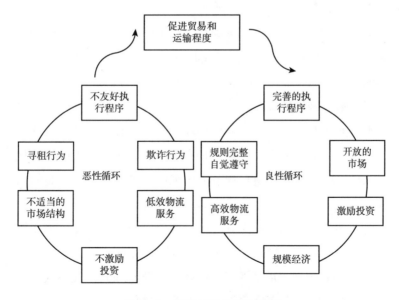

图8-1 恶性与良性物流循环

8.3.3 中国现代物流产业发展与制度创新模式的选择

随着全球产品共享程度的增加、产品生命周期的不断缩短以及全球竞争激烈程度的加剧，这些都空前突显了物流作为竞争优势的一项战略性资源。提高物流绩效已经成为一个重要的经济发展的政策目标。因此，必须依据物流产业发展的特征来选择相应的制度创新模式。

1. 物流产业发展与制度创新模式的类型

物流绩效指数（MPI）排名和指标提供了一个健康的基准，从而可以帮助决策者建立改革和制度创新的理由。通过比较世界范围的 150 个国家与地区的物流产业竞争力，发现物流绩效较好国家的环境优势和物流绩效较差国家的制约因素，以期帮助物流绩效较差的各国通过改革和制度创新来冲破物流非友好的恶性循环。把 150 个国家与地区按物流绩效指数排名依次分为 5组（分别对应 1/5 的国家，每组 30 个国家），物流绩效调查表明，处于第三组和第四组的国家之间的物流绩效的差距通常比较小，而且比其他组的差距要小得多。处于第一组和第二组与最后一组的国家之间的绩效差距很大。物流产业发展与制度创新模式共有四种类型：

（1）物流友好型与适应性制度创新（改革）模式。此模式的物流产业特征：有效的物流发展环境、物流完善的执行程序和高质量的物流基础设施，竞争力强的全球一体化的物流服务产业，进入物流友好的良性循环发展阶段。此模式与第一组的国家相对应。

（2）物流偏友好型与综合性制度创新（改革）模式。此模式的物流产业特征：物流发展环境有了极大改善，具有发展成物流友好型的潜在优势，物流产业进入壁垒较低，并且拥有竞争力较强的物流服务产业。制约物流绩效的关键因素大部分得到改进，但国家的总体物流绩效表现很大程度上受到供应链上最薄弱环节的影响，即使只是在一两个方面表现较差，也能够对一个国家的总体表现造成强烈的影响。此模式与第二组的国家相对应。

（3）物流不确定型与局部性制度创新（改革）模式。此模式的物流产业特征：物流发展环境具有不确定性，如果改革措施得力，有可能向物流友好型方向转化；如果不思进取，也有可能陷入物流非友好型的恶性循环。政府腐败和透明度低等问题，物流产业存在进入壁垒。此模式与第三组、第四组的国家相对应。

（4）物流非友好型与基础性制度创新（改革）模式。此模式的物流产业特征：在海关和关键基础设施方面的改革难以实行、不适当的服务对投资缺乏激励、政府腐败和透明度低等多种问题，缺乏改革的动力。所在国家陷入了一种不适当的市场结构导致较差的物流服务，通常会导致寻租行为和商业欺诈，引起各种规章逐渐增加以及各种不友好的执行程序，陷入物流恶性循环。此模式与第五组的国家相对应。

不同模式总体绩效表现的严重制约因素如表8-8所示。

表8-8   **不同模式总体绩效表现的严重制约因素**

改革的领域	物流友好型与适应性制度创新（改革）模式	物流偏友好型与综合性制度创新（改革）模式	物流不确定型与局部性制度创新（改革）模式	物流非友好型与基础性制度创新（改革）模式
与贸易相关的物流基础设施	×	× ×	× ×	× × ×
与IT相关的基础设施		×	×	× ×
海关效率		×	× ×	× ×
其他边境程序	× ×	× × ×	× × ×	× × ×
支撑服务的可靠性	×			
与政府相关的其他限制因素	×	× ×	× × ×	× × ×
改革的持续性		×	× ×	× × ×

注：× = 轻微限制；× × = 中度限制；× × × = 严重限制。

资料来源：Connecting to Compete 2007：Trade Logistics in The Global Economy ［R］. Washington, DC：World Bank，2007：21.

2. 中国现代物流产业发展与制度创新模式的选择

从物流绩效指数的排名情况看，2018年，中国排在第26位。但受制于居高不下的国内物流成本的制约，有效的物流发展环境还没有真正形成。

根据物流发展环境从恶性循环到良性循环的转变确认，物流友好型国家与第一组的国家相对应，特别是与第一组中前10名的国家相对应，也就是物流产业发达的国家；物流偏友好型与综合性制度创新包括东亚和拉美、新欧盟成员国、南非、印度等新兴市场经济体，与第二组的国家相对应，我国位列其中。这种国家的分类是一种更广泛意义上的分类，给定中心区间和所采用的方法，就能够得出一个国家的物流绩效水平，与这种分类相关联的信息应该被视为一个有用的、确定制度创新优先事项的指南。

从收入水平看，高收入水平①的发达国家一般都表现出色，但处于其他收入水平的发展中国家之间又有很大的不同。我国属于中高收入水平的发展中国家，物流绩效指数在 160 个国家中排在第 26 位。在同一收入水平中，贸易是促进经济增长的重要因素，贸易的增长同样会使这些国家的物流绩效高于相同收入水平的其他国家。如中高收入水平国家中的南非（LMI 排名第 33 位）、马来西亚（LMI 排名第 41 位）、智利（LMI 排名第 34 位）、土耳其（LMI 排名第 47 位）和中国（LMI 排名第 26 位）；中低收入水平国家中的泰国（LMI 排名第 32 位）；低收入水平国家中的印度（LMI 排名第 44 位）、越南（LMI 排名第 39 位）。

从中不难发现，随着我国经济的快速发展，收入水平的提高，对物流产业将提出更高要求，通过制度创新来促进中国物流产业由偏友好型向友好型转变，从而降低向恶性循环转化的可能性。

---

① 按照世界银行对低、中、高收入的划分标准，根据 2016 年人均国民收入的数值，划分标准为：低收入≤1045 美元；中低收入 1046～4125 美元；中高收入 4126～12735 美元；高收入≥12736 美元。

第9章

中国现代物流产业发展与
制度创新对策

本章首先分析了中国物流产业发展与制度创新的历史沿革。其次，根据中国经济发展所处的阶段，提出中国现代物流产业发展的目标。最后从三个层面提出中国现代物流产业发展与制度创新对策。一要从宏观层面构建现代物流产业发展的制度环境；二要从中观层面构建现代物流产业发展动力和营商环境；三要从微观层面构建现代物流产业发展的动力主体。

9.1　中国现代物流产业发展与制度创新的历史沿革

中国物流产业的发展历程同中国的宏观经济形势、经济体制变化和科学技术进步息息相关。中华人民共和国成立后，中国实行集中计划经济体制，因此物流的早期发展不同于西方发达国家发展路径，其发展的驱动力也不像西方发达国家是出于市场竞争压力或满足顾客需求。相反，中国物流产业的发展很大程度上体现的是政府意志、计划经济的要求，它是由各级政府主导和行政性推动的，与其所处的制度环境息息相关。改革开放后，中国由传统的计划经济体制逐步向社会主义市场经济体制转变，市场和价格因素在更大程度上起到了资源配置的作用，政府职能也从原先直接干预企业的经营活动转向宏观调控、公共基础设施建设、行业监管和消除市场失灵等。相应地，中国物流产业在理念、功能、结构、组织和发展条件等方面都发生了相应的变化。

9.1.1 计划经济时期传统物流产业发展与制度特征（1949～1978 年）

1978 年以前计划经济时期，中国总体上处于"重生产、轻流通、轻消费"的宏观经济背景之下。因此，无论是物流的基础理论、物流工程技术、物流的基础设施建设、物流设备制造、物流管理和物流教育的发展都远远落后于发达国家，更不存在以满足客户需求为目标的物流服务。集中计划经济时期不存在"物流"整体概念，更没有现代物流理念和产业，只有严格按行业分工形成的流通业、运输业、仓储业等与物流相关的行业，各种物流活动分散于各个行业之中。

在集中计划经济体制下，企业（主要指各种工厂，计划经济不存在严格意义的现代企业）没有自主经营的权力，运输、物资供应、生产都严格地按照计划实施，国家对各种商品特别是生产资料和主要消费品，实行指令性计划生产、分配和供应商品。流通企业的主要职责是保证指令性分配计划的实现。这个时期，国家为了节省流通领域的费用，政府运用其强大的资源调动和组织能力，综合发展各种运输方式、合理布局物资储运点，建立合理库存，编制并不断修改主要物资的合理流向图，综合利用各种运输方式，发展联合运输，总体上物资严格计划生产、储存和运输，实现计划分配与供应。即厂矿生产按计划安排、物资供应按计划调拨、产品销售按计划分配、交通运输按计划执行，几乎所有的生产资料和消费资料都是由各级政府按部门、按行政区域通过计划手段进行分配和供应。采购、运输、仓储、包装、加工、送货等环节均完全通过计划手段进行管理。在计划经济初期，由于生产规模小、产业结构简单，这种管理方式能够迅速地完成指令性计划，发挥出显著作用。但是，随着生产联系的日益复杂、流通环节的日益增多、分工的日益深化，计划经济体制下的物资流通易于造成条块分割、自成体系、机构重叠，生产、流通、销售环节相互分离，物资周转慢，社会库存量变得很大，资金占用多，给社会资源造成极大的浪费。在这一时期，由于计划经济体制的特点，中国的物流活动主要是政府主导和推动，在政府领导下曾尝试过一些与现代物流活动比较接近的运输组织方式，如 20 世纪 50 年代的"一条龙"运输①和集装箱联运。应该说，这些先进组织方式相对于中国当时的生产力水平来说是比较先进的，但是，这些先进组织方式由于体制和技术上的原因，最终没有发展起来。

9.1.2 改革开放时期现代物流产业发展与制度创新 (1979 年至今)

改革开放以后，"物流"这个概念被引入国内。同一时期，中国商品流通体制改革伴随着整个经济体制的改革不断深入并逐步推进。随着计划体制、财税体制和企业体制改革的起步，原有的流通管理体制受到很大的冲击，那种封闭的、以统购包销、统购统销、统负盈亏为特征的单一所有制经济形式、单一商品流通渠道、单一企业经营方式的计划流通体制逐步被开放式的、可以自由经营的多种所有制、多条流通渠道、多种经营方式所取代。不过，当时中国整个的宏观经济环境还处于商品相对短缺状态，"卖方市场"特征明显，缺货断档往往使得物流无物可流，配送货物无货可送。该时期像发达国家在市场竞争条件背景下形成的物流活动在中国还处于概念上的探索。

随着经济的高速发展和市场化进程的加快，计划经济逐步向市场经济过渡，使得产品和服务的商业化和市场化程度日益加深，市场竞争变得愈加激烈，卖方市场逐渐向买方市场转变。各类企业开始逐步意识到实体配送等市场营销手段的重要性，逐渐认识到物流在创造竞争优势中的重要作用，不仅流通部门加强了物流管理，生产部门也开始重视物流问题；不仅国有企业开始加强物流能力建设，一些非国有企业的物流建设也有了很大发展，开始向社会化、个性化的方向发展。

---

① 所谓"一条龙"运输是矿、路、港、船、货全面大协作的组织方式，是一线相连，环环相扣，形成产、运、销的水陆联运，综合利用全国交通运输工具及运输设备，促进生产关系发展，提高生产力，以挖掘运输潜力。"一条龙"运输反映了当时产、运、销之间的内在联系，是中国在集中计划经济体制下的"一体化运输"活动，其目标是实现货物从生产、运输到销售全过程的总成本最低，这与现代物流中的某些理念是相一致的。

20世纪90年代后，社会主义市场经济体制建设有了明显进展，价格因素、竞争因素和需求因素成为企业发展的重要驱动力量，运输、仓储、制造、流通等企业更加关注经济效益，关注市场需求的变化，关注新的竞争方式的运用。随着买方市场态势的逐步形成，企业面临严峻的生存挑战，一些企业开始主动关注客户需求，注重产品在空间实体位移全过程中的系统运作，即运用系统化思维考虑包括运输、仓储、包装、装卸、流通加工在内的物流系统的整体效果，还推出仓库一次性作业、集装单元化技术、自动化立体仓库、综合运输和联运等方式，实现对物品流通全过程的优化，降低总体物流费用。由于市场机制和一些企业在物流运作方面的先行，国内总体的物流效率开始有所提高。

随着社会主义市场经济体制进一步完善，全国范围内统一市场体系逐渐形成，传统国有企业逐步向"政企分开、权责明确、产权清晰、管理科学"的现代企业目标转型。基于价格、成本和服务因素的市场竞争机制日益显现，降低产品成本、差别化服务和让顾客满意成为企业赢得竞争的基本手段。同时，政府进一步放开了对竞争性领域的企业生产、物资、价格的管理，工业企业自主决定其原材料的采购和产品的生产与销售，公路运输和水路运输放松了进入的管制。市场配置资源的加强为中国现代物流产业营造了良好的制度环境。同时，中国经济连续20多年快速增长带来了不断扩大的物流需求，跨国企业大量进入中国市场也不断提出更高层次的物流需求。

人们已经认识到，物流正在成为一种利润源和新的经济增长点。一些运输、仓储、货运代理等企业逐步向为客户提供满意服务的经营组织转型，许多运输、仓储、代理等企业加快了业务拓展和重组，使它们能够逐步提供客户所需要的物流服务，一批能够适应市场竞争要求的现代物流企业开始出现。国内一些沿海发达地区，因为拥有相对较为完善的物流基础设施和不断增长的物流需求，也开始大力发展现代物流产业。制造、流通企业也开始引进一些先进的物流管理方法和先进的物流技术装备。随着经济全球化程度的加深和中国加入WTO，中国对外贸易最近10多年呈大幅度增长态势，众多跨国物流企业和拥有先进物流管理理念和供应链运作方式的跨国企业纷纷进入，中国成为全球物流市场的热点地区。

从总体上看，20 世纪 90 年代至今，中国物流呈"数量扩张的高速增长"特征，全国范围内出现了数目众多、良莠不齐的物流企业。随着中国经济高速增长、体制改革的深化、市场竞争环境的改善，中国物流产业必将进入"以质量提高和结构优化为特征的集约型发展阶段"。制度创新在现代物流发展中将起到至关重要的推动作用。[①]

9.2　中国经济发展阶段与现代物流产业发展目标

9.2.1　中国经济发展阶段判断

从各国工业化的一般过程看，大体分为轻工业为主的阶段、重化工业为主的阶段、以提高加工程度为主（从重化工原材料为主向加工组装工业为主阶段转变）的阶段、技术集约为主（在加工组装工业发展的基础上形成）的阶段。在经过曲折的道路后，中国工业化开始进入市场调节下的全面重化工业化阶段。社会生产结构迅速复杂化，规模空前扩大，工业制造业对城市的依赖程度迅速提高，工业经济提速推动城市经济提速，带动农村人口加快转移，推动城市化步伐大大加快。中国经济结构变化开始进入一个新的历史时期。

重化工业的快速发展，将会使中国货物运输量大幅度增加。从 2002 年以来，重工业的增长速度明显快于轻工业，主要是钢铁、石油、化工这些产业增长速度比较快。这使运力的需求较快的增加，相应地对物流产业的发展在较长时间内提供了巨大的需求。在这样的情况下，加快物流产业发展，缓解运力紧张的矛盾，将会为中国整个经济长期平稳快速增长提供有利的支撑。目前，工业品物流在整个国民物流生产总值的比例最大，这与中国工业化加速发展是一致的，在今后相当一段时间内，物流产业发展的主体是工业品物流，关注的重点也将是工业品物流。2003～2018 年社会物流总额构成如表 9－1 所示。

---

①　魏际刚. 物流经济分析——发展的视角 [M]. 北京：人民交通出版社，2005：188－190.

表 9 - 1   2003～2018 年社会物流总额构成   单位:%

年份	工业品	农产品	进口货物	再生资源	单位与居民物品	合计
2003	84. 14	3. 80	11. 53	0. 47	0. 06	100
2004	84. 53	3. 01	12. 01	0. 40	0. 05	100
2005	85. 73	2. 64	11. 22	0. 37	0. 04	100
2006	86. 72	2. 27	10. 62	0. 35	0. 04	100
2007	87. 85	2. 11	9. 65	0. 32	0. 07	100
2008	88. 80	2. 10	8. 70	0. 30	0. 10	100
2009	90. 40	2. 00	7. 10	0. 30	0. 20	100
2010	90. 18	1. 78	7. 52	0. 36	0. 16	100
2011	90. 71	1. 66	7. 10	0. 37	0. 16	100
2012	91. 38	1. 63	6. 50	0. 38	0. 11	100
2013	91. 76	1. 59	6. 12	0. 39	0. 14	100
2014	92. 24	1. 55	5. 64	0. 40	0. 17	100
2015	93. 16	1. 56	4. 57	0. 39	0. 32	100
2016	93. 14	1. 57	4. 57	0. 40	0. 32	100
2017	92. 79	1. 47	4. 93	0. 42	0. 39	100
2018	90. 72	1. 37	4. 97	0. 46	2. 48	100

资料来源：根据 2004～2019 年《中国物流年鉴》物流统计章节中数据整理。

　　从世界经济论坛开发的全球竞争力指数分析，根据制度、基础设施、宏观经济稳定性、健康和初等教育、高等教育和培训、商品市场效率、劳动市场效率、金融市场复杂度、技术可得性、市场规模、商业成熟度、创新 12 个关键指标的综合指数，结合人均 GDP 水平，将各国经济分为要素驱动经济、效率驱动经济和创新驱动经济三种发展类型和五个发展阶段，如图 9 - 1 所示。

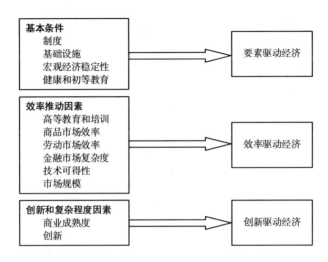

图9-1　12个关键竞争力指标与经济类型

资料来源：The Global Competitiveness Report 2008 [R]. Geneva：World Economic Forum, 2008：70.

在经济发展的不同阶段，基本条件、效率推动因素、创新和复杂程度因素这三大类指标所占的比重是不同的，如表9-2所示。

表9-2　　　　　　　　　不同发展阶段各类指标所占的比重　　　　　　　单位：%

指　　标	要素驱动阶段	效率驱动阶段	创新驱动阶段
基本条件	60	40	20
效率推动因素	35	50	50
创新和复杂程度因素	5	10	30

资料来源：The Global Competitiveness Report 2008 [R]. Geneva：World Economic Forum, 2008：8.

根据人均GDP的水平，又可以把各个国家划分为五个不同发展阶段，如表9-3所示。

表9-3　　　　　　　　　不同发展阶段人均GDP水平

发展阶段	人均GDP（美元）
阶段1：要素驱动	<2000
从阶段1到阶段2	2000~3000
阶段2：效率驱动	3000~9000
从阶段2到阶段3	9000~17000
阶段3：创新驱动	>17000

资料来源：The Global Competitiveness Report 2008 [R]. Geneva：World Economic Forum, 2008：8.

根据 2008～2009 年全球竞争力指数相关资料，2008 年中国的全球竞争力指数在 134 个国家（地区）中排名第 30 位，2007 年的中国人均 GDP 为 2460.8 美元，结合竞争力各项指标得分和排名情况，中国处于从要素驱动向效率驱动的转化阶段。各个发展阶段的国家列表，如表 9－4 所示。

表 9－4　　　　　　　各个发展阶段中的国家（地区）列表

阶段 1：要素驱动	阶段 1 到阶段 2	阶段 2：效率驱动	阶段 2 到阶段 3	阶段 3：创新驱动
孟加拉国				澳大利亚
贝宁				奥地利
玻利维亚		阿尔巴尼亚		比利时
布基纳法索		阿尔及利亚		加拿大
布隆迪		阿根廷		塞浦路斯
柬埔寨		波斯尼亚和黑赛		捷克
喀麦隆		哥维那		丹麦
乍得		巴西		芬兰
科特迪瓦	亚美尼亚	保加利亚	巴林	法国
埃及	阿塞拜疆	哥伦比亚	巴巴多斯	德国
埃塞俄比亚	博茨瓦纳	哥斯达黎加	智利	希腊
冈比亚	文莱	多米尼加共和国	克罗地亚	中国香港
加纳	中国	厄瓜多尔	爱沙尼亚	冰岛
圭亚那	萨尔瓦多	牙买加	匈牙利	爱尔兰
洪都拉斯	格鲁吉亚	马其顿	拉脱维亚	以色列
印度	危地马拉	马来西亚	立陶宛	意大利
印度尼西亚	伊朗	毛里求斯	波兰	日本
肯尼亚	约旦	墨西哥	卡塔尔	韩国
吉尔吉斯斯坦	哈萨克斯坦	黑山	俄国	卢森堡
莱索托	科威特	纳米比亚	斯洛文尼亚	马耳他
马达加斯加	利比亚	巴拿马	中国台湾	荷兰
马拉维	摩洛哥	秘鲁	特立尼达和多	新西兰
马里	阿曼	罗马尼亚	巴哥	挪威
毛里塔尼亚	沙特阿拉伯	塞尔维亚	土耳其	葡萄牙
摩尔多瓦	委内瑞拉	南非		波多黎各
蒙古国		苏里南		斯洛文尼亚
莫桑比亚		泰国		西班牙
尼泊尔		突尼斯		瑞士
尼加拉瓜		乌克兰		瑞典
尼日利亚		乌拉圭		阿拉伯联合酋长国
巴基斯坦				英国
巴拉圭				美国

资料来源：The Global Competitiveness Report 2008 ［R］. Geneva：World Economic Forum，2008：9.

9.2.2　中国现代物流产业发展目标

在 2001 年由国家经济贸易委员会等六部委颁布的《关于加快我国现代物流发展的若干意见》中，提出了现代物流的总体目标：积极采取先进的物流管理技术装备，加快建立全国、区域、城镇、企业等多种层次的，符合市场经济规律、与国际通行规则接轨的，物畅其流、快捷准时、经济合理、用户满意的社会化、专业化现代物流服务网络体系。

上述目标总体是合理的，但还存在一些缺陷。主要是没有把现代物流产业发展目标与中国经济发展阶段与战略、生产力发展水平结合起来，也没有涉及企业物流目标。因为除了社会化、专业化现代物流服务网络体系，国民经济运行的物流绩效还包括物流企业竞争力与效率，没有物流企业效率的提高，是无法从根本上提高国民经济的运行效率的。

因此，中国物流产业发展必须以提高国民经济竞争力为战略目标，建立其适应社会和企业需要的社会化、专业化的现代物流产业系统，最大限度地降低国民经济运行中的物流成本、提高物流服务的质量和效率。建立能够适应国民经济发展要求，货畅其流、及时方便、经济合理、环境友好、资源节约的可持续物流运行体系。具体而言，要达到三个层面的子目标：

（1）宏观制度层面：完善的物流规则体系和制度环境；形成公开、公平、公正的物流市场环境；物流运行体系促进国民经济增长、符合环境友好、资源节约和可持续发展要求。

（2）中观产业层面：具有全球竞争力的物流产业和较高的物流绩效；专业化、社会化的现代物流企业和传统物流企业之间的比重合理；相对合理的物流基础设施布局和实体网络；拥有相对完善的物流服务网络。

（3）微观企业层面：物流企业具有竞争力和发展动力。

各子目标间层次并不一样，制度创新的重点也不相同，但相互之间并没有绝对的界限，而是彼此相互关联、相互影响、相互促进，共同实现物流总体发展目标。

9.3 中国现代物流产业发展与制度创新对策

9.3.1 宏观层面构建现代物流产业发展的制度环境

随着我国国民经济的快速增长，现代物流产业所面临的制度困境日益成为发展的"瓶颈"。市场经济制度的发展完善与经济发展方式的转变是现代物流产业发展的前提条件，制度创新必须以市场经济发展规律为出发点。

1. 进行政府制度创新，完善相关制度和管理体制

在发达市场经济国家中，政府对现代物流业往往采取类同于一般产业的市场管理模式，通过完善的法律法规，鼓励企业在物流服务市场中公平竞争。政府的作用主要体现在为物流产业发展创造宽松的环境和推行自由竞争的政策上。但就我国而言，目前市场经济体系还不完善，企业的运作方式还没有完全摆脱计划经济思维，政企不分、行业垄断和地区保护现象仍然存在。同时，由于受东方文化背景的影响和计划经济的惯性作用，仍过多地依赖政府，盼望政府供给优惠政策。因此，在中国市场化取向的改革不断深化、市场机制已对资源配置发挥基础作用的现实条件下，要通过政府制度创新，恰当处理政府与市场的关系，特别是政府规制与市场竞争的关系，来完善现代物流产业发展的相关制度和管理体制。

（1）形成协调机制，消除政策冲突。现代物流是一种综合性的经济活动，涉及国民经济众多部门和领域，物流活动的高效率需要物流各个环节之间的有效协调，降低物流活动各环节协调成本。通过国家层面的协调机制，明确各部门的分工，明确中央和地方的关系，彻底清理部门、地方制定的相互冲突政策和法规，清除带有地方（部门）保护主义的政策和法规。

（2）协调组织之间的关系，发挥行业协会作用。政府要通过协会加强行业管理和服务，行业协会要树立为政府、行业和企业服务的理念，成为沟通政府与企业、教学和科研机构的桥梁和纽带。行业协会要在推广物流行业标准、物流人才教育和培训、物流技术交流、物流信息服务、物流从业人员资

格、物流职业资格认证和物流咨询服务等方面发挥相应作用。

但是，也应看到，国内一些部门、组织、机构团体或个人以寻求经济利益为目标组建的各种物流协会，其行为大都是逐利和有失规范的。它们的存在损害了诸多物流企业的利益，从长远看对中国物流市场的培育和现代物流产业的发展不利。因此，国家有必要对各种以物流为名成立的协会进行一次清理，对物流行业协会应具有的功能、作用、职责做出明确规定，以加快国内物流协会与国际接轨，有效发挥行业协会的中介作用。

（3）通过引入竞争机制和培育有效的物流市场来促进物流企业的成长和竞争力提升。一方面，要重点放松现代物流产业发展的经济性管制，使物流企业定价更趋灵活，减少物流服务方面的限制。如允许物流企业自主定价；放开物流市场，鼓励各种经济主体进入物流领域；允许物流企业根据自身经营的需要，实施本行业或跨行业兼并重组，以合理的规模展开竞争。另一方面，要加强现代物流产业发展的社会管制。重点从经济管理职能转向公共利益管理，主要涉及环境管制和运输安全管制，保证现代物流产业健康、可持续发展的需要。

（4）完善物流法律法规体系，构建物流服务诚信保证体系。物流市场是社会主义市场经济的重要组成部分，培育和发展物流市场，通过完善法律法规对市场加以引导和规范。我国物流领域目前执行的许多法律、法规是从过去计划经济体制环境下延续下来的，不仅难以适应市场经济条件下现代物流产业的发展，更难适应中国加入WTO以后物流产业国际化发展的需要。许多物流产业有关的法律法规是部门性、区域性规章，带有部门和地区保护的色彩。物流市场的进入和退出以及竞争规则等基本上无统一的制度可循。在全面审视现有的物流法律法规基础上，清理、修订不利于现代物流产业发展的法律规章，制定促使整个现代物流产业合理配置、协调发展的法律体系。尽快修订完善物流法律规章，正确规范和引导物流企业行为，促进物流市场规范化、制度化、法制化。

此外，物流市场中的诚信问题相当突出。要把诚信体系作为物流市场建设的一项重要内容，形成物流服务标准，并成为物流标准体系的核心。建立物流企业的信用评价机构，完善健全担保体系，培育信用文化、形成"诚信"为本的法律和道德规范。

2. 进行融资制度创新，形成有效的产业融资机制

资金对于物流产业发展是必不可少的。我国物流产业发展对国民经济的制约非常明显，这其中最重要的原因是投资不足。要彻底改变中国物流产业落后状况和被动局面，分阶段实现中国现代物流产业现代化的发展目标，需要有持续、稳定的资金投入。

要形成多元化投资和融资渠道，通过制度创新解决投资利益的保护和投资行为的规范问题，依法保护投资者的经济权益，并对投资行为进行必要的管理和监督。积极探索各种物流债券的发行和运作方式、经营权转让方式、资产证券化（ABS）等多种融资方式，拓宽融资渠道。借鉴国际上的先进经验，培育投资主体，按照商业原则组织投资和运营，使现代物流产业成为一个富有生机和活力的投资领域。

3. 进行技术制度创新，形成完备的技术创新机制

物流技术是指人们在物流活动中所使用的各种工具、装备、设施和其他物质手段，以及由科学知识和劳动经验而形成的各种方法、技能和作业程序等。物流技术的改进和创新，是推动现代物流产业发展的重要动力源。要通过产权、组织及分配方式等形式来提高物流技术创新的激励水平及降低交易成本，为物流技术的扩散提供制度保证。

（1）推动信息技术在物流管理中的应用。国际经验表明，物流服务水平和服务效率的提高，服务网络的扩大、延伸、市场竞争力的提高，有赖于建立资源共享的信息管理系统。一方面建立全国或区域性的物流信息平台，使物流企业与制造商、供应商和客户有机联系起来，实现资源共享、信息共用。另一方面物流企业必须应用电子商务和其他信息技术、将新的软硬件系统和物流活动及功能进行整合、拓展，改变企业粗放经营、内在质量差和运作效率低的现状，实现企业内部网络化；通过供应链管理和客户关系管理，形成紧密结合的供应链和物流服务网络体系。

（2）建立物流技术和装备的标准化体系。结合国际标准和国内物流产业发展实践，从提高物流系统运行效率出发，制定出各子系统的设施、设备、专用工具等技术标准，以及业务工作标准；研究各子系统技术标准和业务工作标准的配合性，按配合性要求，统一整个物流系统的标准；研究物流系统与相关其他系统的配合性，谋求物流与社会大系统的和谐统一。要从我国国

情出发，借鉴国外经验，采取引进消化、先易后难、分步实施的方法，加快推进托盘、集装箱、各种物流装卸设施、条形码等通用性较强的物流装备和技术标准化建设，以及物流服务规范标准化的建设，形成一套既适合我国现代物流产业发展需要，又与国际惯例接轨的国家物流标准化体系。

（3）建立物流产业统计指标体系和产业竞争力评价体系。我国尚未形成针对物流活动的统计指标体系，着手建立物流统计体系对于衡量和监控我国现代物流产业发展态势具有重要意义。国家统计部门要会同有关部门加快制定物流产业统计体系，明确物流统计口径，建立物流产业统计信息的收集、监测和发布体系，在此基础上建立起全国范围内的物流基础信息数据库，相应建立其物流成本与绩效测算的指标体系和竞争力的评价体系。

（4）建立物流对环境、能源和交通安全影响的评估体系。随着现代物流产业的发展，物流活动对环境、能源和交通安全产生重大影响。在可持续发展和循环发展社会双重目标驱动下，有必要建立起一套物流活动对环境、能源消耗和交通安全影响的监控评估指标体系，为构筑绿色物流发展框架奠定技术基础。

4. 进行教育制度创新，形成高效的人才培养机制

人力资源是现代物流产业发展中的重要生产要素，中国物流产业发展需要多层次物流人才的支撑。当前尤其缺乏实用型物流人才、高水平的物流管理人员和物流工程技术人员。构建物流人才保障体系，已经成为推动物流产业发展的当务之急。

（1）改进现有的教育制度，实施物流人才培养战略。国家教育主管部门应积极推动高等院校物流学科建设，根据经济发展需要，鼓励物流专业招生，这是满足物流产业中高级人才需求的重要途径。要大力发展物流职业教育，加大对现有政府相关公务人员和物流企业从业人员的培训，以解决政府职能部门和企业对物流人才的迫切需求。对于当前急需决策与规划人才、信息开发人才的情况，应该采取"引进来、走出去"战略，引进国外优秀物流人才，选拔具备相关专业理论基础的国内物流管理和技术人才到现代物流产业发达国家进行高层次培训，培养物流理论、实践和学科带头人。

（2）构建以科技创新和知识型物流人才为目标的学历教育体系。国内已有近百所院校开设了相关专业，现在的主要问题是明确培养目标和专业分工，

加强师资和学科建设，办出各校特色，使物流学历教育与我国现代物流产业发展的需要相统一。要加强物流学科之间的交叉，加强管理学、经济学、工学、交通运输学等学科之间的彼此渗透、交叉和融合。

（3）加强物流职业教育和岗位资格证制度。在目前物流产业从业人员中，还有很大一部分缺乏物流系统培训，为提升这部分人员的专业素质，可通过加强职业教育和实行岗位资格证制度来完成。

（4）探索"产学研"一体化培养人才的新型模式。要利用社会资源，调动社会力量，充分发挥物流企业、教育部门和科研机构的积极性，积极推进物流企业与大学、科研机构之间的交流和合作，以"项目"的形式，探索"产学研"一体化的新型模式培养物流理论研究、管理和操作的物流高级人才，满足现代物流产业快速发展的需要。

9.3.2 中观层面构建现代物流产业发展动力和营商环境

发展现代物流产业，形成现代物流产业的核心竞争力，提高物流产业绩效，降低经济运行成本，促进经济发展，提高国家经济实力和竞争力，制度创新必须以物流产业发展规律为出发点。经济活动需要良好的规则，其特征是能够建立和界定财产权，减少解决冲突的成本，提高经济往来的可预测性，并为合同伙伴提供制止有害行为的核心保护规则。这对现代物流产业的发展是至关重要的。随着经济体的发展，国家会增强和增加保护投资者和财产权的监管规则。与此同时，政府会找到效率更高的方法来执行现有监管规则和撤销过时的规则，也就是要构造好现代物流产业发展的高效的营商环境。

1. 整合物流资源，形成物流资源高效配置的政策指导机制

物流资源是现代物流产业发展的物质基础，加强各层面的物流规划，对于整个国家现代物流产业的发展和物流系统效率的提高起着十分重要的作用。

就国家层面而言，国家要从国民经济"大物流"的角度出发，统筹各地区、各部门的物流发展，做到合理布局、协调规划。根据国内生产力布局、物流需求的空间分布和国家发展战略，规划物流基础设施建设，如物流网络（如全国运输通道、运输干线）、物流节点（如各地区的大型物流园区）以及

物流信息网络等。

就部门层面而言，部门规划是在国家物流规划的指导下对国家规划的具体实现，进行部门规划的目的是使各个物流基础设施项目的计划和实行不是彼此孤立，而是紧密联系的。在我国现行管理体制下，这一点尤为重要。如日本《物流法》的颁布就对日本现代物流产业发展起到重大的推动作用和保障作用，从而避免了部门冲突和资源浪费，现代物流产业的发展不但没有与公路运输、铁路运输、航空运输、海洋运输等运输部门发生冲突，反而大大推进了各种运输方式的发展。物流公司和卡车公司、铁路公司、航空公司及海运公司一起，组成了庞大的立体物流网络。因此，部门规划的作用是识别潜在项目，建立它们之间的合理关系，确定它们的优先权，并使所有项目与国家规划相协调。

就地区层面而言，在国家物流规划的指导下，根据各地区在国家物流规划中所处的地位，结合本地经济发展的实际需要，提出切实可行的地区发展目标。现在一些地方出现"物流园区"热的苗头，都想把本地区建成区域性、全国性甚至是国际性的物流中心，实际上这是不可能的，反而有可能延误现代物流产业发展的进程，造成物流资源的巨大浪费。各地要充分考虑现代化、集约化流通方式的强大辐射功能，避免因重复建设造成社会资源的浪费；同时要强化国家物流规划的科学性、权威性和强制性，将部门和地区的物流发展统一在国家"大物流"体系之中，为物流资源的高效配置提供政策保障。

2. 合理布局物流实体网络，形成高效的物流资源供给的支持机制

从发达国家工业化进程看，物流基础设施要适度超前。特别要加强铁路、港口、多式联运和重要物流节点建设。物流作为各个国家参与全球竞争的一项战略资源，不同国家要想进入全球供应链的实体网络，主要依赖于这些国家的物流基础设施以及行政机构的办事效率。同时，物流基础设施的质量不仅是物流绩效一般和较差国家密切关注的一个重要问题，甚至也是物流绩效较高国家所关注的，要不断增加通信、IT设备、运输等物流基础设施供给，以满足不断增长的物流服务的需求。

近年来，物流固定资产虽然不断增长，但一直低于全国固定资产投资水平。要运用财政手段加大对重点物流基础设施的投入，加强重点物流基础设

施建设。大型运输通道、特大型物流枢纽、全国性的物流信息网络等关系国家整体物流网络的基础设施要进行重点扶持，重点物流基础设施带有很强的正外部性和公共物品的属性。它对于提高国民经济运行效率、带动区域经济增长、促进物流产业发展都有十分重大的作用。

3. 创造有利的营商环境，形成高效的企业竞争机制

从市场竞争主体方面看，要按照市场经济规律和世贸组织规则，积极培育一批有良好品牌和自主知识产权、主业突出、核心竞争力强、具有国际竞争力的大型物流企业；鼓励具有竞争优势的物流企业通过参股、控股、承包、兼并、收购、托管和特许经营等方式，实现规模扩张，引导物流企业做强做大；在原有大型国有运输企业、仓储企业、代理企业的基础上，形成若干大型物流企业。推进物流企业的规模化、信息化、标准化和现代化，构建着眼于适应经济发展需求的、以信息技术支撑的联系上下游产业的"一站式"物流服务的提供者，增强物流产业的竞争力。

从企业的营商环境看，要促进增长（并确保穷人能够获得增长的好处）就需要建立一种环境，使具有干劲和好主意的后来者（不论性别和民族如何）能够创立企业，使企业能够进行投资和获得增长，同时创造更多就业机会。①

因此，必须在开创企业、办理建筑许可证、雇用工人、登记财产、取得信贷、保护投资者、支付税款、进行跨国界贸易、执行合同法、关闭企业（仅针对国内中小型企业）等监管环境方面进行制度创新，提高政府机构的办事效率。如天津在建设审批项目方面，出台十项措施提升服务效率。这十项措施为：取消并审批事项，减少审批环节，优化管理程序，减少审批要件，缩减办事时限，下放审批权限，减免相关收费，强化中介服务，创新审批方式，完善服务措施。实施企业设立联合审批制度，使申请人在天津设立一个企业，完成前置审批、领取执照、刻制公章、办理机构代码、税务登记等事项的时间，由原先的3个月缩减到现在的5个工作日以内。从而使企业进入物流产业领域的速度大大提高，在营商环境其他方面的改革，有利于形成良

---

① 世界银行和国际金融公司. 营商环境报告 2009 ［M］. 世界银行和金融公司出版社，华盛顿：世界银行，2009.

好的市场竞争秩序，促进物流企业之间的竞争，进而促进现代物流产业的发展。

4. 推进制度创新，构筑各层面组织机构的政策推进机制

要促进现代物流产业的发展，不仅要有相关的制度安排的创新，还要有使各个制度安排联合发挥作用的机制，来共同推进现代物流产业的发展。

推进横向方面制度措施的协同，使社会资本配置、放松管制与技术创新发挥协同作用。社会资本配置即在所规定的物流设施上集中使用资本，此外，加强相关部门的合作，这些物流整体拥有社会资本的相互合作方面：与使用者需求相适应的多样化的选择方法；物流"瓶颈"的消除；国际港湾、机场建设，例如高规格干线道路、地域高规格道路、通往机场的道路建设；主要干线运输力的增强；中枢、中心港湾的设置；大都市物流中心、空港建设等。在放松物流管制方面，即在法规、政策上推进物流产业效率化：需求供给调整计划的废止；运输管制的放松；安全规制的制定；国内国际物流调和；推动物流技术水平提高的政策等。推进物流技术创新方面：一是信息化，如无纸贸易、一站式服务、SDI 的发展；二是标准化，如集装箱、商品条形码和托盘尺寸的标准化；三是技术研发、商业惯例改进等。

推进纵向方面不同领域措施的协同，发挥不同领域的政策协同作用。一是在城市物流方面，要减轻交通拥挤。提高汽车的装载效率、提高服务服务质量、减轻环境负荷。在发展方向上主要是通过物流共同配送、交通需求管理来建立道路交通的通畅机制。二是在城际物流方面，通过多种方式完善海陆空运输的竞争条件，实现多式联运以及减轻环境负担。在措施上主要是促进航运和铁路运输，道路基础设施和区域物流中心的建设，放松交通管制等，特别是降低国内的物流成本。三是在国际物流方面，即为了应对中国市场商品进出口增加的情况，降低国内物流的时间和成本，缩小内外的价格差距，改善国内物流产业的竞争力。主要措施是国际中枢、中心港口的整顿、设立，进出口手续、港湾手续的信息化来提高通关效率等。

推进各层面组织的协同，要发挥各主体包括政府、物流协会等中介服务机构、企业和用户各自承担的作用，构筑公平竞争的物流服务市场，实现物流存量资源与新的物流设施之间的有效整合，构筑各层面组织机构的政策推进机制。

9.3.3 微观层面构建现代物流产业发展的动力主体

在微观层面，要全面提升物流企业动态创新能力，形成企业创新动力系统，增强物流企业的活力和适应性，培育众多具有较强竞争实力的大型国际化的物流企业，促进现代物流产业的发展。与其他生产企业一样，我国现代物流产业发展的企业制度存在严重缺陷，迫切需要进行制度创新。企业制度的创新必须以企业核心竞争力和创新能力的形成和提升为出发点。企业是现代物流产业发展的最终载体，企业是产业发展的主导力量。企业的实质是从事生产或服务的盈利性的经济组织，也是一种组织制度安排形式。企业制度安排合理与否，直接关系到现代物流产业的发展速度和绩效水平。

现代物流企业的竞争力和效率取决于多种因素，既有企业服务创新能力、物质资本和人力资本的数量与质量等非制度因素，也有企业产权结构、治理结构、生产组织结构以及管理制度等制度因素。人们往往容易理解和认同非制度因素的重要作用，但却常常忽视制度因素的决定性作用。

企业制度是一个内涵丰富、外延广泛的概念。这不仅是因为人们对企业制度有许多不尽一致的理解，而且源于在各种因素如历史、文化、法律等的影响下，各国的企业制度有着许多复杂的制度安排，各国之间存在着明显的差异。正如前文所述，制度是对人们行为的一系列约束，它用于调节人与人之间的相互关系，企业制度则是对企业的微观构造及其相关制度安排做出的一系列界定、规制与约束的总和。一般来说，企业制度是指企业组织内部的非市场契约，这一类非市场契约用于调节与企业有关的行为主体在企业内部的各种关系，主要包括：企业的产权制度、法人治理结构、组织结构、管理制度、契约制度等内容。按照博弈论的观点，企业是不同的行为主体相互之间博弈的结果，从而形成了基于企业的契约，也包括企业外部的各种非市场的与企业的契约关系，包括企业与企业、企业与银行、企业与政府等不同利益主体之间的契约关系等。限于本书的研究重点和篇幅，本书仅研究分析以产权制度和法人治理结构为核心的狭义的企业制度。

现代物流企业的特征决定了完善的公司治理结构和有效的激励制度对它的发展尤为重要。这两者都建立在科学明晰的产权制度基础之上。因而可以说，现代物流企业的制度安排问题的核心就是企业的人力资本产权问题。

1. 改革人力资本投资制度，确立人力资本所有权的个人所有制

人力资本产权作为产权家族的一员，具有与物质资本产权相同的特征，如排他性、交易性、分解性等。但由于人力资本是依附于活生生、健康的人而存在，这种存在状态或方式决定了人力资本产权与物质资本产权相比，具有特殊的性质。人力资本产权的特殊性表现在为：（1）人力资本所有权主体多元化，但人力资本载体是真正的所有者。（2）非载体投资者、交易者的使用权行使具有间接性，而载体投资者使用权的行使受主客观条件干扰，因而具有激励性特点。（3）由于载体行使人力资本处置权的隐蔽性和暂时性，人力资本非载体投资者不享有完整的人力资本处置权。（4）人力资本收益权具有主体多元性和内容多样性、收益外部性、长期性和部分确定性的特点。因此，在人力资本产权运营过程中，要遵循人力资本产权特殊性的规律，构建人力资本生产制度、配置制度和利益激励制度，才能更好地发挥人力资本"主动"功能和效应。

改革人力资本投资制度，就是要化解人力资本投资主体与人力资本之间的矛盾，变人力资本所有权国家所有制为人力资本载体个人所有制，从而为产权明晰提供条件。在原有的高度集中的计划体制下，形成公有制企业人力资本的物质投资主体主要是国家，因而按照"谁投资、谁所有"的资本投资原则，国家理所当然就拥有人力资本法律上的所有。由此就形成了国家从法权拥有人力资本产权与载体拥有事实上产权之间的矛盾，而且这种矛盾随着体制转轨，冲突越来越剧烈，加大了交易成本，使物质资本投入者和人力资本载体"两败俱伤"，严重阻碍了经济的发展。改革人力资本投资体制就是要按照人力资本的特性，使人力资本投资者和载体尽可能合二为一，从而达到人力资本载体既可以从法权上拥有人力资本产权，又从事实上拥有人力资本产权，"两权"统一于人力资本载体。这样就可以最大限度地减少因人力资本主体投资多元化带来的产权关系复杂化下的各种矛盾，从而有助于人力资本产权的明晰。此外，还可使人力资本载体成为真正的投资主体，承担投资风险和获取收益。主要对策：（1）政府应在实行义务教育制度下，为人力资本载体进行功利性的人力资本投资奠定坚实基础，加大和深化高等教育收费制度改革，转变过去那种无成本或低成本的人力资本投资机制，促使人力

资本载体成为人力资本投资主体。（2）学生与国家、高校，形成市场的交易关系。在市场经济条件下，高校与学生应该是一种知识供求关系，学生要获取知识就必须向学校交纳学费，学校在学生交纳学费后有义务提供知识产品。这种交易关系是建立在人力资本市场价格基础上的等价交换，因为不同专业的人力资本会有不同的市场需求和收益报酬率，不同专业可根据市场需求收取不同的学费。（3）企业在职培训学习，根据知识、技能通用性和专业性的程度和特点确立各自分担的比例，但形成的人力资本所有权仍归个人所有，企业拥有的是对人力资本一定时间的使用权和收益权。

2. 重构公司治理结构，落实人力资本的使用权

公司治理是一套关系到企业如何资源配置和收益的制度。具体说来，公司治理的体制决定着谁有权制定公司的投资决策，他们可以进行什么样的投资，以及由此产生的收益将如何分配。①

由于历史、文化和资本市场发育程度的差异，发达市场经济国家形成了三种既相互区别又具有共同特征的企业治理模式——英美模式、欧洲模式和日本模式。从企业所有权在企业合约双方配置的角度看，三者的共同点是：企业物质资本投入者（股东）完全拥有企业所有权，英美模式最为突出地反映了这一特点。尽管从表面上看，欧日模式均在一定程度上强调企业职员参与治理，但从实质上看，欧日企业的股东大会均凌驾于监事会或内部工会之上，即作为职员参与治理的主要机关——监事会或内部工会均不能否决股东大会的决议，而股东大会却可以轻易否决监事会的决议。这种企业股东主导型企业治理模式常被称为"股权至上"治理模式。

事实上，企业股东自 19 世纪早期或中期开始就已经只承担有限责任，即股东在企业破产时的损失仅以出资额为限，这可视为物质资本投入者风险的初步社会化。之后，物质资本社会表现形式的多样化与证券化趋势大大降低了其在企业中的抵押品性质，其进入或退出的自由度大大增加。因此，在现实经济活动中，大多数物质资本投入者只不过是资本市场的寻利者，难以真正承担企业生产和经营的全部风险，这可视为物质资本所有者风险的全面和

---

① ［美］威廉·拉让尼克，玛丽·奥苏利文. 公司治理与产业发展———种基于创新的治理理论及其经验依据［M］. 北京：人民邮电出版社，2005：257.

彻底的社会化。在物质资本投入者日益成为企业风险规避者的同时，人力资本投入者在社会化大生产条件下却越来越成为企业风险的真正承担者。这是人力资本专用性和团队化趋势的必然结果，即人力资本对于特定企业技术条件、经营方式以及特定分工协作体系的高度依赖性构成人力资本退出或进入企业的巨大障碍。人力资本一旦被迫退出而进入新的企业，其价值就大大降低，须重新经过长期和大量的再投资才能积累和形成新的价值。显然，人力资本不仅日益成为企业收益的主要创造者，而且逐步成为企业生产和经营风险的主要承担者。

从我国具体情况看，首先，从产权结构看，应该建立物质资本产权和人力资本产权结合的企业产权结构，而不是传统的单一的国有产权结构。其次，从治理结构看，应该从行政型治理模式转变为公司型治理模式。最后，在公司治理中关键要调动人力资本的积极性，落实人力资本的使用权。

3. 创建人力资本分配制度，落实人力资本收益权

人力资本所有者不仅应获得工资，也应有权参与企业剩余收益分配。人力资本收益权区别于人们常说的劳动收入——工资，因为人力资本是人力资本所有者对企业的预先投入，因而是资本增值收益。目前，以人力资本产权为基础的分配方式，如职工持股、年薪制、股票期权、技术股等在发达资本主义国家正在逐步普遍化。这不仅改善了人力资本所有者的经济地位，也成为经济发展的内在动力。在日本实行分享制的公司中，员工分享额占公司利润的比重一般在42%～70%。美国经理人员的报酬结构中，固定工资、年末奖金和股票期权的比例约为4∶3∶3。因此，收入分配制度改革的方向应是构建完善的职工持股制度、深化经营者的年薪制、股票期权等，实行技术人员的技术入股，从而适当引入剩余收益分享制，改变传统的单一分配方式。

4. 建立和完善各类人力资本市场，实现人力资本的市场化配置

完善的各类人力资本市场是人力资本产权自由、有效地流动的前提，从而也是人力资本产权实现的关键。一方面，完善的各类人力资本，为构筑各类人力资本产权主体和物质资本产权间的良好的合作关系，调动两个主体的积极性，实现双赢的格局，奠定坚实的基础；另一方面，各类人力资本市场的残缺，必然会导致人力资本产权市场残缺，进而导致物资资本产权的残缺，最终影响经济的发展。因此，完善的人力资本产权市场是人力资本产权制度

创新的必要前提。

政府应采取积极的措施加快建立和完善各类人力资本市场。具体应从以下几方面着手：

（1）要构建合理的人力资本市场结构。完善的人力资本市场应包括一般人力资本市场、技术创新人力资本市场和企业家人力资本市场三个层次，同时，基于各类人力资本市场的重要性和复杂程度不同，要重点建设技术创新人力资本市场和企业家人力资本市场。

（2）要把人力资本市场硬件和软件建设结合起来，并把人力资本市场的软件建设作为重点和突破口。一方面，要尽快加强人力资本市场的硬件建设，包括加大物质资本投入，建立各类有形的人力资本市场；另一方面，针对我国转型期人力资本制度的稀缺的现状以及制度建设的自然演进的特点，政府更重要、更长远、更紧迫的任务是着眼于人力资本市场制度的建设与创新，包括正式制度的设计和非正式制度的引导。就正式制度而言，政府要遵循各类人力资本市场运行的规则、人力资本市场的定价规则，结合我国实际，制定人力资本市场的进退规则。人力资本的定价规则和人力资本市场交易的法律制度以及政府对人力资本市场的宏观调控政策。同时，还要加强人力资本中介机构的建设。就非正式制度而言，目前的重点应放在各类人力资本市场信用文化建设上。

5. 构建人力资本相应法律制度，形成人力资本产权的法律保护体系

一是在法律上确认人力资本所有权属于人力资本载体；二是完善人力资本流动、人力资本使用方面的制度，包括劳动报酬、人员招聘、选拔、晋升、调动、解聘等方面的法规；三是在《公司法》《企业法》中明确规定人力资本所有者有权享有企业的剩余分享权和控制权；四是规范和规定企业股东大会、董事会、监事会和职工代表大会的职能和权限，人力资本所有者能进入董事会和监事会，并与物质资本所有者享有同样的权利，形成人力资本所有者和物质资本所有者均衡的谈判力量。

6. 利用非正式制度创新，推动人力资本产权正式制度创新

针对目前阻碍我国人力资本正式制度创新的人力资本公有制的传统观念以及物质资本至上的陈旧意识，政府应实施观念更新先行战略。具体而言，可采取人们易于接受的包括经济利益的诱导，主流媒体的宣传等手段，潜移

默化地促进观念更新，破除计划经济体制下形成的人力资本公有制的传统观念和长期以来形成的与现代市场经济相悖的物质资本至上的陈旧意识，树立人力资本个人所有制新观念以及物质资本与人力资本共同治理，分享企业所有权的现代意识，并使这种观念和意识浸透于我国文化、道德、价值观和意识形态建设之中。

参考文献

［1］安德鲁·肖特. 社会制度的经济理论［M］. 陆铭，陈钊译. 上海：上海财经大学出版社，2003.

［2］安义中，刘保华. 发展现代物流业重在整合［J］. 当代经济，2004（9）：56－57.

［3］奥利弗·威廉姆森. 资本主义经济制度——论企业契约与市场契约［M］. 段毅才，王伟译. 北京：商务印书馆，2002.

［4］白雪洁. 日本产业组织研究［M］. 天津：天津人民出版社，2001.

［5］包健民. 物流现代化［M］. 上海：上海交通大学出版社，1997.

［6］布哈林. 世界经济与帝国主义［M］. 蒯兆德译. 北京：中国社会科学出版社，1983.

［7］丹尼尔·史普博. 管制与市场［M］. 余晖等译. 上海：格致出版社，上海三联书店，上海人民出版社，1999.

［8］丹尼斯·卡尔顿，杰弗里·佩罗夫. 现代产业组织［M］. 黄亚钧，谢联胜，林利军主译. 上海：上海三联书店，上海人民出版社，1997.

［9］道格拉斯·诺思. 经济史中的结构与变迁［M］. 陈郁，罗华平等译. 上海：上海三联出版社，上海人民出版社，1991.

［10］邓英杰. 政府行为外部性与制度创新［J］. 求索，2006（10）：68－69.

［11］丁俊发. 中国物流［M］. 北京：中国物资出版社，2002.

［12］段云龙，杨立生. 企业持续创新动力模式及制度要素分析［J］. 经济研究，2007（2）：76－79.

［13］格罗斯曼等. 全球经济中的创新与增长［M］. 何帆等译. 北京：

中国人民大学出版社，2002.

[14] 龚晓菊.提高我国自主创新能力的制度保障 [J].中国改革，2006（9）：41 -42.

[15] 顾巍，陈御冰.论制度创新、管理创新、技术创新的关系及其启示 [J].经济师，2005（4）：16 -17.

[16] 郭爱民.企业制度创新的原则和评价 [J].改革探索，2005（4）：4 -5.

[17] 国家发改委，商务部，公安部，铁道部，交通部，海关总署，税务总局，民航总局，工商总局.关于促进我国现代物流业发展的几点意见 [J].集装箱化，2004（11）：1 -2.

[18] 国家发展和改革委员会经济运行司，南开大学现代物流研究中心.中国现代物流发展报告2008 [M].北京：电子工业出版社，2008.

[19] 汉斯·克利斯蒂安·波弗尔.物流前沿：实践·创新·前景 [M].张计划译.北京：机械工业出版社，2004.

[20] 何明坷等.现代物流与配送中心：推动流通创新的趋势 [M].北京：中国商业出版社，1997.

[21] 何明坷.物流系统论 [M].北京：中国审计出版社，2001.

[22] 贺登才.2006年中国物流新进展 [J] 中国物流与采购，2007（12）：12 -15.

[23] 洪丹丹.经济增长的制度分析：马克思主义与新制度经济学 [J].南方论刊，2007（1）：4 -7.

[24] 胡川.企业技术创新的制度安排 [J].当代经济，2003（5）：42.

[25] 惠先宝.美国现代物流业给我们的启示 [J].水路运输文摘，2002（9）：31.

[26] 贾彧.制度创新是经济增长方式转变的关键 [J].企业经济，2006（9）：12 -14.

[27] 江怡.中国和日本经济增长的制度性因素比较 [J].湖北经济学院学报（人文社会科学版），2007（1）：28 -29.

[28] 杰弗里·霍奇逊.制度与演化经济学文选：关键性概念 [M].贾根良等译.北京：高等教育出版社，2005.

［29］杰文斯．政治经济学理论［M］．郭大力译．北京：商务印书馆，1871.

［30］玖·笛德，约翰·本珊特，凯思·帕维特．创新管理：技术变革、管理变革和组织变革的整合［M］．金马工作室译．北京：清华大学出版社，2004.

［31］鞠晓峰，孔凡生．技术创新与经济竞争力［J］．数量经济技术经济研究，2001（3）：37－39.

［32］康继军，张宗益，傅蕴英．经济增长中制度与管理创新的贡献［J］．财经科学，2006（7）：57－63.

［33］康芒斯．制度经济学［M］．于树生译．北京：商务印书馆，1997.

［34］柯武钢，史漫飞．制度经济学：社会秩序与公共政策［M］．韩朝华译．北京：商务印刷馆，2003.

［35］科斯等．财产权利与制度变迁［M］．刘守英等译．上海：上海三联书店，上海人民出版社，1994.

［36］科斯，斯蒂格利茨．契约经济学［M］．李风圣译．北京：经济科学出版社，1999.

［37］肯尼斯·克拉克森，罗杰·勒鲁瓦·米勒．产业组织：理论、证据与公共政策［M］．华东化工学院经济发展研究所译．上海：上海三联书店，1989.

［38］冷志明．发展现代物流业离不开政府引导［J］．经济论坛，2004（2）：45－47.

［39］李南，许源．政府在现代物流业发展中的作用［J］．综合运输，2005（4）：38－40.

［40］李淑，赖明勇．硅谷创新制度结构分析［J］．经济问题探索，2005（9）：81－85.

［41］李天德，刘爱民．对经济增长制度性条件收敛的相关参数分析［J］．西南民族大学学报（人文社科版），2007（1）：177－183.

［42］李小宁．经济增长的制度分析模型［J］．数量经济技术经济研究，2005（1）：4－17.

［43］李兆友．国内技术创新与制度创新关系研究述评［J］．党政干部

学刊，2003（3）：22 – 23.

[44] 理查德·纳尔逊等．经济变迁的演化理论［M］．胡凯译．北京：商务印刷馆，1997.

[45] 理查德·纳尔逊，悉尼·温特．经济变迁的演化理论［M］．胡世凯译．北京：商务印书馆，1997.

[46] 列宁全集［M］．中共中央编译局．北京：人民出版社，1995.

[47] 林岗，张宇．马克思主义与制度分析［M］．北京：经济科学出版社，2001.

[48] 刘刚．后福特制研究——生产组织方式创新与企业竞争优势［M］．北京：人民出版社，2004.

[49] 刘锡田．制度创新中的交易成本理论及其发展［J］．当代财经，2006（1）：23 – 26.

[50] 刘晓云．制度创新因素的整体性分析［J］．工业技术经济，2005（4）：100 – 102.

[51] 刘彦平．物流外包边界问题研究［J］．中国工业经济，2005（8）：35 – 41.

[52] 龙江．论物流的思维与制度创新［J］．国际商务研究，2004（2）：13 – 16.

[53] 鲁道夫·希法亭．金融资本［M］．福民等译．北京：商务印书馆，1998.

[54] 马克思，恩格斯．资本论［M］．中共中央编译局．北京：人民出版社，1975.

[55] 马歇尔．经济学原理［M］．陈良璧译．北京：商务印书馆，1965.

[56] 迈克尔·波特．国家竞争优势［M］．李明轩，邱如美译．北京：华夏出版社，2002.

[57] 迈克尔·迪屈奇．交易成本经济学［M］．王铁生等译．北京：经济科学出版社，1999.

[58] 潘彬，杜静，肖晓麟．区域经济发展中的制度短缺与制度创新［J］．统计与决策，2005（4）：66 – 67.

[59] 乔治·施蒂格勒. 产业组织与政府管制 [M]. 潘振民译. 上海: 上海三联书店, 上海人民出版社, 1989.

[60] 青木昌彦, 安藤晴彦. 模块时代——新产业结构的本质 [M]. 周国融译. 上海: 上海远东出版社, 2004.

[61] 青木昌彦. 比较制度分析 [M]. 周黎安译. 上海: 上海远东出版社, 2006.

[62] 阮娴静, 刘伟. 技术创新、制度创新与经济增长 [J]. 管理创新, 2006 (9): 97 –98.

[63] 阮一迅. 税收支持现代物流业发展的思考 [J]. 研究与探索, 2003 (12): 37 –38.

[64] 芮明杰等. 论产业链整合 [M]. 上海: 复旦大学出版社, 2006.

[65] 石效民, 陈文坤. 市场经济条件下企业家人力资本产权制度创新 [J]. 经济师, 2005 (7): 124 –125.

[66] 帅斌. 物流产业经济 [M]. 北京: 科学出版社, 2006.

[67] 思拉恩·埃格特森. 经济行为与制度 [M]. 吴经邦等译. 北京: 商务印书馆, 2004.

[68] 宋小敏. 经济制度变迁研究 [M]. 北京: 科学出版社, 2004.

[69] 孙东川, 李金华. 系统动力学建模与回归分析在现代物流业中的组合应用 [J]. 太原理工大学学报, 2005 (1): 16 –19.

[70] 孙凤山. 现代物流业发展的趋势 [J]. 交通企业管理, 2003 (10): 17.

[71] 孙捷, 王斐波, 朱艳, 杜威漩. 市场制度创新、技术创新及其互动机制 [J]. 商业研究, 2006 (15): 42 –45.

[72] 泰勒尔. 产业组织理论 [M]. 张维迎主译校. 北京: 中国人民大学出版社, 1997.

[73] 汤敏, 茅于轼. 现代经济学前沿专题 [M]. 北京: 商务印书馆, 2000.

[74] 唐晓华. 产业组织与信息 [M]. 北京: 经济管理出版社, 2005.

[75] 童光荣, 郭笑撰. 大力开展技术创新, 促进经济持续增长 [J]. 数量经济技术经济研究, 2001 (9): 15 –18.

［76］王艾青．技术创新、制度创新与产业创新的关系分析［J］．当代经济研究，2005（8）：31－34．

［77］王春法．主要发达国家国家创新体系的历史演变与发展趋势［M］．北京：经济科学出版社，2003．

［78］王慧炯．产业组织及有效竞争［M］．北京：中国经济出版社，1991．

［79］王伟光．自主创新、产业发展与公共政策：基于政府作用的一种视角［M］．北京：经济管理出版社，2006．

［80］王颖琦．现代物流业发展突破体制羁绊——《关于促进我国现代物流业发展的几点意见》简评［J］．中国物流与采购，2004（9）：8－10．

［81］王之泰．现代物流学［M］．北京：北京物资出版社，1995．

［82］王自亮．日本现代物流业发展的特点及其启示［J］．商业经济与管理，2003（142）：13－17．

［83］威廉·拉让尼克，玛丽·奥苏利文．公司治理与产业发展［M］．黄一义等译．北京：人民邮电出版社，2005．

［84］魏际刚．物流经济分析——发展的视角［M］．北京：人民交通出版社，2005．

［85］魏杰．中国企业制度创新［M］．北京：中国发展出版社，2006．

［86］魏埙．政治经济学［M］．西安：陕西人民出版社，1995．

［87］文启湘．产业经济理论前沿［M］．北京：社会科学文献出版社，2005．

［88］沃尔特·亚当斯，詹姆斯·布罗克．美国产业结构（第10版）［M］．封建新，贾毓玲等译．北京：中国人民大学出版社，2005．

［89］吴敬琏．中国增长方式抉择［M］．上海：上海远东出版社，2005．

［90］吴良智，祝小宁．地方政府制度创新主体困境与对策研究［J］．电子科技大学学报（社科版），2007（6）：40－43．

［91］吴晓松．制度创新的理论、机制和应用研究［J］．经济问题探索，2006（4）：97－102．

［92］吴咏虹．论制度创新与企业技术创新激励［J］．经济体制改革，2003（4）：40－42．

[93] 夏大慰. 产业组织——竞争与规制 [M]. 上海：上海财经大学出版社，2002.

[94] 小艾尔弗雷德·钱德勒. 规模与范围——工业资本主义原动力 [M]. 张逸人译. 北京：华夏出版社，2006.

[95] 小艾尔弗雷德·钱德勒. 看得见的手——美国企业的管理革命 [M]. 重武译. 北京：商务印书馆，2004.

[96] 新望. 技术创新的背后是制度创新——吴敬琏教授访谈录 [J]. 中国改革，2006 (9)：28-30.

[97] 徐金玲. 我国政府在发展现代物流业中的作用 [J]. 中国远洋航务公告，2002 (5)：26-28.

[98] 徐金水. 关于发展现代物流业的思考 [J]. 中国发展，2003 (3)：40-44.

[99] 徐寿波. 关于物流技术经济研究的几个问题 [J]. 中国物流，1985 创刊号：16-18.

[100] 亚当·斯密. 国民财富的性质及其原因的研究 [M]. 郭大力，王亚南译. 北京：商务印书馆，1984.

[101] 严汉平，白永秀. 不同视角下制度创新路径的比较——一个关于制度创新路径的文献综述 [J]. 经济评论，2005 (5)：31-35.

[102] 严汉平，白永秀. 三种制度创新主体的比较及西部制度创新主体定位 [J]. 经济评论，2007 (2)：40-45.

[103] 杨惠馨. 企业的进入退出与产业组织政策 [M]. 上海：上海人民出版社，2000.

[104] 杨建文，周冯琦. 产业组织——21 世纪理论研究潮流 [M]. 上海：学林出版社，2003.

[105] 杨迎昕. 试论技术创新中的制度激励 [J]. 山东理工大学学报(社科版)，2002 (5)：34-36.

[106] 仰书纲. 全面认识现代物流业 [J]. 上海商业，2004 (12)：10-11.

[107] 姚洁，孟雪，刘研. 浅析技术创新、制度创新及其相互关系 [J]. 工业技术经济，2006 (3)：49-50.

[108] 姚洁. 我国目前经济发展的关键问题——制度创新 [J]. 工业技术经济, 2005 (4): 22 - 23.

[109] 姚树华. 试论金融对现代物流业的作用 [J]. 长春金融高等学校学报, 2003 (1): 27 - 29.

[110] 叶民强, 吴承业. 区域可持续发展的技术创新与制度创新机制研究 [J]. 数量经济技术经济研究, 2001 (3): 33 - 36.

[111] 袁芳. 锦标赛、内生性制度创新供给与地区博弈——以各地物流园区布局为例 [J]. 财贸研究, 2006 (4): 10 - 14.

[112] 袁庆明. 制度创新的制度分析 [M]. 北京: 经济管理出版社, 2002.

[113] 约翰·穆勒. 政治经济学原理 [M]. 赵荣潜, 桑炳彦, 朱泱, 胡企林译. 北京: 商务印书馆, 1991.

[114] 约翰·奇曼. 技术创新进化论 [M]. 孙喜杰等译. 上海: 上海科技教育出版社, 2002.

[115] 约瑟夫·熊彼特. 经济发展理论 [M]. 何畏, 易家详等译. 北京: 商务印书馆, 1990.

[116] 曾庆学. 企业家人力资本产权制度的创新 [J]. 特区经济, 2006 (12): 168 - 170.

[117] 张华勤. 我国与发达国家现代物流业的差距 [J]. 交通企业管理, 2002 (6): 11 - 12.

[118] 张声书, 佐伯弘治. 中国现代物流研究 [M]. 北京: 中国物资出版社, 1981.

[119] 张彤. 发达国家现代物流业的特征 [J]. 经济研究参考, 2003 (23): 32 - 45.

[120] 张彤玉. 社会资本论 [M]. 济南: 山东人民出版社, 1999.

[121] 张耀辉. 技术创新与产业组织演变 [M]. 北京: 经济管理出版社, 2004.

[122] 章寿荣. 现代物流业管理体制研究 [J]. 学海, 2002 (5): 170 - 172.

[123] 赵放. 论技术和制度在经济增长中的关系 [J]. 吉林大学社会科

学学报，2002（6）：20－26.

[124] 赵玉林. 创新经济学 [M]. 北京：中国经济出版社，2006.

[125] 植草益. 产业组织理论 [M]. 卢东斌译. 北京：中国人民大学出版社，1998.

[126] 中国物流与采购联合会编. 中国物流年鉴（2007）[M]. 北京：中国物资出版社，2007.

[127] 中国物流与采购联合会，中国物流协会. 中国物流重点课题报告2008 [M]. 北京：中国物资出版社，2008.

[128] 周琳. 对现代物流业制度困境的认识和对策思考 [J]. 南方经济，2004（8）：67－69.

[129] 周振华. 信息化与产业融合 [M]. 上海：上海三联出版社，上海人民出版社，2005.

[130] 朱名驹. 我国物流业与国外先进的现代物流业的六大差距 [J]. 交通标准化，2004（1）：78－80.

[131] Bachtel C. and Jayaram J. 1997. Supply Chain Management: A Strategic Perspective [J]. The International Journal of Logistics Management, 8 (1): 15－34.

[132] Carney M. and Gedajlovic E. 2002. The Co-evolution of Institutional Environments and Organizational Strategies: The Rise of Family Business Groups in the ASEAN Region [J]. Organization Studies, 23 (1): 1－31.

[133] Carney M. 2004. The Institutions of Industrial Restructuring in Southeast Asia [J]. Asia Pacific Journal of Management, 21 (1－2): 171－188.

[134] Carroll G. R. and W. P. Barnett. 1995. Modeling Internal Organizational Change [J]. Annual Review of Sociology, 21: 217－236.

[135] Castiaux A. 2007. Radical Innovation in Established Organizations: Being a Knowledge Predator [J]. Journal of Engineering Technology Management, 24: 36－52.

[136] Cefis E. 2003. Is There Persistence in Innovative Activities? [J]. International Journal of Industrial Organization, 21 (4): 489－515.

[137] Chudnovsky D. , Lopezb A. and Pupato, G. 2006. Innovation and Productivity in Developing Countries: A Study of Argentine Manufacturing Firms' Behavior (1992 – 2001) [J]. Research Policy, 35 (2): 266 – 288.

[138] Connecting to Compete 2018: Trade Logistics in the Global Economy [R]. Washington, DC: World Bank, 2018.

[139] Cooke P. , Uranga M. G. and Etxebarria G. 1997. Regional Innovation Systems: Institutional and Organizational Dimensions [J]. Research Policy, 26: 475 – 491.

[140] Damanpour F. and Wischnevsky J. D. 2006. Research on Innovation in Organizations: Distinguishing Innovation-generating from Innovation-adopting Organizations [J]. Journal of Engineering Technology Management, 23 (4): 269 – 291.

[141] Damanpour F. 1996. Organizational Complexity and Innovation: Developing and Testing Multiple Contingency Models [J]. Journal of Management Science, 42: 693 – 716.

[142] Darby M. R. Zucker L. G. and Wang A. 2003. Universities, Joint Ventures, and Success in the Advanced Technology Program [R]. NBER Working Papers No. 9462.

[143] De Vries E. 2006. Innovation in Services in Networks of Organizations and in the Distribution of Services [J]. Research Policy, 35: 1037 – 1051.

[144] Dodgson M. 1995. Organizational Learning: A Review of Some Literatures [J]. Organization Studies, 14 (3): 375 – 394.

[145] Doing Business 2019 [R]. Washington, DC: World Bank, 2019.

[146] Edmondson A. 2002. The Local and Variegated Nature of Learning in Organizations [J]. Organization Science, 13 (2): 128 – 146.

[147] Eric T. G. , Wang et al. 2006. Group Cohesion in Organizational Innovation: An Empirical Examination of ERP Implementation [J]. Information and Software Technology, 48 (3): 235 – 244.

[148] Feldman M. P. and Audretsch D. B. 1999. Innovation in Cities: Science-based Diversity, Specialization and Local Competition [J]. European Eco-

nomic Review, 43 (2): 409 – 429.

[149] Frambach R. T. and Schillewaert N. 2002. Organizational Innovation Adoption: A Multi-level Framework of Determinants and Opportunities for Future Research [J]. Journal of Business Research, 55 (2): 163 – 176.

[150] Fritsch M. and Franke G. 2004. Innovation, Regional Knowledge Spillovers and R&D Cooperation [J]. Research Policy, 33 (2): 245 – 255.

[151] Furubotn E. G. 2001. The New Institutional Economics and the Theory of the Firm [J]. Journal of Economic Behavior and Organization, 45 (2): 133 – 153.

[152] Gallaher M. et al. 2006. Innovation in the U. S Service Sector [J]. Journal of Technology Transfer, 31: 611 – 628.

[153] Gault F. and Earl L. 2004. Innovative Firms: A Look at Small Firms [R]. Statistics Canada Working Paper, No. 88F0006XIE – No. 010.

[154] Germain, R. 1996. The Role of Context and Structure in Radical and Incremental Logistics Innovation Adoption [J]. Journal of Business Research, 35 (2): 117 – 127.

[155] Gooley T. B. 1998. Mass Customization. How Logistics It Happen [J]. Logistics Management & Distribution Report, 4: 49 – 54.

[156] Guan J. C. et al. 2006. Technology Transfer and Innovation Performance: Evidence from Chinese Firms [J]. Technological Forecasting and Social Change, 73 (6): 666 – 678.

[157] Hage J. 1998. An Endogenous Theory of Economic Growth Via Innovation: Organizational and Institutional Determinants, Feedbacks, and Disequilibrium [M]. Presented at Annu. Meet. Soc. For Advancement of Socio-Economics, Vienna.

[158] Hage J. T. 1999. Organizational Innovation and Organizational Change [J]. Annual Review of Sociology, 25: 597 – 622.

[159] Hodgson G. M. 2000. What is the Essence of Institutional Economics? [J]. Journal of Economic Issues, 34 (2), 317 – 359.

[160] Hsu C. W. 2005. Formation of Industrial Innovation Mechanisms

Through the Research Institute [J]. Technovation, 25 (11): 1317 – 1329.

[161] Jovanovic B. and MacDonald G. M. 1994. The Life Cycle of a Competitive Industry [J]. Journal of Political Economy, 102 (2): 322 – 347.

[162] Keister L. A. 1998. Engineering Growth: Business Groups Structure and Firm Performance in China's Transition Economy [J]. American Journal of Sociology, 104 (2): 404 – 440.

[163] Klenow P. J. 1996. Industry Innovation: Where and Why [J]. Carnegie-Rochester Conference Series on Public Policy, 44: 125 – 150.

[164] Knudsen H. K. and Roman P. M. 2004. Modeling the Use of Innovations in Private Treatment Organizations: The Role of Absorptive Capacity [J]. Journal of Substance Abuse Treatment, 26: 51 – 59.

[165] Koc T. and Ceylan C. 2007. Factors Impacting the Innovative Capacity in Large-scale Companies [J]. Technovation, 27 (3): 105 – 114.

[166] Lu Q. and Lazonick W. 2001. The Organization of Innovation in a Transitional Economy: Business and Government in Chinese Electronic Publishing [J]. Research Policy, 30 (1): 55 – 77.

[167] Malerba F. 2006. Innovation and the Evolution of Industries [J]. Journal of Evolutionary Economics, 16: 3 – 23.

[168] Montalvo C. 2006. What Triggers Change and Innovation? [J]. Technovation, 26 (3): 312 – 323.

[169] Nelson R. R. and Sampat B. N. 2001. Making Sense of Institutions as a Factor Shaping Economic Performance [J]. Journal of Economic Behavior and Organization, 44: 31 – 54.

[170] Nonaka I. 1994. A Dynamic Theory of Organizational Knowledge Creation [J]. Organization Science, 5 (1): 14 – 37.

[171] Nooteboom B. 1999. Innovation, Learning and Industrial Organization [J]. Cambridge Journal of Economics, 23: 127 – 150.

[172] North D. C. 1990. Institutions. Institutional Change and Economic Performance [M]. Cambridge: Cambridge University Press.

[173] Parris K. 1993. Local Initiative and Reform: The Wenzhou Model of

Development ［J］. The China Quarterly, 134：242 - 263.

［174］ Poon J. P. H. and MacPherson A. 2005. Innovation Strategies of Asian Firms in the United States ［J］. Journal of Engineering & Technology Management, 22 (4)：255 - 273.

［175］ Romanelli E. and M. Tushman. 1994. Organization Transformation as Punctuated Equilibrium ［J］. Academy of Management Journal, 37 (5)：1141 - 1166.

［176］ Rosenthal S. S. and Strange W. C. 2003. Geography, Industrial Organization and Agglomeration ［J］. Review of Economics and Statistics, 85 (2)：377 - 393.

［177］ Schotter A. 1981. The Economic Theory of Social Institutions ［M］. Cambridge：Cambridge University Press.

［178］ Solow R. 1956. A Contribution to the Theory of Economic Growth ［J］. Quarterly Journal of Economics, 70：65 - 94.

［179］ Suedekum J. and Bilen U. 2005. Local Economic Structure and Industry Development in Germany, 1993 - 2001 ［J］. Journal of Urban Economics, 15 (17)：1 - 8.

［180］ Sundbo J. , Orfila-Sintes F. and Sørensen, F. 2007. The Innovative Behaviour of Tourism Firms—Comparative Studies of Denmark and Spain ［J］. Research Policy, 36 (1)：88 - 106.

［181］ Tan J. 2006. Growth of Industry Clusters and Innovation：Lessons from Beijing Zhongguancun Science Park ［J］. Journal of Business Venturing, 21 (6)：827 - 850.

［182］ The Global Competitiveness Report 2019 ［R］. Geneva：World Economic Forum, 2019.

［183］ Tidd J. 2001. Innovation Management in Context：Environment Organization and Performance ［J］. International Journal of Management Review, 3 (3)：169 - 183.

［184］ Victor J. Garcı' a-Morales, Francisco Javier Llorens-Montes, and Antonio J. Verdu-Jover. 2007. Influence of Personal Mastery on Organizational Performance Through Organizational Learning and Innovation in Large Firms and SMEs [J]. Technovation, 27: 547 – 568.

[185] Yusuf S. and Nabeshima K. 2005. Creative Industries in East Asia [J]. Cities, 22 (2): 109 – 122.

致　谢

本书原本是我的博士论文，由于工作和身体原因，搁置了好几年才修改而成。本书能够最终出版，需要感谢很多人对我的无私帮助和支持。

我最感谢的人莫过于我的博士生导师张彤玉教授。张老师严谨的治学态度、深厚的理论功底、淡泊名利的人生哲学、乐观豁达的生活态度给我以深刻启迪。这篇博士论文更是在张老师的悉心指导下完成的，从选题、资料搜集到观点的提炼和成文，每一个环节都凝聚了张老师的心血和汗水。

在此，我还要感谢参加我的博士论文开题和答辩的南开大学经济学院的何自力教授、张俊山教授、刘凤义教授、张仁德教授，还有中国人民大学的张宇教授、天津师范大学的丁为民教授，他们的提问对论文的修改具有重要的参考价值。

我还要感谢我的硕士研究生刘东阁、李翔和刘慧丹，在本书修改过程中给予的大量帮助。还有在图书馆工作的好友史淑君，在文献查阅方面给予的大力支持。

本书中引用了许多数据、资料、参考了一些观点，谨在此对原作者表示真挚的感谢。

最后，我要感谢我的父母和亲人，亲情永远是我前进的动力和源泉。特别是我的先生，他为我创造了舒适的生活条件，让我安于研究和写作，还在我困难无助的时候鼓励我、支持我，使我得以顺利完成学业和这部专著的出版。还有我可爱、懂事的儿子，他们是我完成本书的坚强后盾，谢谢你们的支持！

本书是对中国现代物流产业发展与制度创新的粗浅研究，而且本书建立的也只是一个比较宏观的理论分析框架，许多地方有待于进一步的研究和深化。书中不足之处，恳请读者和学界同仁惠赐宝贵意见，帮助我在今后的学习和研究过程中不断提高。

需要特别说明的是，书中的疏漏与错误概由本人承担，恳请广大读者批评指正。

吴爱东
2020 年 10 月于天津商业大学图书馆